本书得到教育部人文社会科学研究青年基金项目
"党组织与国家出资公司融合治理的长效机制研究"
（24YJCZH096）资助。

GUOYOU ZIBEN
TOUZI YUNYING GONGSI ZHILI YANJIU

国有资本
投资运营公司治理研究

胡 俊◎著

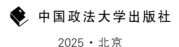
中国政法大学出版社

2025·北京

图书在版编目（CIP）数据

国有资本投资运营公司治理研究 / 胡俊著. -- 北京：
中国政法大学出版社，2025. 6. -- ISBN 978-7-5764
-2093-7

Ⅰ. F832.39；D922.291.914

中国国家版本馆 CIP 数据核字第 2025SU5916 号

出　版　者	中国政法大学出版社
地　　　址	北京市海淀区西土城路 25 号
邮寄地址	北京 100088 信箱 8034 分箱　邮编 100088
网　　　址	http://www.cuplpress.com（网络实名：中国政法大学出版社）
电　　　话	010-58908289(编辑部) 58908334(邮购部)
承　　　印	保定市中画美凯印刷有限公司
开　　　本	880mm×1230mm　1/32
印　　　张	10.00
字　　　数	245 千字
版　　　次	2025 年 6 月第 1 版
印　　　次	2025 年 6 月第 1 次印刷
定　　　价	55.00 元

前　言

　　国有资本投资运营公司的改组和组建是国有资本授权经营体制改革的时代产物，也是我国国有资产管理体制由"管资产"向"管资本"转变的核心环节。自2013年该理念提出以来，到现在经历了十余年的试点改革，尽管目前已有5家中央层面的国有投资运营公司转正，但其他100多家中央和地方层面的公司仍处于改革探索阶段。改革的关键在治理，而以法治思维和法治方式完善国有资本投资运营公司治理既是构建国家治理体系的重要组成部分，也是实现现代公司法治的必然要求。党的二十大报告提出，要"深化国资国企改革，加快国有经济布局优化和结构调整，推动国有资本和国有企业做强做优做大"，"推进国有企业、金融企业在完善公司治理中加强党的领导"；2022年中央经济工作会议进一步指出，"提高国企核心竞争力"，"完善中国特色国有企业现代公司治理"，都充分表明了新时代国资国企改革的目标和价值取向，也是习近平总书记以中国式现代化持续深化国资国企改革重要论述的体现。由此可见，国有资本投资运营公司在新一轮国资国企改革中发挥的作用明显、意义重大。然而，目前仅有《国务院关于推进国有资本投资、运营公司改革试点的实施意见》等规范性文件作为国有资本投资运营公司的行动指南和治理规范,《中华人民共和国公司法》(以下简称《公司法》)、《中华人民共和国企业国有资产法》(以下简称《企业国有资产法》)的普适性规定缺乏针对性的具体操作细节。在国有资本授权经营视角下,国有资本投资运营公司将面临公司治理权力重新分配与制衡的问题。因此,研究国有资本投资运营公司治理是探索建立中国特色现代国企制度的新场域,也是新一轮国资国企改革亟待解决的理论和实践问题。主体内容具体从以下六个方面展开研究:

第一,梳理国有资本授权运营体制,明确国有资本投资运营公司的法律定位。从国有资本授权经营的演进历程与阶段特征解读国有资本投资运营公司设立的时代背景和缘由。通过解析三层授权架构廓清国有资本授权经营的法律属性及其权利主体之间的法律关系和权力边界,明确间接授权模式下的国有资本投资运营公司定位:国家所有权——国有股权的"转换器"和政府行政干预行为的"阻断器",既对国家出资企业行使股东权利,又通过建立"一臂之距"阻止国资委对所出资企业延伸监管。在间接授权模式下,国资委与国有资本投资运营公司之间既有基于委托代理的授权关系,又有因产权关系形成的出资关系;既有基于行政授权所形成的监管关系,又有公司运营管理中出资股东的监督关系。基于国资委的授权,国有资本投资运营公司代表其对所出资企业履行出资人职责,并通过公司法人的形式成为所出资企业的股东,最终使国资委行政监管者的身份实现理性回归。而国有资本投资运营公司与所出资企业之间只有纯粹的出资关系。

第二,解构国有资本投资运营公司治理路径,从立法路径、内部治理和外部监督提出治理改进的法治框架。国有资本多层出资人体系的模糊不清以及出资人公权力与私权利的交叉行使影响了公司治理效果，出资人是否规范到位成为公司治理的前置问题。通过多种实证考察方法，就现有实践中授权主体的部分定位不明、关系不清、治理结构不健全、效率低下、规制缺失等问题进行分析，发现均与我国当前法律体系缺乏专门针对该类公司的治理法律制度密切相关。对域外国有资本投资运营公司治理模式考察旨在为我国同类公司治理提供制度参考。结合公司治理的学理基础和法律依据，以及国有投资运营公司治理的特殊性，从立法路径、内部治理制度和外部监督机制构建国有资本投资运营公司治理的法治框架。

第三，探究作为治理中心的董事会，构建政府董事与社会化董事的制衡机制。董事会的角色、权力和责任的实现是国有资本投资运营公司治理机制良性运转的关键。本章从董事会的构成和权力配置入手，根据公司的治理特性和法理要求优化董事会的人员结构和职权分配。由于不设股东会，董事会作为公司治理中心成为必然，为了解决目前公司董事会存在的部分定位模糊、权力缺失、权责不匹配的问题，应当考虑调整董事会成员的来源和构成方式；基于博弈分析法，设置代表国家股东的政府董事和站在公司利益本身、经营管理专业技术立场的社会化董事，在两者之间形成科学有效的监督与制衡。

第四，分析国有资本投资运营公司经理层的契约化治理机制及实现路径。由于当前面临经理人身份双重属性的异化、市场化薪酬激励难实现、经理层本身权责界定模糊等治理难点，国有资本投资运营公司应根据市场化要求以契约合同形式而不是行政任命指令实行内部转化和外部选拔相结合的选人用人机制，在"党管干部"原则和市场化选人用人机制中找到契合点，逐步建立企业家型高管模式；为了更好地发挥国有企业家作用，提出构建契约治理下企业家型高管的约束机制和激励机制。

第五，探究党组织有机融入国有资本投资运营公司治理的特殊范式与制度进路。通过分析党组织参与国有资本投资运营公司治理的基本面向、内在逻辑和理据，充分论证其参与治理在公司法语境下的补强性、优越性和稳健性。借助实证研究分析党组织参与公司治理现状以发现掣肘其融入公司治理的现实困境，进一步廓清党组织融入治理的原则与方式，明确运行机理。在政治规制与法律规制协同融合下，从党内法规与公司法律的衔接、党组织参与议事决策的确权路径、人事管理的协调和合规监督与纪检监察监督的协同四个方面构建党组织有机融入该公司治理的规范化、法治化进路，从而弥补商事规制的不足。

第六，探讨国有资本投资运营公司外部监督的创新机制与制度保障。分析监管制度变迁和理论逻辑以及外部监督机制的法律因应，明确外部监督可以弥补公司内部监督的不足。通过廓清当前外部监督机制的缺陷，参考域外同类型公司的监督制度，对我国国有资本投资运营公司外部监督机制进行重构，从人大监督、行政监督、纪检监察监督、司法监督到全民股东监督，构建全面覆盖、多维协同的监督机制形成外部监督的闭环。并且通过完善违规经营投资责任追究制度和建立容错机制等相关制度，进一步保障外部监督机制的实现。

较之同类研究，创新点主要体现在以下几个方面：①研究视角的创新。国有资本投资运营公司是一类特殊的国有企业，目前学术界大多数研究是从管理学、产业经济学以及党史党建等学科对该类公司治理进行学科内的考察，专门从法学学科系统性地探讨其公司治理的研究阙如。②研究对象的创新。本书在确定研究对象时，并未将不同授权模式下的公司放在一起研究，而是以间接授权模式下的国有资本投资运营公司为研究对象，从其法律定位和治理特殊性出发，结合当前改革实践，提出这类公司治理困境消解的法治路径。③研究方法的创新。在现有理论研究方法的基础上，着重运用实证研究方法考察党组织融入国有资本投资运营公司治理的实际情况。通过对样本公司的章程进行文本性分析，考察公司章程对党组织职责权限和运行机制的规定情况。从公司党组织在公司治理中的决策、监督和管理三个维度，考察党组织与其他治理主体"双向进入、交叉任职"的程度对公司治理效率的影响情况。同时，运用均衡分析法和博弈分析法研究国有资本投资运营公司治理中政治规制与法律规制的契合点、政府董事与社会化董事的制衡。④研究内容与观点的创新。一是在间接授权视角下，根据国有资本投资运营公司的法律性质和经济功能，主张将国有资本投资运营公司定位为国家所有权——国有股权的"转换器"和行政干预行为的"阻断器"。二是国有资本投资运营公司董事会作为公司治理中心，主张强化董事会中心主义，优化董事会成员的构成和权力配置，构建政府董事与社会化董事协同与制衡机制。三是作为专门运作国有资本的市场化平台，主张国有资本投资运营公司经理层应进行契约化治理，并由行政性的公务员型高管向市场化的企业家型高管转变，构建蕴含企业家精神的约束与激励机制。四是在现代公司法治语境下，主张正确行使党组织在公司治理中的决定权、建议权和问责权，厘清党组织在重大决策过程中"讨论前置"的行权程序和确权路径。

目　录

绪　论

第一节　研究背景与研究价值

一、研究背景

国有企业既是我国国民经济的重要支柱，也是发展中国特色社会主义经济的中坚力量，其地位和作用显著。而且在社会主义经济建设中，其既要实现国家调节经济的目标，服务国家和地方政府的发展战略，同时又要实现国有资产的保值增值。可见，国有企业在我国国有经济建设和发展中发挥着举足轻重的作用。改革开放四十多年来，国有企业改革一直是亘古不变的话题。从最初的放权让利，到两权分离探索多种形式的经营责任制，再到建立现代企业制度，我国逐步形成了"管资产和管人、管事"相结合的国有资产管理体制。党的十八届三中全会提出："改革国有资本授权经营体制，组建若干国有资本运营公司，支持有条件的国有企业改组为国有资本投资公司。"这是在国家层面第一次正式提出国有资本投资运营公司的全新概念。2015 年 8 月，作为国企改革顶层设计的《中共中央、国务院关于深化国有企业改革的指导意见》（中发〔2015〕22 号，即国企改革"1＋N"系列文件中的"1"，又称"22 号文"）又提出"以管资本为主，改革国有资本授权经营体制。改组组建国有资本投资、运营公司，探索有效的运营模式"。在其配套文件陆续出台并形成"1+N"政策体系后,全国各地以"管资本"为主的新一轮国资国企改革有条不紊地推进。党的十九大报告明确指出,要完善各类国有资产管理体制,改革国有资本授权经营体制。党的二十大报告提出"完善中国特色现代企业制度","推动国有资本和国有企业做强做优做大",对国有资本投资运营公司的改革发展提出了新的要求。

《国企改革三年行动方案(2020—2022年)》已见成效,但要把国有资本和国有企业都做强做优做大,国有资本投资运营公司的发展就被推到了一个新高度和新阶段。其作为国资国企改革的重要实施载体,既可以促进国有资产管理体制的完善,又可以加速国有资本授权经营体制的改革。著名经济学家陈清泰认为,当前新一轮国企改革的主导方面不是"国有企业"自身而是在国家层面推进国有资产的资本化。这次国企改革的命题不是政府机构"如何对国有企业管理进行改进",而是由"管企业"向"管资本"转变。在此背景下,中央层面最先掀起了以"管资本"为主的新一轮国资国企改革,而组建和改组国有资本投资运营公司则是这一轮改革的重中之重和全新尝试。截至2016年,中央层面试点改组组建了国家开发投资公司(简称"国投公司")等8家国有资本投资公司,以及中国诚通控股集团有限公司(简称"诚通集团")、中国国新控股有限责任公司(简称"国新公司")2家国有资本运营公司;2018年12月底,又对国家电投、华润集团等11家中央企业启动了国有资本投资公司试点。截至2018年12月底,中央国有资本投资运营公司试点企业已达到21家,而地方国有资本投资运营公司也有122家已经进行了试点。但是,由于之前一直没有出台具体详尽和可操作性的试点规范作为参考,各国有资本投资运营公司在改组和组建后其运营和治理都处于试点探索阶段,直到2018年7月14

日发布《国务院关于推进国有资本投资、运营公司改革试点的实施意见》（以下简称《实施意见》），才为国有资本投资运营公司的运营管理提供了一个正式的行动指南和操作规范。

从党的十八届三中全会第一次提出国有资本投资公司的概念起，理论界和实务界对此就展开了激烈的讨论，两类平台公司也由设想到陆续开始探索和试点。党的十九届五中全会又提出要深化国有资本投资运营公司改革，而改革的关键在于治理。以法治思维和法治方式完善国有资本投资运营公司治理是构建国家治理体系的重要组成部分，既热切回应了 2020 年 12 月 30 日习近平总书记在中央全面深化改革委员会第十七次会议上的讲话中提出国企要坚持"权责法定""有效制衡"的公司治理机制，也彰显了国企公司治理契合现代公司法治的时代要求。尤其是党的二十大报告中的"中国式现代化"具体到国企改革中就是使中国特色现代国有企业制度更加成熟与完善，"现代"一词则主要体现在公司治理上。[1] 2022年中央经济工作会议进一步强调"完善中国特色国有企业现代公司治理"，充分表明新时代国资国企改革的目标和价值取向，也是习近平总书记以中国式现代化持续深化国资国企改革重要论述的体现。当前面对国有企业市场化、法治化、国际化发展大趋势，以及外部不确定性因素的加大，国际竞争和挑战日益激烈，传统国有企业监管模式已不适应"走出去"的新要求，遵循市场规律、对接国际规则、减少行政干预，向以"管资本"为主的国资监管体制转变成为必然。作为产权层的国有资本投资运营公司现已成为改革的核心环节，如何规范公司治理来授权行权是亟待解决的关键问题。2023 年《中华人民共和国公司法》（以下简称《公司法》）修订

---

〔1〕索寒雪：《二十大后国企改革围绕现代化国家主题将更加深化》，载《中国经营报》2022 年 10 月 26 日。

后对国家出资公司相关法律规范作出的调整，使得有必要在此背景下重新审视国有资本投资运营公司的治理路径。因此，在现代公司法语境下，构建科学有效的国有资本投资运营公司治理机制既是深化国资国企改革的主要面向，也是探索建立中国特色现代国有企业制度的新场域，具有重大的研究价值和现实意义。

二、研究价值

（一）理论价值

一是为国有资本投资运营公司治理提供系统的理论支持。结合丰富的理论探索与扎实的实证研究，运用现代公司治理理论解决国有资本投资运营公司治理的现实困局。二是拓展现代公司法治下国有资本投资运营公司特殊治理的理据与进路。在公司特殊定位基础上拓展了现代公司法对国有资本投资运营公司特殊治理的规制路径。三是完善法学视角的研究动态，推动多学科的交叉整合。当前研究主要集中在应用经济学和管理学学科，法学领域鲜有，本书充分整合、吸纳各学科已有研究成果，为各学科的对话提供一个良好契机。

（二）应用价值

一是为各国有资本投资运营公司治理改进提供参考建议。分析中央和地方两级公司治理的理论困境和成因，比较借鉴域外经验，形成特色治理机制，提供可行性参考建议。二是为国资委推进国资国企改革提供智力支持。本书厘清国有资本出资人争议，促使国有资本监管者身份理性回归，构建内外部全面协同治理机制，为国资国企改革提供科学有效的建议。三是为国有资产管理体制由"管资产"向"管资本"转变提供机制保障。通过分析国有资本授权经营范式的演变，构建科学高效的治理机制来保障以"管资本"为主要方式加强国有资本监管的实现。

第二节　现实中的问题

在国资委成立以前，我国国有资产管理体制是"五龙治水"，各相关管理部门对国企事事要管、人人要管，但最终缺乏明确的责任主体。国有企业出资人缺位，以及企业内部人控制问题，也导致了国有资产的流失。2003 年国资委成立后，整合了之前其他相关管理部门的职能，并形成了"管资产和管人、管事"相结合的国有资产管理体制，在当时可以说是我国国企改革的一大进步，但是在实际工作中却逐渐暴露出一些矛盾和问题。因为国资委既要做"裁判员"对国有企业进行监管，又要以"运动员"身份去参与国有企业的日常运营管理。而现在设立国有资本投资运营公司的目的在于打破之前"政府—国有企业"的两层架构，并通过建立"国资委—国有资本投资运营公司—国家出资企业"的三层架构，来实现政企分开和政资分开，进而解决国资委的部分"错位、越位、缺位"的问题。显然，为了不让现有的中央企业和地方国有独资公司简单翻牌成国有资本投资运营公司，需要对这些潜在的国有独资公司按照国有资本投资运营公司的标准重新定位；同时要明确进行试点的国有资本投资运营公司与国有资产监管机构权利和责任的边界以及授权内容和范围。更重要的是，必须通过建立现代公司治理制度来预防国有资本投资运营公司走以前行政化的老路。而这些都是本文重点研究的问题。

一、处于试点阶段的国有资本投资运营公司面临治理困惑

据国资委统计，自 2013 年以来十余年间，中央和各省已成立

了143家国有资本投资运营公司，在中央和地方层面陆续开展了国有资本投资运营公司的试点改革。从各地的实际情况看，目前在国有资本投资运营公司的试点工作中普遍存在以下几个问题：第一，国有资本投资运营公司如何定位；第二，国有资本投资运营公司与国有资本出资人的法律关系如何界定，如何明晰其出资人的权利边界；第三，我国国有资本投资运营公司应当采取何种运营模式、公司法人治理结构如何完善；第四，国有资本投资运营公司一方面拥有体量庞大的国有资本，另一方面又只对本身拥有的这些国有资本进行运作，那么如何对其公司行为进行监管，这与监督一般的国有企业存在很大的区别。国务院国资委的调查显示，在37家省级国资委中，有32家国资委提到国有资本投资运营公司的运营模式并不明确；有22家国资委提到国有资本投资运营公司的定位目前还未确定；有12家国资委提到国有资本投资运营公司的监管模式仍需探索。到目前为止，关于国有资本投资运营公司的改革推行已有十余年之久，但从2022年《关于国有资本投资公司改革有关事项的通知》（以下简称《通知》）的内容看，也只有中央层面的5家企业顺利转正，其余12家企业继续试点，并且该《通知》仍在强调各企业要准确把握自身定位。可见，国有资本投资运营公司如何定位是其深化改革进程中的关键问题。显然，上述探讨的这些问题归根结底都与国有资本投资运营公司的治理有密切联系。也就是说，处于试点阶段的国有资本投资运营公司面临治理困惑。

二、现有相关法律法规与国有资本投资运营公司治理实践脱节

相对于一般的国有企业和普通商事公司来说，国有资本投资运营公司作为纯粹的只进行国有资本和国有股权运营的国有独资公司，本身就具有特殊性，其公司行为不仅需要一般立法，同时还需

要有针对性的专门立法来规制。在 OECD 的成员国中，有些国家的国有企业设立及运作由一般公法和专门法同时规定，如加拿大的《国有企业一般规定》和《金融管理法》、英国的《水法》等。在我国，目前与国有资本相关的主要法律法规有专门针对国有资本的《企业国有资产监督管理暂行条例》《企业国有资产法》，以及《公司法》等。《公司法》在第七章对国家出资公司组织机构作了特别规定。而 2003 年出台的《企业国有资产监督管理暂行条例》（已被修改）明确了出资人权利的分级行使和国有资产监督管理机构的定位，以及"管资产和管人、管事"相结合的管理体制，同时简要地规定了如何对国有资产进行管理、监督及法律责任的认定。2008年通过的《企业国有资产法》作为我国第一部也是最高层级的关于国有资产运营管理的法律，在当时填补了我国对国有资产运营与管理等相关立法的空白，既明晰了国资委的职能定位，也厘清了出资人与所出资企业之间的权利责任关系，在一定程度上完善了国有企业的法人治理结构。但是，上述相关法律法规与国有资本投资运营公司治理实践存在脱节的问题：

第一，虽然《企业国有资产监督管理暂行条例》和《企业国有资产法》对国有资产运营、管理和监督，国有资产监管机构的定位和权责，履行国有资产出资人职责的主体认定及其权利义务实现等方面做出了相关规定，但是由于立法时间较早，也缺乏对国资问题战略性和前瞻性的考虑，这些法律法规并不能完全适应当前我国国资国企改革的现实需求。尽管在国企改革过程中，政府主管部门制定了一系列的规范性文件来应对改革实践中不断遇到的矛盾和问题，但由于出台时间的跨度较长，有时法律法规与规范性文件之间难免会存在冲突。

第二，国有资本投资运营公司是以国有独资形式设立的，不进行实体产品的生产，只进行资本或股本的投资运营，其具有一定的特殊性，但目前也仅有《实施意见》作为国有资本投资运营公司的政策依据和操作规范，而缺乏法律层面针对性和专门性的立法。尤其是2022年《公司法（修订草案二次审议稿）》出台后，越来越多的学者开始讨论是否应将国有独资公司或是国有出资公司从现有的公司法体系中单独剥离出来。这也使得国有资本投资运营公司是否继续接受《公司法》的调整和规制成为当下研究其公司治理的藩篱。那么在这类公司的法人治理结构中，董事会权利如何行使并得到合法有效保障、党委会如何内嵌到公司治理中才能发挥有效作用，以及如何对公司的投资运营活动进行有效监管等问题仍亟待解决。

第三，虽然《企业国有资产法》是我国第一部全面对国有资产进行刚性约束和规范的法律，但是从其内容来看，在国有资产的监督方面，多局限于行政监督手段且不全面。尤其是国有资本投资运营公司设立后，单靠行政手段对国有资本进行监督存在局限性。

因此，在公司治理的基础层面，有必要廓清国有资本出资人与国有资本投资运营公司之间的关系，明晰两者的权责边界，完善公司法人治理结构，构建特殊治理机制作为公司治理的基础。同时还需要建立一个全面协同的外部监督体系，作为这一轮国企改革中国有资本投资运营公司治理的保障，这也是以"管资本"为主加强对国有资本监管的体现。本书的一大研究特色是探索如何将党组织内嵌到法人治理结构中，党组织采取何种方式、如何发挥有效的监督作用，既是党在公司治理中领导核心作用的体现，也是预防国有资本流失的重要举措。

第三节 研究现状及动态

"国有资本投资运营"作为国有企业改革中的热点问题,一直都是国内学者的研究对象。笔者在中国知网以"国有资本投资""国有资本运营"和"国有资本投资运营"为篇名搜索,发现研究该问题的期刊文献较多,百花齐放、各执己见。大多数论文是从管理学、经济学和法学的角度出发进行研究,将研究重点放在"运营"二字上,以国有资本的运营为逻辑起点,事实上仅以中央提出的"国有资本投资运营公司"为研究对象且专门从法学角度研究的文章阙如。而在本书中,笔者欲以公司治理为研究脉络,探讨国有资本投资运营公司定位、运营机理、治理结构、监管机制等问题。因此本书的研究综述主要涉及我国国有资产管理体制和国有资产授权经营体制、国有资本投资运营公司定位、国有资产(资本)出资人认定、国有资本投资运营公司内部治理、国有资产(资本)监管以及国外关于同类型公司治理相关问题等几个方面。

一、国内研究现状与动态

(一)关于我国国有资产管理体制和国有资产授权经营体制问题

国有资产管理体制既是国有经济管理过程中产权关系的具体表现形式,又是国家所有权的具体实现形式。当前我国国有资产管理体制存在的问题一直影响着国资国企改革的进展。王新红认为,我国国有资产管理体制的主要问题是国资委作为出资人对国家出资企业既履行出资人职责,又履行公权力性质的监管职责,这容易导致公权力和私权利职责的冲突，继续走政企不分和政资不分的老路。[1] 罗华伟和干胜道认为，我国国有资产管理体制在一定程度上缺乏顶层的一元终极所有者的设计，导致我国公有产权所有者权利被肢解，在一定程度上造成所有者监督权虚置以及所有者资本收益权缺乏保障。[2] 时任财政部部长楼继伟认为，现行国有资产管理体制中国资监管干预过多，导致政资不分和监管不力，以及国有资本所有者"越位、错位、缺位"的问题。[3] 丁宇飞则认为《企业国有资产法》的立法倾向在国有资产管理体制的设计中体现的是"出资人—履行出资人职责机构—出资企业"这种委托代理链条之间的权责分配关系以及三者之间的法律关系，并集中关注如何选择好的委托代理人上，而缺乏对委托代理链条上游中的终极所有者到出资人之间法律关系的思考和制度安排。[4] 另外，金凤也认为我国现行国有资产管理体制的主要缺陷体现在国有资产管理的法律制度还未形成一个完整的科学体系。关于国有资产或者国有财产的法律规范一般散见于《宪法》《民法典》《预算法》《公司法》《证券法》和《刑法》等法律中。虽然这些法律规范的效力等级高，但并不是专门针对国有资产的法律法规，尤其是对国有资产的规范上视角各异导致调整范围各不相同，难以科学、高效地管理国有

---

〔1〕 王新红：《论企业国有资产管理体制的完善——兼论国资委的定位调整》，载《政治与法律》2015 年第 10 期。

〔2〕 罗华伟、干胜道：《顶层设计："管资本"——国有资产管理体制构建之路》，载《经济体制改革》2014 年第 6 期。

〔3〕 楼继伟：《以"管资本"为重点改革和完善国有资产管理体制》，载《时事报告（党委中心组学习）》2016 年第 1 期。

〔4〕 丁宇飞：《企业国有资产管理体制的法律探索》，华东政法大学 2010 年博士学位论文。

资产。[1]

另外，国有资产管理体制的核心组成部分——国有资产授权经营体制从广义上考察自改革开放以来的演进历程可以分为四个阶段，即"政企合一"的国营企业阶段、"政企分开"的国有资产阶段、"政资分开"的国有资本阶段以及"监管分离"的国有股权阶段。[2] 党的十八届三中全会后，国有资本投资运营公司在国有资本授权经营下应运而生。但在上述改革之前，我国实行的是职能融合型国有资本管理模式，简而言之就是国资委代表政府行使出资人和行政监管人的双重职能[3]。国有资本投资运营公司设立后，我国实行的是"国资委—国有资本投资运营公司—国家出资企业"的三层授权架构。其实早在国资委成立以前，我国就已经成立了国有资产投资公司或国有资产经营公司，用相当长的时间形成了两层授权架构与三层授权架构共存的局面。如今重新提及三层授权架构模式，并改组组建了全新的国有资本投资运营公司，这应当是与过去有所不同的创新形式。国有资本投资运营公司的存在，能够解决多年来国资委既担任出资人又担任监管者的双重身份造成的政企不分和政资不分的难题，也打破了国资委既当"婆婆"又当"老板"、既当"裁判员"又当"教练员"的局面。目前，针对国有资产管理制度框架的代表观点，主要为顾功耘根据国有资产法设计的制度框架（见图0-1）和刘纪鹏将国资委"一身两任"转变为国资委系统"两身两任"的观点（见图0-2）。

---

〔1〕　金凤：《我国现行国有资产管理体制的缺陷及成因分析》，载《特区经济》2009年第12期。

〔2〕　蒋凯、杨超、凌思远：《我国国有资本授权经营演进历程及其阶段性特征》，载《财政科学》2019年第1期。

〔3〕　黎精明、汤群：《国有资本授权经营改革的基本范式及理论支撑》，载《财会月刊》2020年第9期。

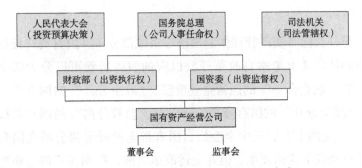

图 0-1　国有资产运营管理的制度框架[1]

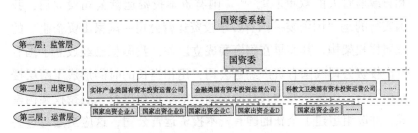

图 0-2　国资监管的三层次体系[2]

（二）关于国有资本投资运营公司定位问题

国务院发展研究中心"国有资本管理体制改革研究"课题组认为，国有资本投资运营公司作为市场化的出资人机构，不具有行政职能，其通过政府委托授权以市场化和专业化方式运营国有资本。其既不是行政化的"婆婆"，也不是行政化的"老板"。[3] 罗新宇认为，作为国有资本市场化运作的专业平台，国有资本投资运营公

〔1〕　顾功耘等：《国有资产法论》，北京大学出版社 2010 年版，第 7 页。

〔2〕　刘纪鹏：《凤凰涅槃——刘纪鹏论国资改革》，东方出版社 2016 年版，第 29 页。

〔3〕　国务院发展研究中心"国有资本管理体制改革研究"课题组：《开展国有资本投资运营公司试点的建议》，载《发展研究》2015 年第 5 期。

司需按照责权对等原则承担国有资本保值增值的责任，那么该类公司的属性必然会体现营利性。[1] 马骏和张文魁则认为国有资本投资运营公司是国有资本委托代理链条中的关键环节，应当按照《公司法》以国有独资的形式设立和运营。[2] 肖金成和李军认为，国有资本运营公司是国有资本所有者代表按照一定程序授权或委托的资本经营实体，是国有资本的人格化代表。该公司的经营对象是所出资企业的国有股权、股份或产权。[3] 刘纪鹏等认为，国有资本运营公司通过国家授权以公司制企业的形式经营国有资本，并代表国家作为国有资本的直接出资人，是不从事具体产品的生产和经营的国有独资公司。[4] 赵旭东等认为，国有资本投资公司是一个自主经营和自负盈亏的具有独立法人地位的营利性公司，而且是一个特殊的法人实体。[5] 王曙光等认为，国有资本投资运营公司是政府"人格化积极股东"的市场代表。[6] 通过上述专家学者的观点可见，国有资本投资运营公司是实实在在的国有独资法人，[7] 是根据国有资本所有者的特殊要求专门设立的，其能够代表政府履行国

〔1〕 罗新宇：《国有资本投资、运营公司是一项重大制度创新》，载《东方早报》2016 年 5 月 24 日，第 A16、A17 版。

〔2〕 国务院发展研究中心"国有资本管理体制改革研究"课题组：《开展国有资本投资运营公司试点的建议》，载《发展研究》2015 年第 5 期。

〔3〕 肖金成、李军：《设立国有资本运营公司的几个关键问题》，载《人民论坛·学术前沿》2016 年第 1 期。

〔4〕 刘纪鹏、孙航：《找准国资改革切入点　确保改革顺利落地》，载《经济参考报》2014 年 1 月 2 日，第 A08 版。

〔5〕 赵旭东、王莉萍、艾茜：《国有资产授权经营法律结构分析》，载《中国法学》2005 年第 4 期。

〔6〕 王曙光、王天雨：《国有资本投资运营公司：人格化积极股东塑造及其运行机制》，载《经济体制改革》2017 年第 3 期。

〔7〕 胡改蓉：《构建本土化的国有资产经营公司》，载《法学》2008 年第 6 期。

有资本出资人职责，行使出资人权利。[1] 肖红军重新对国有资本投资运营公司的概念进行了构建，并指出该类公司是经过国家一定程序的授权或委托，作为国有资本的出资人或出资人代表，基于实现国有资本保值增值的中心目标，对国有资本（国有股权或产权）进行配置、运用、监督、收益分配与考核的公司。[2]

在目前市场化改革背景下，人们充分认识到国有资本的运营应当将政府的所有者身份与社会管理者身份相分离，所有权与经营权相分离。[3] 国有资本投资运营公司与其所出资企业之间的关系是清晰明了的，即在公司法框架下的股东与参股公司之间的关系，然而国有资本投资运营公司与政府之间到底是何种关系呢？对于这层关系的界定，学者们各执其词，这也正是目前所争议的焦点。顾功耘认为，政府与国有资产经营公司之间的授权关系应当是一种行政授权而不是行政委托。[4] 他还认为：如果经营权不是授权给国资委或其他政府机构，而是直接授权给国有资本投资运营公司，恢复国资委专事监管的职能，那么此时国资委与国有资本投资运营公司之间就形成了监管与被监管的关系。[5] 王克稳也认为，政府应与国有资产经营公司签订授权经营合同来确定政府与国有资产经营机构之间的这种授权关系。[6] 赵旭东等人则认为国资委与国有资产

〔1〕 陈道江：《国有资本投资运营的理性分析与路径选择》，载《中共中央党校学报》2014年第2期。

〔2〕 肖红军：《深化对国有资本运营公司的认识：概念界定与功能定位的视角》，载《经济体制改革》2021年第5期。

〔3〕 于国安主编：《国有资产运营与监管》，经济科学出版社2004年版，第136页。

〔4〕 顾功耘等：《国有资产法论》，北京大学出版社2010年版，第122页。

〔5〕 顾功耘：《论国资国企深化改革的政策目标与法治走向》，载《政治与法律》2014年第11期。

〔6〕 王克稳：《经济行政法基本论》，北京大学出版社2004年版，第276页。

运营机构之间是授权经营的核心法律关系。从经济学角度看，这种授权关系被认定为委托人与代理人之间的契约关系，而从法学角度看这一层授权关系是信托关系。[1] 国资委研究中心主任楚序平认为，国资委与国有资本投资运营公司之间应当具有出资、监管、授权这三种关系。[2] 而胡迟认为国资委和国有资本投资运营公司之间的关系包含了出资人与被出资人的关系和授权与被授权的关系。[3] 张俊基于行政法原理认为国有资本的运营权只能是源自权力机关的授权，因此，我国国有资本运营公司应当由人大通过特别立法决定设立，并授予其国有资本运营权。[4] 王新红则认为国资委与履行出资人职责的机构之间是基于他们各自与政府的委托代理"合同"而形成的监督与被监督关系。[5] 文宗瑜基于国有资本收益上缴和经营预算的角度认为国资委与国有资本投资运营公司之间是授权经营关系。[6]

　　总之，对于政府（政府机构）与国有资本投资运营公司之间的法律关系界定，学术界的观点各有不同。从当前搜集的文献来看主要分为以下几类：出资人与被出资人关系；授权与被授权关系；监管与被监管的关系；还有一种是信托关系。具体来说，在我国国有

---

〔1〕　赵旭东、王莉萍、艾茜：《国有资产授权经营法律结构分析》，载《中国法学》2005 年第 4 期。

〔2〕　楚序平、俞立峰、张佳慧：《中国国有资本投资运营公司改革模式探析》，载《清华金融评论》2017 年第 7 期。

〔3〕　胡迟：《国有资本投资、运营公司监管的新发展与强化对策》，载《经济纵横》2017 年第 10 期。

〔4〕　张俊：《国有资本运营公司的功能定位与治理结构》，载顾功耘主编：《公司法律评论》（2015 年卷·总第 15 卷），上海人民出版社 2015 年版，第 60~72 页。

〔5〕　王新红：《论企业国有资产管理体制的完善——兼论国资委的定位调整》，载《政治与法律》2015 年第 10 期。

〔6〕　文宗瑜：《国有资本运营公司与国有资本投资公司组建及作用发挥》，载《国有资产管理》2014 年第 9 期。

资本运营体系中，国有资本投资运营公司处于承上启下的核心环节。对于它的上一级来说，其是国有资本所有者的代表，对受托经营的资本行使占用、使用、收益和处置的权利；对于它的下一级来说，其是国有企业的出资人，并以国有股东的身份依法享有资产收益、选择管理者等权利，同时也承担着实现国有资本保值增值的责任及可能存在的风险。[1] 因此，作为连接政府与市场的中间层，国有资本投资运营公司既应当是独立的市场主体，又应当是一个特殊的企业法人。而其特殊性之一就在于公司运营的目标是实现国有资本保值增值，这是一个营利性概念。另外它的设立是要阻断政府与出资企业之间的直接联系，防止行政干预渗入到所出资企业的日常运营管理中。那么国家遵循"管资本"的理念改组组建国有资本投资运营公司，目的是通过设立以法人为主体的公司制企业，重新构建政府与市场二者之间的关系，减少政府对市场的直接干预，在现代公司制度下才能更好地明确国家与国有企业之间的权责及产权关系。[2]

（三）关于国有资产（资本）出资人认定问题

国有企业进行公司制改造和建立现代企业制度的推进产生了国有资产出资人问题。从逻辑上看，国有资产的所有权人是国家，自然其就具有了国有资产的出资人身份。[3] 李昌麒认为，在公法与私法相互交融的经济法语境中，为了实现国家的所有者职能，国家虽不能成为当然的民事私法主体，但通常会以私法主体的身份去参

---

〔1〕 丁传斌：《地方国有资本运营法制探索》，北京大学出版社 2017 年版，第 143 页。

〔2〕 王治、黄文敏：《国有资本投资运营公司试点的价值》，载《北京社会科学》2022 年第 8 期。

〔3〕 胡良才：《国有资产出资人法律制度研究》，西南政法大学 2015 年博士学位论文。

与民事活动，因此国家并不能真正享有私法上的法律人格。[1] 那么，国家需要某个机构或部门来代替其行使国有资本出资人的权利。李昌庚认为，国务院国资委作为国务院特设的直属机构，能够代表政府专门行使国有资本出资人职责，这是基于《企业国有资产监督管理暂行条例》和《企业国有资产法》对国资委的出资人职能所作的明确规定。[2] 同时顾功耘也指出《企业国有资产监督管理暂行条例》中的"国有资产监督管理机构根据授权，依法履行出资人职责，依法对企业国有资产进行监督管理"是对国资委的定位与职责作出的明确规定。另外，《企业国有资产法》在第 11 条和第14 条确认了上述观点。[3] 而缪炳塈则认为在市场经济环境下，政府机构不具有独立市场主体的身份，应该由具有一定影响力的公司制企业法人来充当国有资产出资人。[4] 刘纪鹏也认为，由于国有资本出资人和所有者是两种不同的概念，国家应当在政府与出资企业之间构造一个出资主体，并将其作为民事行为的终极代表。[5] 张文魁则认为国资委应是单纯的监管者，而出资人则由若干新设的中间层公司担任，可以说是通过若干个代表国资委的中间层公司替代了一个国资委。[6] 另外，李曙光从法律角度将国资委定位成一个"法定特设的出资人机构"，其具有特殊的商业目的，是一个

〔1〕 李昌麒主编：《经济法》（第 2 版），法律出版社 2008 年版，第 40 页。

〔2〕 李昌庚：《企业国有资本出资人：国际经验与中国选择》，载《法学论坛》2014 年第 2 期。

〔3〕 顾功耘等：《国资委履行出资人职责模式研究》，载《科学发展》2012 年第 9 期。

〔4〕 缪炳塈主编：《国有资产出资人》，湖南人民出版社 2002 年版，第 16~17 页。

〔5〕 刘纪鹏：《国有资产监管体系面临问题及其战略构架》，载《改革》2010 年第 9 期。

〔6〕 张文魁：《国资委的定位与直接持股问题研究》，载《调查研究报告》2006 年第 236 期。

"航母级"的资本运营平台。[1] 可见，学术界关于国资委的定位存在不同见解，概括起来主要基于三种理论界定，分别是出资人代表理论、出资监督人理论和双重属性理论，但是上述理论都是对国资委的"运行论"进行分析，而非对"本体论"的阐释。[2]

严格来说，出资人与出资人代表的含义是有区别的。但由于语境问题，学术界通常将国有资产（资本）的出资人定位为兼具公私法双重属性的国家或政府机构。其实，对所出资企业而言，国资委是其"出资人"；而对本级政府而言，国资委则是其"出资人代表"。由于我国国有资产的终极所有权人是全体人民，不论是通过政府还是通过国资委来担任法律意义上的出资人，两者都是代表国家即全民股东来行使出资人权利的，并不是真正的出资人。因此，国资委应该是代表政府履行出资人职责的"出资人代表"。从公司法理的角度看，出资人直接管理企业是刺破了法人的"面纱"，并穿越了法人治理的机制，从根本上违背了出资人与所出资企业的人格独立以及法律地位平等的公司法原理。[3] 而从委托代理理论来看，改组组建国有资本投资运营公司的目的是将其作为国有资产（资本）出资人的直接代表，对国家出资企业行使股东权利。这种模式能够有效避免出资人职能与公共管理职能的混同，防止直接行政干预，实现国有资本的市场化运作。

（四）关于国有资本投资运营公司内部治理问题

国资投资运营公司是专门运营国有资本的国有独资公司，其公

---

〔1〕 李曙光：《论〈企业国有资产法〉中的"五人"定位》，载《政治与法律》2009 年第 4 期。

〔2〕 胡国梁：《国资监管体制改革视阈下国资委的性质定位》，载《河北科技大学学报（社会科学版）》2022 年第 3 期。

〔3〕 胡良才：《国有资产出资人法律制度研究》，西南政法大学 2015 年博士学位论文。

司治理与普通国有独资公司是有区别的。袁东明和陶平生认为，完善国有资本投资运营公司法人治理结构的目的在于防止因内部人控制导致公司不作为或乱作为的情况发生，同时又能保证公司的自主经营权不被侵犯，激励企业不断创新。[1] 王曙光认为，在公司治理时塑造人格化积极股东，可以将政府对所出资企业的行政管理职能剥离出来。[2] 肖金成认为，国家作为国有资本运营公司的唯一股东，对国有资本运营公司的控制主要以董事的任免和监事会对公司内部监督为控制手段，并建立以董事会为决策核心和以监事会为监督核心的公司治理结构。[3] 文宗瑜认为，国有资本投资运营公司的董事长仍由政府提名推荐，但是除董事长之外的其他所有董事会成员和公司高管，以市场化选聘为主并通过签订聘任合同明确权利与责任。[4] 胡改蓉认为，打造强势的董事会是国有资产经营公司有效运行，并保持其商事本性的关键。[5] 张俊认为，设立国有资本运营公司可通过特别立法来明确公司特殊的内部治理和外部治理规则，并从权力规制角度认为国有资本运营公司的外部治理相比内部治理应当更加关键。而政党对国有企业的领导，尤其是参与国企公司治理在国际社会也是一个普遍存在的经济现象。在很多国

〔1〕 袁东明、陶平生：《国有资本投资运营公司的运行与治理机制》，载《发展研究》2015 年第 6 期。

〔2〕 王曙光、王天雨：《国有资本投资运营公司：人格化积极股东塑造及其运行机制》，载《经济体制改革》2017 年第 3 期。

〔3〕 肖金成、李军：《设立国有资本运营公司的几个关键问题》，载《人民论坛·学术前沿》2016 年第 1 期。

〔4〕 文宗瑜：《国有资本运营公司与国有资本投资公司组建及作用发挥》，载《国有资产管理》2014 年第 9 期。

〔5〕 胡改蓉：《构建本土化的国有资产经营公司》，载《法学》2008 年第 6 期。

家，政党通过参与企业管理文明地参与社会资源的分配。[1] 蒋大兴认为党组织参与国企公司治理存在宪法和公司法上的合法性依据，该合法性依据不仅在于《公司法》对《中国共产党章程》的援引，[2] 还在于《中国共产党章程》对党内法规及党内规范性文件的援引，[3] 而国企两权分离的特殊性和一般公司治理机制的普遍缺陷使得党组织嵌入国企公司治理具有明显的优越性。[4] 高明华认为党组织参与国企内部治理，可从决策内容和决策程序两条路径提高内部治理效能，以"权责发生制"为基础，因类各异[5]。蒋建湘认为可通过公司章程加以确定党组织参与治理的边界和约束保障机制[6]，构建党委会职能的确权路径，加强党委会和董事会的协调[7]，归根结底是在现代公司治理的制度框架内落实党的领导方式。[8] 党的领导进入公司章程以及《中华人民共和国监察法》（以下简称《监察法》）的制定反映了政治规制通过合法程序"嵌

---

〔1〕 蒋大兴：《政治/政党与企业——政治权力参与资源分配的文明结构》，载《当代法学》2018年第1期。

〔2〕 蒋大兴：《走向"政治性公司法"——党组织如何参与公司治理》，载《中南大学学报（社会科学版）》2017年第3期。

〔3〕 吴凌畅：《党组织参与国有企业公司治理进章程——基于央企旗下287家上市公司章程的实证研究》，载《理论与改革》2019年第3期。

〔4〕 楼秋然：《党组织嵌入国有企业公司治理：基础理论与实施机制研究》，载《华中科技大学学报（社会科学版）》2020年第1期。

〔5〕 高明华、郭传孜、薛佳安：《党组织提高国有企业内部治理效能的理论逻辑、现实约束及突破路径》，载《山东大学学报（哲学社会科学版）》2023年第1期。

〔6〕 蒋建湘、李依伦：《论公司章程在党组织参与国企治理中的作用》，载《中南大学学报（社会科学版）》2017年第3期。

〔7〕 孙晋、徐则林：《国有企业党委会和董事会的冲突与协调》，载《法学》2019年第1期。

〔8〕 李建伟：《国有企业特殊法制在现代公司法制中的生成与安放》，载《中南大学学报（社会科学版）》2017年第3期。

入"组织内部的融合,[1] 同时将党组织整体融入现行国企监事会的"集中参与"模式能有效发挥党组织的监督权。[2] 荣刚和李一认为,党组织参与公司治理应当包括两条途径:一是党委会参与公司治理;二是纪检机构参与公司治理。[3] 除了公司章程规定外,党内法规也对党组织参与国有公司的重大决策给予了明确界定。[4]

从宏观层面构建国有资本投资运营公司只是从形式上迈出了实现政企分开目标的第一步。国有资本投资运营公司作为公司制法人应当是独立于政府序列的,不归属于政府的某个机构。而要真正实现政企分开则需要从微观层面通过公司治理来保证政府的行政之手不去过度干预公司的日常运营与管理。既然国有资本投资运营公司的真正独立是指独立决策、独立选人用人、独立参与市场活动,那么实现形式就应从完善公司治理结构和构建治理机制入手。为了建立科学、合理、有效的公司治理结构,确立董事会在治理结构中的核心地位以及确保董事会能够独立行使职权,就必须改变现行国资委与公司董事会的关系。国有资本投资运营公司宜作为出资人代表,恢复国资委监督者的身份。因此,鉴于国有资本投资运营公司的特殊性,其公司治理应当根据自身特点构建科学有效的机制。

(五)关于国有资产(资本)监管问题

顾功耘认为,所谓监管并不是监督加管理,而是从监督的角度

---

[1] 陈晓华:《国有企业法律规制与政治规制:从竞争到融合》,载《法学评论》2019年第6期。

[2] 杨大可:《论党组织与国企监督机制的融合》,载《当代法学》2020年第2期。

[3] 荣刚、李一:《国有资本投资运营公司中的党组织参与治理研究》,载《理论学刊》2016年第3期。

[4] 漆思剑、漆丹:《企业党组织内嵌国有企业法人治理结构的法理基础及其实现路径》,载《经济法论丛》2021年第2期。

去进行管理，并且应该由专门的机构独立实施。那么包括各级国资委在内的国资监管机构，代表政府行使监管职责的行为是一种公共管理行为。[1] 而丁传斌则认为国资委作为国有资产的出资人，对国有资产的"监管"从性质上看应该是出资人与被出资人这种私权主体之间的"合意性监管"。[2] 虽然《企业国有资产监督管理暂行条例》和《企业国有资产法》都明确了国资委出资人的定位，但国资委既被赋予了出资人监管的职能，又被赋予了行政监管的职权。而且从实际情况看，我国对国有资产（资本）的监管仍然集中在公法上的行政监管。纵观各国对国有资产监管的成功经验，其主要包括以下三种监管模式：①有效监管，无为而治的新加坡淡马锡模式；②分类管理，三重监督，依法有效监管的法国国有资产监管模式；③监管唯一，间接监管，定期向部门会议报告的德国国有资产监管模式。[3] 而美国和日本还采用以法律和立法的形式来加强对本国国有资产的监管。[4] 另外，学者根据管理学的"保持距离型"理论，认为加强以"管资本"为主的监管路径应从过程监管转向结果监管、从经营监管转向资本监管，才能将国有资本投资运营公司与国资委之间的监管关系厘清。[5]

因此，作为行政机构的国资委居于政府层面，若要进行卓有成效的监管，就必须依据公司法的规定将公司股东权利赋予国有资本

〔1〕 顾功耘：《国资监管机构的法律定位》，载《上海国资》2008 年第 6 期。

〔2〕 丁传斌：《国资委出资人监管职责与行政监管职责的厘定》，载《企业经济》2012 年第 5 期。

〔3〕 张敏捷：《国有企业公司治理之研究——完善国有资产监管机制和优化国有企业公司治理结构》，载《经济体制改革》2013 年第 6 期。

〔4〕 廖红伟：《我国国有资产监管问题与对策研究》，载《经济纵横》2009 年第 1 期。

〔5〕 王志强：《基于"保持距离型"理论的以"管资本"为主的国资监管新框架》，载《江西社会科学》2019 年第 5 期。

投资运营公司。而国资委本身应当还原其名副其实的国资监管机构身份，代表政府对国有资本进行监管。[1] 但是必须要厘清几个监管关系，即以出资人身份进行监管的法律关系体现的是平等的民事法律关系，而通过行政手段进行监管的法律关系则为隶属性的行政法律关系。一般来说，出资人监管是基于所有者身份对其财产进行的监督和管理，相较于行政部门对涉及社会公共利益的监管具有本质上的区别。出资人监督的理论基础是委托代理理论，行政监管的理论基础则是国家管理需求理论。[2] 那么改组组建国有资本投资运营公司就是要转变原来政府对国有企业"管资产和管人、管事"的"硬监管"模式，进而向以"管资本"为主的"软监管"模式过渡。

二、国外研究现状与动态

国外与我国国有资本投资运营公司类似的公司是主权财富基金，尤以新加坡淡马锡控股有限公司（以下简称"淡马锡公司"）为代表进行治理和监督的研究。Isabel Sim, Steen Thomson, Gerard Yeong 认为淡马锡公司由新加坡政府全资拥有，但政府和财政部不干预其日常运作。Christopher Chen 认为政府不干预公司，通过非执行独立董事干预执行董事的独立业务判断来保证公司利益不受损害，在监管上遵循圣地亚哥原则（Santiago Principles）积极向政府

---

〔1〕 顾功耘：《国资监管难题剖解》，载《上海市经济管理干部学院学报》2010 年第 2 期。

〔2〕 顾功耘等：《国资委履行出资人职责模式研究》，载《科学发展》2012 年第 9 期。

和社会公众披露信息。[1] David Ciepley 认为"政治联系企业"现象在全球范围内普遍存在，公司与政治或政党有密切关联，国企尤甚。[2] 基于这种政治联系，Mara Faccio 通过实证研究发现国有上市公司甚至能得到证监会的执法优待。[3] 当然也有学者对中国的国有企业进行研究，Eric C. Chang、Sonia W. L. Wong 和 Brodsgaard，Kjeld Erik 认为中国的政党是除了相关政府部门和国有控股股东以外对国企的第三种政治干预，公司党委基本上控制着经营管理层，使内部难以形成利益集团。[4] Jiangyu Wang 则以党组织参与国企治理的政治逻辑为研究起点，将公司法的普遍要素与共产主义政党组织相结合的治理模式才是中国特有的国企公司治理模式。[5]

综上所述，国外研究通常集中在各国国有企业治理制度的比较大，对国有资本投资运营公司的研究以淡马锡公司为代表。淡马锡公司治理是全球国企公司治理典范，虽然我国国有资本投资运营公司的股权结构与其高度相似，但由于我国国有资本体量庞大，该类公司数量众多，国情差异较大，直接照搬"淡马锡经验"解释力和适用性有限。虽然国内学术界对该类公司的相关研究丰富多样，通

[1] Christopher Chen, "Solving the Puzzle of Corporate Governance of State-Owned Enterprises: The Path of the Temasek Model in Singapore and Lessons for China", *Northwestern Journal of International Law & Business* 2016, p. 36.

[2] David Ciepley, "Beyond Public and Private: Toward a Political Theory", *American Political Science Review* 2013, p. 139.

[3] Maria M. Correia, "Political Connections and SEC Enforcement", *Journal of Accounting & Economics* 2014, p. 4.

[4] Brodsgaard, Kjeld Erik, "Politics and Business Group Formation in China: The Party in Control?", *The China Quarterly* 2012, p. 211. Eric C. Chang, Sonia W. L. Wong, "Political Control and Performance in China's Listed Firms", *Journal of Comparative Economics* 2004, p. 8.

[5] Jiangyu Wang, "The Political Logic of Corporate Governance in China's State-owned Enterprises", *Cornell International Law Journal* 2014, p. 47.

过理论和实证相结合等多元化研究方式形成了诸多学术成果，虽有5家央企已经转正，但大多数国有资本投资运营公司仍然处于试点阶段，既往研究仍不可避免地在一些重大问题上存在争议，比如公司定位模糊、授权主体间关系界定不清、授权经营范围和边界不明、法律适用过时等。从宏观层面建立国有资本投资运营公司只是从形式上迈出了实现政企分开、政资分开以及两权分离的第一步，而从微观层面对公司定位，廓清治理困境，构建科学有效的治理机制才是当务之急。

第四节 研究思路与基本框架

一、研究思路

作为国有资本委托代理链条中的关键环节，国有资本投资运营公司是连接政府或国资委与所出资企业之间的纽带，是不带任何行政色彩的公司制法人。而本书选取国资委授权的国有资本投资运营公司作为研究对象，基于国有资本授权经营的视角，以国有资本投资运营公司的法律定位和治理的特殊性为逻辑起点，主体脉络按照一般商事公司的治理规则，具体分析和探讨国有资本投资运营公司内部治理和外部监督的相关问题，而内部治理主要包括了董事会治理、经理层治理的制度构建以及党组织有机融入内部治理的特殊进路。本书旨在对国有资本投资运营参与主体，包括作为国有资本终极所有者的全体人民、政府行政机构（主要是国资委）、国有资本投资运营公司及国家出资企业之间的法律关系进行界定，厘清国有资本投资运营公司在委托代理链条中的定位，突出国有资本投资运营公司治理的特殊性，并分析特殊公司治理过程中存在的问题，积极探究国有资本投资运营公司运行中涉及的内部治理制度和外部监督机制的依法落实，明确国家、国资委和国有资本投资运营公司各方的权利边界，明晰确保各主体权利的实施机制和实现形式，并在此基础上运用实证研究等方法完善和创新国有资本投资运营公司治理改进的法律建议和措施。

二、基本框架

主体框架内容分为六章，主要基于全体人民—全国人大（或地方人大）—国务院（或地方政府）—国资委—国有资本投资运营公司—国家出资企业的层层授权关系和委托代理关系，围绕国有资本投资运营公司的法律定位，从治理的现实困境和治理路径的选择展开，探索国有资本投资运营公司董事会治理制度、经理层治理制度以及党组织有机融入公司治理的改进措施，最后建立全面覆盖、多维协同的外部监督机制。

第一章：国有资本授权运营与国有资本投资运营公司的法律定位。本章主要分为两部分。其一，对我国国有资本授权经营体制进行阐释。从授权经营的演进历程与阶段特征解读国有资本投资运营公司出现的时代背景和缘由，然后对比分析国有资本授权经营两层架构和三层架构，明确三层架构的优越性，进而明晰授权经营的法律属性及其权利主体之间的法律关系和权力边界。其二，国有资本投资运营公司的法律定位。具体从国有资本投资运营公司的历史沿革和现实图景出发，基于法学角度进行定义，分析其法律特征、功能以及国资委与公司、公司与所出资企业之间的法律关系，最后基于授权经营，重新塑造了国有资本投资运营公司，即国家所有权——国有股权的"转换器"和政府行政干预行为的"阻断器"的定位。

第二章：国有资本投资运营公司治理法律路径的解构与选择。国有资本出资人的规范到位成为国有资本投资运营公司治理的关键环节。实务中国有资本的多层出资人体系导致出资人概念模糊不清以及国资委作为国有资本投资运营公司的直接出资人，其公法和私法权力的交叉行使影响了公司治理效果，所以出资人辨析成为公司治理的前置问题。同时，通过实证研究和理论研究发现当下国有资本投资运营公司治理中存在部分授权主体定位不明、关系不清，法律适用滞后、规制缺失和治理结构不健全等问题。因此，对域外国有资本投资运营公司治理模式进行考察旨在为我国同类公司治理提供制度参考，并结合公司治理的学理基础和法律依据以及国有投资运营公司治理的特殊性，通过"新三会一层"——董事会、党委会和经理层的内部治理优化和外部监督机制创新构建国有资本投资运营公司治理的法治架构。

第三章：国有资本投资运营公司董事会治理。董事会的角色、权力和责任的实现是国有资本投资运营公司治理机制良性运转的关键。本章从董事会的构成和权力配置入手，根据该公司的治理特性和法理要求阐释了董事会的人员结构和职权分配。由于国有资本投资运营公司不设股东会，董事会作为公司治理中心成为必然，加之法规与政策的双重补强，在董事会中心主义的强化下，国有资本投资运营公司为了解决目前董事会存在的部分定位模糊、权力缺失、权责不匹配的治理问题，应当考虑调整董事会成员的来源和构成方式，通过设置政府董事和独立董事的社会化改革，基于博弈分析法建立政府董事与社会化董事的制衡机制。

第四章：国有资本投资运营公司经理层治理。本章主要研究国有资本投资运营公司经理层契约化治理的实现路径。由于当前面临经理人身份双重属性的异化、市场化薪酬激励难以实现、经理层本身权责缺乏明确界定等问题，国有资本投资运营公司应根据市场化要求完善职业经理人制度，该制度的真正建立有赖于对公司经理层进行由行政化向市场化转变的契约治理，并以契约合同形式而不是行政任命指令实行内部转化和外部选拔相结合的选人任人机制。然而在完善该机制时，还应当充分考虑"党管干部"原则的要求，并在经理层选拔和管理上找到党管干部原则与市场化选人机制的平衡点。同时，为了树立该公司的市场主体地位，更好地发挥企业家作用，本部分提出构建契约治理下企业家型高管的约束机制和激励机制。

第五章：党组织有机融入公司治理的特殊范式与制度进路。本章首先从国有资本投资运营公司党组织职能定位和参与公司治理的历史演进出发，充分论证党组织参与治理在公司法语境下的补强性、优越性和稳健性，并通过实证研究对党组织参与公司治理的现状进行评价以发现掣肘其有机融入的现实困境。其次，研究党组织有机融入公司治理的政治逻辑与经济逻辑以及法理依据，并通过分析其融入公司治理的原则和方式探究党组织有机融入该公司治理的运行机理。最后，基于前述理论和实证研究，在全面推进依法治国背景下，从党内法规与公司法律的衔接、议事决策的融合、人事管理的协调和内外部监督的协同四个方面将党的领导与国有资本投资运营公司治理有机融合置于一种更为规范化和法治化的进路来研究。

第六章：国有资本投资运营公司外部监督机制创新与制度保障。本章阐述了全面协同的外部监督机制是国有资本投资运营公司治理有效实现的关键。首先，通过制度变迁和理论逻辑的分析确定了外部监督可以弥补公司内部监督的短板和不足。其次，通过分析国有资本投资运营公司外部监督机制的法律因应，明确目前外部监督机制面临的法律困境，参考域外同类型公司的监督制度并对我国现有外部监督机制进行重构。整个外部监督机制涵盖了国家公权力机关的监督和社会力量的监督，从人大监督、行政监督、纪检监察监督、司法监督到社会公众监督和社会舆论监督，通过全方位协同监督的模式构建国有资本投资运营公司外部监督的闭环。最后，建立和完善违规经营投资责任追究制度既是监督目标的落实，又是国家公权力和社会力量对国有资本进行监督的延续，通过完善违规经营投资责任追究制度和建立容错机制等相关制度，进一步保障外部监督机制的实现。

第五节　研究方法与预期创新

一、研究方法

（一）运用比较分析的研究方法

一是比较域外国有资本出资人模式，对域外经验的借鉴能够更全面地寻找适合我国国情的国有资本出资人模式；二是国有资本运营平台公司治理模式，探究不同授权模式下治理差异并借鉴有效经验，从而建立和完善适合我国的国有资本运营模式；三是比较国内地方国有资本投资运营公司之间的不同运营模式，探讨其共性与特性。

（二）运用实证分析的研究方法

本书对国有资本投资运营公司的治理现状进行实证分析。首先，从中央和地方公司中选取适量样本，将党委会、董事会和经理层的人数配置作为分析对象，并对上述主体参与治理程度进行定性与定量相结合的研究。通过运用SPSS分析软件分析了36家样本公司的董事会和经理层与党委（党组）的关联度的描述性统计，以及将董事会和经理层与党委（党组）重合人数作为衡量"双向进入"的考察指标、将董事会和经理层中党委（党组）正副书记的任职情况作为衡量"交叉任职"的考察指标，同时通过 Pearson 的分析方法分析了董事会和经理层中党委（党组）人数分别占董事会和经理层的比例与党委（党组）总人数的相关性，最终根据上述的数据分析党组织参与公司治理的程度和水平。其次，通过走访本省、市国资委和国有资本投资运营公司，获取其出资情况、公司治理情况和监管情况等一手资料，以及通过对新加坡淡马锡公司、挪威全球养老基金和法国电力集团等国有资本投资运营平台公司治理情况进行调查，为本文的进一步研究提供有力和可靠的证据。

（三）运用法经济学分析的研究方法

本书基于法经济学视角，运用均衡分析和博弈分析方法，探究了国有资本投资运营公司治理中法律规制与政策指导的平衡、特色治理模式与现代公司治理结构的平衡以及适度监管。

（四）运用跨学科分析的研究方法

公司治理是一个跨学科的综合性问题，不同学科之间的交叉研究有助于法学研究对该问题的解决。本书主要从法学角度出发，兼顾经济学、管理学和政治学等多维度理论视角，通过多学科知识的有机契合，拓宽研究视野，注重研究深度和广度，并利用理论演绎法对本书问题展开深入探讨。

二、预期创新

（一）研究视角的创新

国有资本投资运营公司作为专门运作国有资本的国有独资公司，自提出以来就成为当下的时政热点。学术界大多数研究都以学科为界，主要从管理学、产业经济学以及党史党建等学科对公司治理进行学科内的考察和理解，而专门从法学学科研究该公司治理的研究阙如。关于国有资本投资运营公司治理是一个系统性的复杂问题，更需要一个跨学科的视角。本书基于跨学科视角，系统全面地研究国有资本投资运营公司治理的法律问题。

（二）研究对象的创新

学术界关于国有资本投资运营公司的大多数研究并未考虑国有资本的授权属性，根据国有资本投资运营自上而下的流动路径，主要分为直接授权和间接授权两种授权形式。相较于直接授权模式下的国有资本投资运营公司，间接授权模式下的国有资本投资运营公司治理存在的问题较多，将其作为研究对象，从法律定位和治理特殊性出发，结合当前改革实践，提出这类公司治理困境消解的法治路径。

（三）研究方法的创新

除常规研究方法外，本书着重运用实证分析研究方法考察党组织参与国有资本投资运营公司治理情况：一是对其公司章程进行文本性分析，旨在探明党组织写入公司章程及党建专章的情况。二是从公司党委会成员融入治理主体的主要职能出发，从决策、监督和管理三个维度，测度党委会成员与董事会、经理层成员的重叠程度。此外，本书还运用均衡分析法和博弈分析法探究国有资本投资运营公司治理中政治规制与法律规制的平衡、特色治理模式与现代公司治理结构的平衡。

（四）研究内容与观点的创新

本书在理论研究基础上，结合实证研究和实践调研的结果，对国有资本投资运营公司治理的法治路径尝试提出了创新观点或内容。一是在授权经营视角下，根据国有资本投资运营公司的法律属性和经济功能，对国有资本投资运营公司进行了重塑，认为国有资本投资运营公司可定位为"国家所有权——国有股权"的"转换器"和政府行政干预行为的"阻断器"。二是在现代公司法治语境下，正确行使党组织在公司治理中的决定权、建议权和问责权，厘清党组织在决策过程中"讨论前置"的行权程序和确权路径，解决党的领导与国有资本投资运营公司治理协同融合过程中形成的困境。三是国有资本投资运营公司董事会作为公司治理的权力中心，应当优化董事会成员的构成和科学分配职权，建立政府董事与社会化董事相结合的董事会制度，并让两者在行权过程中相互制衡。四是国有资本投资运营公司作为专门运作国有资本的市场化平台，基于市场机制要求，应对公司经理层人员进行契约化管理，由行政性高管向企业家型高管转变，并建立蕴含企业家精神的约束与激励机制。五是建立多元主体协同的外部监督机制，形成监督闭环，提高外部监督水平与效率。

第 一 章

国有资本授权经营与投资运营
公司的法律定位

　　尽管我国建立和统一了国有资产管理体制，但从实际情况看国有资本分布还是比较分散，运营效率也不高。国有企业结构调整所需资金筹集困难，过度依赖债务融资，财务负担沉重或者大部分国有资本处于闲置状态，没有得到合理有效利用。而且政府既担任出资人又担任监管者，既是国有资本的所有权人又是其投资运营者，使得国有企业法人治理结构也难以有根本性的完善。因此，为了对现有国有资本进行统筹规划，有效利用闲置国有资本，将运营效率和收益低的资本重新投入到投资回报率更高的行业，以提高国有资本的整体运营效率和收益，达到调整国有经济布局和国有资本结构的目的，国家提出了改组组建国有资本投资运营公司的改革举措。该类公司所承担的责任就是要促进国有资本合理流动，优化资源配置，实现国家经济发展战略。国有资本投资运营公司是极具中国特色的国有企业组织形式，是伴随着我国改革大潮而涌现出的一类特殊企业群体，对我国国有资产管理体制的完善以及更好地服务国家战略发挥了重大作用。作为一项制度创新，国有资本投资运营公司治理与一般国有企业或普通商事公司治理存在明显区别。在当前的试点阶段，我国是通过国有资本的授权经营开展国有资本投资运营公司的市场活动和经营管理行为。实际上我国改组组建的国有资本投资运营公司，作为中间介质将国资改革与国企改革进行了有效衔接。而建立和完善以"管资本"为主的国有资产管理体制，实质也是以改革国有资本授权经营为中心，对国有资本投资运营公司进行授权放权，从而充分将所有权与经营权分离。授权经营的本质是国家将国有资本的出资人权利给予国有资本投资运营公司，让其自主经营，从而形成权利与义务相对应的法律规范。因此，研究国有资本投资运营公司治理，首要任务就是要在授权经营下研究其法律定位，既要明晰国有资本授权主体之间的法律关系，又要厘清上与出资人、下与国有控股或参股企业的权责关系。

第一节　我国国有资本授权经营演进历程与阶段特征

党的十九大报告指出："要完善各类国有资产管理体制，改革国有资本授权经营体制。"在 2018 年中央经济工作会议上，国家再次强调要以管资本为主来改革国有资本授权经营体制。可见改革和完善现行国有资本授权经营体制是接下来国资改革的重中之重，也是当前新一轮国企改革的关键着力点。深化国有资本授权经营体制改革更是完善国有企业法人治理结构的应有之义。从授权经营的提出到以管资本为主改革国有资本授权经营体制，我国经历了三个阶段。具体来说，从 1992 年提出授权经营的概念，并建立产权纽带；到党的十六大提出改革国有资产管理体制和完善出资人监管制度；再到党的十八届三中全会决定以管资本为主加强国有资产监管，并改革国有资本授权经营体制。

第一阶段：建立产权纽带，初探国有资产授权经营体制。

1992 年发布的《关于国家试点企业集团国有资产授权经营的实施办法（试行）》（已失效）第 3 条首次对国有资产的授权经营

作了描述，规定国有资产授权经营是指由国有资产管理部门将企业集团中紧密层企业的国有资产统一授权给核心企业经营和管理，建立核心企业与紧密层企业之间的产权纽带，使紧密层企业成为核心企业的全资子公司或控股公司，发挥整体优势。而第5条则明确了国有资产授权经营的授权主体，即国有资产管理部门作为授权主体以国有资产所有权专职管理机构的身份进行授权。这是我国最早提出的关于国有资产授权经营的概念。1993年公布的《公司法》第72条专门对国有独资公司的授权主体进行了确认。国务院可以授权那些经营管理制度健全、经营状况良好的大型的国有独资公司行使国有资产所有者的权利，从而为我国国有资产授权经营提供了法理依据。1999年党的十五届四中全会通过的《中共中央关于国有企业改革和发展若干重大问题的决定》第一次在中央层面明确了国有资产授权经营的概念，并认为应当按照国家所有、分级管理、授权经营、分工监督的原则去建立和完善符合我国国情的国有资产授权经营管理体制，与此同时基于该原则探索国有资产管理、监督营运体系和机制。

第二阶段：建立以出资人监管为主的国有资产管理体制。

2002年党的十六大充分总结了国有资产管理体制的实践经验，并提出建立中央政府和地方政府分别代表国家履行出资人职责，享有所有者权益，权利、义务和责任相统一，管资产和管人、管事相结合的国有资产管理体制。自党的十六大后，我国逐步建立起有中国特色的国有资产出资人制度。2003年，国资委设立后出台的《企业国有资产监督管理暂行条例》为国资委代表政府履行国有资产出资人职责提供了法律依据，并在其第28条中规定了国资委可以对其出资的国有独资公司进行国有资产的授权经营。2005年修订后的《公司法》第65条中规定国务院或者地方人民政府通过授权本级人民政府的国资委来对国有独资公司履行出资人职责。这为我国国有资产授权经营方式在法律法规层面实施提供了法理基础。而 2008 年出台的《企业国有资产法》规定国资委代表国家履行出资人职责，这是以立法的形式使国资委正式取得出资人代表的法律主体身份。

第三阶段：以管资本为主，加速国有资本授权经营体制改革。

2013 年，党的十八届三中全会通过的《中共中央关于全面深化改革若干重大问题的决定》提出以管资本为主加强国有资产监管，同时改革国有资本授权经营体制，并提出组建国有资本运营公司的新设想。这是新一轮国企改革中对国资国企改革做出的最新理论指引，在国资委和国家出资企业间设立国有资本投资运营公司，并以国有资产出资人的身份对所出资企业行使股东权利，这无疑是一种制度创新。2015 年《中共中央、国务院关于深化国有企业改革的指导意见》强调了以管资本为主改革国有资本授权经营体制的要求，并规定国资委依法对国有资本投资、运营公司履行出资人职责的同时，授权该公司对授权范围内的国有资本履行出资人职责。紧随其后发布的《国务院关于改革和完善国有资产管理体制的若干意见》则对如何改革国有资本授权经营体制提出了具体的细则。而《实施意见》对国有资本投资、运营公司的授权规定了两种模式：一是政府直接对国有资本投资、运营公司授权；二是国资委代表政府对国有资本投资、运营公司的间接授权。目前主要是以间接授权的国有资本投资运营公司的试点改革为主。从"国有资产授权经营"到"国有资本授权经营"尽管只变动了一个字，却为我国国有资本授权经营体制改革提供了新的方向和路径。但是目前"国资委—国有资本投资运营公司—国家出资企业"的三层授权架构仍然处于试点阶段，加之出资人和出资人代表的身份确定及其权利边界一直以来存在争议，仍有待商榷，因此无论从理论上还是实践上都需要不断地摸索和论证。

第二节　国有资本授权经营的范式、法律属性及法律关系

从我国国有资产管理体制的改革进程看，我国国有资本授权经营方式主要出现过两种架构：一是国有资产监督管理机构作为履行出资人职责的机构直接对国有出资企业进行运营管理，即通常所说的"两层架构"或"两级制"；二是在国有资产监督管理机构与国有出资企业之间设立国有资产运营机构，即"三层架构"或"三级制"。自 2013 年提出设立国有资本投资运营公司以来，国有资本授权经营便形成了所谓的新三层架构，即"国资委—国有资本投资运营公司—国家出资企业"的模式。

一、国有资本授权经营的基本范式

（一）两层架构和三层架构的比较

1. 两层架构

所谓两层架构是指国有资产监督管理机构直接以国有资产出资人身份按照一定方式来管理国有企业，两者之间没有中间层。这种授权经营模式的优点是减少了委托环节，降低了代理成本，但最大的不足就是政府机构很容易对国有企业的经营管理进行行政干预，从而导致政企不分和内部人控制严重。

两层架构提出的法理基础主要依托于 20 世纪八九十年代出台的几部法律法规。如 1987 年施行的《中华人民共和国民法通则》（已失效）第 82 条规定："全民所有制企业对国家授予它经营管理的财产依法享有经营权，受法律保护。"1988 年颁布的《中华人民

共和国全民所有制工业企业法》（已被修改，以下简称《全民所有制工业企业法》）第一章第 2 条专门强调基于所有权和经营权分离原则，国家授予企业进行经营管理。在两层架构模式下，依据《全民所有制工业企业法》《公司法》的相关规定，国资委代表国家成为国有产权的所有者和国有资产的出资人，并依法行使所有者和出资人的权利。国资委通过选择企业管理者并派驻董事、监事等手段对出资企业进行监管以维护所有者和出资人的合法权益。尽管我国在立法和政策上为了扩大企业的自主经营权，提出了"法人财产权"等概念，但从根本上并未改变国家直接控制国有企业的事实，因此也难有明显的效果去减少国家对国有企业自主经营权的行政干预。

2. 三层架构

基于两层架构的种种弊端，学术界和实务界提出构建三层架构的国有资产授权经营模式。该模式是基于原有两层架构，在国有资产监管机构与国家出资企业之间增加了一个中间层，即国有资产运营机构，意图在国有资产监管机构与国有企业之间设置一个隔离层，政府只对国有资产运营机构授权，阻断政府直接对国家出资企业行政干预，从理论上看这种三层架构确实是做到了政企分开。

构建三层架构的法理依据一直在推进中不断加以完善。1992年发布的《关于国家试点企业集团国有资产授权经营的实施办法（试行）》（已失效）第 3 条规定："国有资产授权经营是指由国有资产管理部门将企业集团中紧密层企业的国有资产统一授权给核心企业（集团公司，下同）经营和管理，建立核心企业与紧密层企业之间的产权纽带，增强集团凝聚力，使紧密层企业成为核心企业的全资子公司或控股子公司，发挥整体优势。"这是最初对授权经营三层架构做出的探索。为了使其更加规范，1996 年《关于企业集团国有资产授权经营的指导意见》的出台明确了授权经营的含义，并指出集团公司通过政府机构的授权行使出资人权利，与其全资公司或控股公司形成产权关系。随着国企改革的不断深化，2003 年专门针对国有资产监管的《企业国有资产监督管理暂行条例》颁布，其第 28 条从法律上确立了我国国有资产授权经营体制的三层架构，即国有资产监管机构—国有资产运营机构—国有企业。在授权经营的三层架构中，国有资产监管机构通过授权使国有资产运营机构对第三层国有企业行使出资人权利，既可以实现出资人的到位，又可以解决政企不分的问题。由于国有资产运营机构按照《公司法》行使出资人权利，而出资企业则依据《公司法》独立经营，国有资产运营机构与出资企业之间是平等的法人关系，不再是行政体制下的上下级关系，[1] 中间层的存在能够减少政府干预直达出资企业，出资企业也不与政府部门直接打交道，企业自主经营权得到一定的释放。

（二）比较后的反思——三层架构下的产权配置

从理论上来分析三层架构确实是一种理想的国有资产授权经营模式，但运用到实践中却发现问题逐渐凸显。首先，无论是两层架构还是三层架构都把国有资产监管机构定位为国有资产的出资人。尽管《企业国有资产法》第 4 条第 1 款规定："国务院和地方人民政府依照法律、行政法规的规定，分别代表国家对国家出资企业履行出资人职责，享有出资人权益。"但在实践中，国资委经过政府的授权履行出资人职责，才是真正的出资人。而国资委还有一个身份就是国有资产的监管人，显然出资人和监管人为同一人不管从理论上还是实践上都是不合理的。如果国有资产监管机构是出资人，

---

〔1〕 赵旭东、王莉萍、艾茜：《国有资产授权经营法律结构分析》，载《中国法学》2005 年第 4 期。

那么由谁对国有资产进行监管，往往此时就会出现管理的真空地带。因此将国有资产监管机构定位为出资人值得商榷。其次，既然是授权经营，那么国有资产监管机构对国有资产运营机构所授予的权利是什么？两者之间的法律关系如何？所谓的授权范围具体指哪些？我国并没有出台相关的立法和政策来规范和补充说明，所以执行时往往都很茫然，并且这种没有具体细则来操作的授权模式同样给予国有资产监管机构很大的自由裁量权，该不该授权、怎么授权、所授权范围多大都可由其自行决定。[1] 这样一来，三层架构的授权经营体制随着时间的推移同样会存在政企不分的问题，而且委托代理链条还会被延长。

在国企改革的进程中，学者们对国有资产授权经营体制的争议从没有停止过。在新一轮的国资国企改革推动下，国家提出了"以管资本为主，改革国有资本授权经营体制。改组组建国有资本投资、运营公司"的新举措，并辅以"1+N"的政策体系来保障施行。由此我国国有资产授权经营体制由国有资产授权经营变成国有资本授权经营的三层架构。所谓新三层架构就是指"国资委—国有资本投资运营公司—国家出资企业"三个层次。第一个层次为国有资本管理的行政层，主要是履行行政监管职能，属于行政行为。第二个层次为国有资本的产权层，主要表现在投资运营公司依托市场专门进行国有资本的经营，并以国有资本出资人代表的身份对所出资企业履行出资人的具体职责，这属于民事或商事行为[2]。第三个层次为所出资企业的经营层，主要表现在所出资的国有全资公

〔1〕 胡改蓉：《"国有资产授权经营"制度的剖析及其重构》，载《西部法学评论》2009年第2期。

〔2〕 张骏：《国家授权投资机构或部门应指履行出资人经营职责的机构》，载《法学》2008年第6期。

司、控股公司或参股公司公平参与市场竞争而增加利润与创造价值。但是从目前的情况看，虽然这种新三层架构提出已有十余年之久，但仍处于试点探索阶段，佐以实行的相关立法和政策亟待出台和落地。

二、国有资本授权经营的法律属性

（一）授权原则

第一，国资委对国有资本投资运营公司的授权应是以国有资本出资人身份对出资人权利进行授权，尤其是将自主经营权依法归还给专业化和市场化的投资运营公司。我国第一、二批国有资本投资运营公司试点时，国有资产监管机构对其授权相对保守，直至2018年12月底公布第三批共11家国有资本投资运营公司的试点名单，授权和放权力度才逐步放开。第二，国资委作为国有资本投资运营公司的出资人，应当以公司唯一的、合法的股东身份并按照公司法规定，通过董事会对公司进行管理而不是用行政手段进行干预。第三，国资委以国有资本出资人身份对国有资本投资运营公司授权，授权的边界到国有资本投资运营公司这一层即止，不能以授权名义对国有资本投资运营公司所出资的全资公司和控股公司等进行延伸性监管。

（二）授权模式

根据授予权利的流动路径，经营性国有资本投资运营公司是通过间接授权来对所出资企业行使出资人权利的，即通常所说的三级授权模式。三级授权模式是指政府授权给国资委，由其代表政府履行国有资本的出资人职责，并成为投资运营公司的股东，然后再对国有资本投资运营公司授予出资人权利，最终由国有资本投资运营公司代表国资委对所出资企业行使出资人权利。在三级授权模式下，国有资本授权经营的流动路径是政府—国资委—国有资本投资运营公司—国家出资企业。在国资委与国家出资企业之间设立国有资本投资运营公司，依据公司功能，国资委将国家股东权利授权给公司，公司将国有资本经营权又下放给所出资企业，实现了从行政管理到市场经营的职能转变。当政府的公司变为市场的公司时，国有资本投资运营公司的公司治理机制也将根据出资人职能的转变发生变化。

（三）授权内容

根据国有资本授权的委托代理链条，不同层级的授权是不同的。[1] 具体来说授权内容存在狭义和广义之分。

从狭义上说，国有资本授权经营是按照"国资委—国有资本投资运营公司—国家出资企业"的三层架构进行的。通过国资委的授权，国有资本投资运营公司只针对授权范围内的国有资本履行出资人职责，并根据授权自主开展国有资本运作。由于目前授权范围仍未完全明确，但国有资本投资运营公司作为股权运作的市场化主体，首先，必须获得国有股东权利的授权。因为一般商事公司的股东是现实存在的，而国有资本的终极所有权人是全体人民，是一个非人格化的主体，那么国有资本的所有权就只能通过层层委托授权由国有资本投资运营公司代表国资委行使出资人权利，因此授予国有资本投资运营公司的首先必须是股东的权利。其次，对国有资本投资运营公司董事会的授权，主要体现在国有资本的战略投资决策、经理层的选聘、薪酬考核等方面的权利。最后，国有资本投资运营公司的设立目标是要实现国有资本的保值增值，那么营利便是公司进行资本运作所追求的目的，为了做强做优做大国有资本，国

---

[1] 高明华：《澄清对国有资本授权经营的模糊认识》，载《中国党政干部论坛》2019年第5期。

资委还必须对公司进行投资运营收益上的授权。

　　而从广义上说，是究其授权经营的根源，是从狭义上理解的三层授权架构进一步延伸到国有资本的终极所有权人——全体人民。因此，从狭义上理解的三层授权架构的内容还包括以下两方面：第一，全民股东是国有资本投资运营公司的终极股东，在国有资本授权委托代理链条中，全民股东首先是对全国人大授权。具体授予的是针对国有资本所有权行使的立法权和对法律法规执行的监督权。从这层授权关系看，全国人大是全民股东的直接代理人。但鉴于全国人大的立法机构性质，其不能直接代替全民行使股东权利，因此，全国人大只能进一步对政府进行授权。虽然全国人大没有直接代替全民行使所有权人的权力，但是其通过对立法形成的规则监督以及对国有资本的监管、利润分配使用等权力的行使加强了对国有资本的监督。第二，全国人大对政府的授权，即对国务院的授权成为第二层级的授权。具体来说全国人大授予的是国有资本相关法律和规则的执行权。目前，我国国有资本的规模是非常庞大的，资本的逐利性表明国有资本的保值增值要求在公司经营中创造更多的收益，因此要加强对国有资本的监管。同时，国务院鉴于其行政机构属性进一步将国有资本出资人的权利授予国资委，国资委作为国有资本出资人代表，成为国有资本投资运营公司的直接股东。

三、授权经营权利主体的法律关系与权利边界

　　（一）不同授权模式下授权委托主体与公司之间的法律关系厘定

　　1. 间接授权模式下国资委与国有资本投资运营公司之间的法律关系

　　国务院国资委曾在 2017 年对其与中央层面的国有资本投资运

营公司之间的关系作出了官方界定，即以资本为纽带的投资关系、以市场化为原则的委托关系和以法律为准绳的监管关系。[1] 从上述观点来看，主要有两层意思：一是在公法层面，政府机构与国有资本投资运营公司之间存在行政监管与被监管的关系；二是在私法层面，政府机构与国有资本投资运营公司之间既有基于委托代理的授权与被授权的关系，又有因投资所形成的出资人与被出资人的关系。

具体来说，有学者认为国资委与国有资本投资运营公司之间的授权与被授权的关系是一种行政授权关系，[2] 而且两者之间必须通过签订授权经营合同的形式来确定这种授权关系。[3] 公司按照授权经营合同的约定并根据国有资本经营预算向相关政府部门上缴国有资本运营收益。可见这种授权与被授权的关系本质上是一种基于委托代理的契约关系。国资委是委托人，国有资本投资运营公司是代理人，国资委授权国有资本投资运营公司对授权范围内的国有资本履行出资人职责，即国资委将所出资企业的产权授予国有资本投资运营公司。而产权授予是以出资的形式来实现的，因此国有资产监督管理机构与国有资本投资运营公司之间的授权关系是建立在国有资本出资与被出资关系上的。根据《企业国有资产法》的规定，国资委是国有资本投资运营公司的出资主体，代表国家和政府依法对其履行出资人职责，行使出资人权利。而国有资本投资运营公司作为专门运营国有资本的"人格化积极股东"，[4] 经过出资权

---

〔1〕 本书编写组编：《国企改革若干问题研究》，中国经济出版社2017年版，第218页。

〔2〕 顾功耘等：《国有资产法论》，北京大学出版社2010年版，第122页。

〔3〕 参见王克稳：《经济行政法基本论》，北京大学出版社2004年版，第276页。

〔4〕 参见王曙光、王天雨：《国有资本投资运营公司：人格化积极股东塑造及其运行机制》，载《经济体制改革》2017年第3期。

的授予，代表国资委以独立市场主体的身份对国有出资企业行使出资人权利。2018 年 3 月发布的《国务院关于机构设置的通知》中再次强调了国务院国有资产监督管理委员会作为国务院的直属特设机构。国资委作为国家机构组织中的特设机构，被列入行政机构的序列。基于国资委与国有资本投资运营公司之间委托授权的经营合同，[1] 从公法层面看，两者之间形成了一种行政监管与被监管的关系。国家通过国资委监管国有资本的运营，并没有失去对国有资本运营的实际控制权。只是鉴于国有资本投资运营公司的存在，之前国资委对出资企业的延伸监管被阻止，让渡和返还了企业的法人财产权和经营自主权，国资委专司其监管职能。

2. 直接授权模式下财政部与国有资本投资运营公司之间的法律关系

财政部与国有资本投资运营公司之间的关系主要表现为两种：一是因出资关系而形成的委托代理关系；二是财政部作为公司的出资人对公司行使的出资人监督与被监督的关系。具体来说，国有资本属于国家所有即全民所有，国务院代表国家行使国有资本的所有权并履行出资人职责，财政部根据国务院授权集中统一履行国有资本出资人职责。那么在中央层面，政府直接授权的国有资本投资运营公司，由财政部对其履行国有资本出资人职责。在两级授权模式下，财政部授权国有资本投资运营公司对出资企业行使出资人权利。同样是基于委托代理的契约关系，财政部作为股东将出资人权利委托给国有资本投资运营公司，公司作为授权的客体拥有授权范围内的股权。此外，财政部投资的国有资本投资运营公司，往往是财政部仅作为出资人，其他部委履行监管职能。但出资人本身也能

---

〔1〕　王新红：《论企业国有资产管理体制的完善——兼论国资委的定位调整》，载《政治与法律》2015 年第 10 期。

行使其具有的监督职责，并且财政部还必须对国有资本的投向、计划、回报及安全承担相应的责任，如对国有金融资本的监督一样。因此，财政部与所出资的国有资本投资运营公司之间存在因出资构成的监督与被监督关系。

（二）不同授权模式下出资人职责与权利边界的廓清

1. 间接授权模式下国资委作为出资人的职责及权利边界

以"管资本"为主加强国有资产的监管和转换国有资本监管职能，旨在强调国资委作为国有资本出资人代表的身份，并从出资人的角度加强对国有资本运作的监督。作为国有资本投资运营公司的股东，国资委应当依据公司章程，通过公司治理来行使国有资本的监督权，而不能干预公司的法人财产权和经营自主权。在以管资本为导向的国有资本授权经营体系中，国资委侧重宏观资本配置，[1] 突出以国家所有权为基础的出资人权利，而出资人权利到位的本质就是股东权利的到位。根据《公司法》第 4 条以及《企业国有资产法》第 12 条对股东权利的规定，国资委代表政府对国有资本投资运营公司依法享有资产收益、参与重大决策和选择管理者等出资人权利，但不拥有运营权，出资人的权利重点应放在国有资本投向、运作、回报及安全等方面。在这种间接授权模式下，国资委作为国有资本投资运营公司的出资人，最主要的职责还是在于对公司的监督。这种出资人监督是国资委基于国有资本所有者的身份对其财产的监督，在授权关系中体现出的是一种民事法律关系，[2] 如果涉及行政监管行为则超出了出资人监督的边界。而《国务院国资

---

〔1〕 参见马忠、张冰石、夏子航：《以管资本为导向的国有资本授权经营体系优化研究》，载《经济纵横》2017 年第 5 期。

〔2〕 顾功耘等：《国资委履行出资人职责模式研究》，载《科学发展》2012 年第 9 期。

委以管资本为主推进职能转变方案》的出台依法明确了国资委作为出资人应当履行的监督职责。在精简国资监管事项中，9 项下放事项和 8 项授权事项基本上为国资委出资人权利的授权清单。其中，9 项下放事项重点集中在资本市场的股权交易和股权管理上，而 8 项授权事项则主要体现在董事会职权的授权问题上，包括制定中央企业五年发展战略规划和年度投资计划、经理层人员选聘、业绩考核和薪酬管理等本属于国有资本投资运营公司的权利。虽然国资委通过对国有资本投资运营公司制定监管清单和责任清单来履行出资人职责，但作为授权主体，其可对国有资本投资运营公司的运营管理进行考核和评价。

2. 直接授权模式下财政部作为出资人的职责与权利边界

在中央层面，政府直接授权的国有资本投资运营公司主要是从中国出版集团公司、中国邮政集团公司、中国铁路总公司、中国烟草总公司、中国对外文化集团公司以及中央有关部门直接管理、财政部负责有关国有资本管理事项的企业中选出进行改革试点。这些公司的出资人是财政部，而监管人通常是所属的部委。而且这类国有资本投资运营公司基本都是政策性国有资本投资运营公司，在实现国有资本保值增值的同时，还能使国有资本更好地发挥公益性作用。那么财政部根据国务院授权，作为政府直接授权的国有资本投资运营公司的出资人，只对其进行股权投资，不干预公司的日常经营活动。并通过将国有资本出资人权和经营权下放给国有资本投资运营公司，切实履行好出资人监督和财务监管的职责。财政部经政府委托代表其行使出资人权利，对国有资本投资运营公司履行出资人职责具体包括以下几个方面：第一，国有资本基础管理职能，包括产权评估、产权转让等涉及国有产权流转方面的职责；第二，规划国有资本战略布局，负责国有资本经营预算、收益管理等工作；

第三，制定绩效考核、负责人薪酬等国有资本管理规章制度；第四，依法依规参与国有资本投资运营公司的重大决策、选择管理者、享有资本收益等。同时，财政部在履行出资人职责时，行使出资人监督的权利，必须与市场监管和行业监管区分开。因为财政部的出资人监督体现的是其作为公司股东的民事法律关系，而市场监管和行业监管是其他部委作为行政机构进行的监管，体现的是行政法律关系。具有出资人身份的财政部一旦僭越到行政监管的范畴，极易导致出资人缺位和越位的现象。并且，在这种授权模式下的国有资本投资运营公司由政府直接授权，将拥有更多的经营自主权，财政部必须以出资人身份加强对资本的监督，防止公司出现"内部人"控制。

第三节　国有资本投资运营公司的历史演进

一、国有资本投资运营公司的历史沿革

国有资产管理体制改革是伴随着我国国有企业改革同步进行的，并根据各阶段国有企业改革的要求，不断适应、探索和深化，逐渐形成了符合我国国情的有中国特色的国有资产管理体制。2013年以来，在各方不断强调建立"以管资本为主，加强国有资产监管"的时代背景下，国有资本投资运营公司应运而生。因此，国有资本投资运营公司的设立是我国国有资产管理体制持续深化改革的产物。

我国国有资产管理体制从管企业到管资产再到管资本，其监管内容发生了重大变化。从国资管理体制改革的历史进程看，主要分为两大阶段，即以 2003 年国资委成立作为分水岭，改革开放至国

资委成立为第一阶段，国资委成立至今为第二阶段。

（一）第一阶段：改革开放至国资委成立

这个阶段可以分为三个时期：

一是改革国有资产管理体制的起步时期（1978—1988 年）。从党的十一届三中全会开始，改革的重点在于扩大国有企业的经营自主权。为了增强企业活力，分两步在 1983 年 1 月和 1984 年 10 月进行了"利改税"的改革。同时，1984 年党的十二届三中全会通过的《中共中央关于经济体制改革的决定》提出要将政企职责分开，政府要简政放权，不要重复过去那种主要依靠行政手段管理企业的老做法。但是这一时期，并没有明晰国家或是政府作为国有资产所有者的同时还要担任社会经济管理者的两重身份，而且改革主要停留在国有企业层面。

二是国家国有资产管理局设立并进行监管的时期（1988—1998年）。随着股份制的提出，产权改革开始在我国出现。由于政府机构一方面要以所有者的身份代表国家履行国有资产所有者的职责，另一方面又要继续承担社会公共管理者的职能，"政资不分"现象开始出现。为了在政府层面上将国有资产管理职能与社会经济管理职能分离，1988 年 4 月，国务院设立了国家国有资产管理局，这标志着我国国有资产管理体制改革迈出了重要的一步。但国家并没有将国有资产所有者代表的大部分职能划入国家国有资产管理局，最终国家国有资产管理局只扮演了国有经济"大账房"[1] 的角色。比如管理者的选择、产权管理、企业重大决策等职能仍然分散在其他政府部门，这使得部门之间因为权力的归属而产生的矛盾日渐凸显，最终导致国家国有资产管理局被撤销。

---

〔1〕 何玉长、史玉：《国有资产管理体制：改革、完善与优化》，载《人民论坛·学术前沿》2016 年第 1 期。

三是国有资产管理体制深化改革时期（1998—2002 年）。国家国有资产管理局被撤销后，国有资产所有者职能又被分散到了各行政部门。各部门在监管整个行业的同时又要监管下辖的国有企业，极易导致政企不分。而且政府部门行政管理职能与国有资产所有者职能的相互交织，形成了"五龙治水"[1] 的局面。为了解决政企不分、政资不分以及分散管理的问题，2002 年党的十六大报告明确指出："建立中央政府和地方政府分别代表国家履行出资人职责，享有所有者权益，权利、义务和责任相统一，管资产和管人、管事相结合的国有资产管理体制。"从本质上看，这是国家对国有资产实行分级所有改革的设想，也是对当时"国家统一所有，政府分级管理"这一体制的重大突破。因此，在这个时期，国有资产管理体制的优化结束了政府部门和各行业部门对国有企业共同管理的混乱局面。党的十六大以后，通过深化改革我国国有资产管理体制逐渐形成了"三分开""三统一""三结合"[2] 的管理模式。

（二）第二阶段：国资委成立至今

这个阶段分为两个时期：

一是成立国有资产监督管理委员会和建立以出资人监管为核心的国有资产管理体制改革时期（2003—2013 年）。2003 年 3 月，国家成立国务院国有资产监督管理委员会。其根据国务院授权对中央所属企业（不含金融类企业）的国有资产进行统筹管理和监督。而地方政府也根据中央指示相继设立了地方国有资产监督管理机构。同年 5 月，国务院又出台了《企业国有资产监督管理暂行条例》，

---

〔1〕 "五龙治水"是指计经委管计划立项，财政部管资产登记与处置，经贸委管实物资产，劳动与社保部门管劳动与工资，组织人事部门和大型企业工委管经营者任免。

〔2〕 "三分开"，即政企分开、政资分开、所有权与经营权分开；"三统一"，即权利、义务和责任相统一；"三结合"，即管资产和管人、管事相结合。

其中规定国有资产监督管理机构只履行出资人职责，不行使政府的社会公共管理职能。2008 年 10 月通过的《企业国有资产法》从法律的高度再次强调国有资产监督管理机构对国家出资企业履行出资人职责。尽管此阶段建立了以出资人监管为核心的国有资产管理体制，但其本质仍然是"管资产和管人、管事"相结合。因此，国有资产监督管理机构既要履行出资人职责，又要对国有资产进行行政监管的双重身份并没有得到实质性改变，国资委的定位依然模糊，这导致其权利职责不清晰。

二是建立和完善以"管资本"为主，加速国有资本监管转型的国有资产管理体制创新时期（2013 年至今）。为了适应市场经济的深入改革和完善国有资产管理体制的要求，2013 年 11 月《中共中央关于全面深化改革若干重大问题的决定》（以下简称《决定》）提出了"完善国有资产管理体制，以管资本为主加强国有资产监管，改革国有资本授权经营体制，组建若干国有资本运营公司"。该《决定》首次提出国有资本监管的全新模式，而将国有资本投资运营公司构建成专门对国有资本进行投资运营的主体，也标志着我国开始以"管资本"为主，实行由"管资产和管人、管事"相结合向以"管资本"为本的国有资产管理体制转变。从《决定》提出"以管资本为主加强国有资产监管"，到 2015 年《中共中央、国务院关于深化国有企业改革的指导意见》提出的"以管资本为主推进国有资产监管机构职能转变"，再到党的十九大强调"要完善各类国有资产管理体制，改革国有资本授权经营体制……推动国有资本做强做优做大"，以管资本为主的国有资产管理新模式正不断完善和优化。作为国有资产管理体制改革创新的产物——国有资本投资运营公司的设立有利于真正实现政企分开和政资分开，有利于提高国有资本的运营效率。

二、国有资本投资运营公司的现实图景

早在国资委成立前，我国就已经存在类似投资运营公司性质的国有资产经营机构。深圳和上海是我国最早对国有资产运营管理进行探索实践的代表。尤其是深圳，其在 1988 年就成立了深圳市投资管理公司，这是我国第一家专门经营和管理国有资产的机构，并在 1992 年成立了深圳市国有资产管理委员会，1996 年后逐渐形成"市国资委（国资委下属国资办）—国有资产经营公司—国有企业"三层次的国有资产管理架构。而上海在 1993 年成立国有资产管理委员会后，将 19 个行业主管局或行政性公司改造为政府授权经营的国有独资控股公司和集团公司，并由它们代表国家对下属企业行使国有股东的权利。[1] 有数据显示，到 2009 年全国各地设立的各类国有资产经营公司已经达到 3800 家左右，总资产约 9 万亿元，仅省市级的公司就超过 1000 家。由此可见，当时国有资产经营公司的设立对地方经济的发展确实发挥了重要作用，如促进地方国有股权的管理，加快现代企业制度的建立和完善，协助当地政府实现产业结构的布局和升级等。但是由于政企不分、政资不分的问题仍然存在，各地国有资产经营公司的运营和管理模式在国有资产管理体制不断深化改革的大背景下亟待改进和完善。因此，2013 年党的十八届三中全会提出组建若干国有资本运营公司的制度创新，是国有资产管理体制深化改革的关键环节，而国有资本投资运营公司的试点探索又拉开了新一轮国资国企改革的序幕。

国有资本投资运营公司改革试点的路径是自上而下，从中央到地方陆续开展的。2014 年 7 月，在中央企业中，国家开发投资公司

---

〔1〕 郑海航：《中国国有资产管理体制改革三十年的理论与实践》，载《经济与管理研究》2008 年第 11 期。

和中粮集团有限公司（简称"中粮集团"）开展了改组国有资本投资公司试点。2016 年 2 月，中国诚通控股集团有限公司和中国国新控股有限责任公司以国有资本运营公司形式进行试点，并成为我国最先进行运营公司试点的中央企业。同年 7 月，国资委为了进一步扩大投资公司试点范围，新增加神华集团有限责任公司（2017 年 11 月与中国国电集团公司合并为国家能源投资集团有限责任公司）、中国宝武钢铁集团有限公司（简称"宝武集团"）、中国五矿集团公司、招商局集团、中国交通建设集团有限公司、中国保利集团有限公司 6 家公司为国有资本投资公司试点企业。截至 2018 年 8 月底，中央层面的国有企业共有 10 家进行国有资本投资运营公司试点，而地方已经改组和组建的国有资本投资运营公司达到 89 家（见表 1-1）。[1] 而在短短的半年时间里，国家又启动了国家电投和华润集团等 11 家中央企业的试点。到 2018 年 12 月底，总共有 21 家中央企业和 122 家地方国有企业通过改组组建加入了国有资本投资运营公司的试点行列。[2] 笔者统计了 2015 年至 2017 年部分中央层面国有资本投资运营公司的营业收入和利润总额。除了宝武集团因 2016 年刚合并缺失 2015 年的数据外，其他中央层面的国有资本投资运营公司三年的营业收入和利润总额总体上呈现出良好的增长势头。尤其是招商局集团、神华集团有限责任公司和中国五矿集团公司通过国有资本投资运营公司试点后，实现利润飞速增长（见图 1-1）。

---

〔1〕　王雪青：《国资委正抓紧完善相关方案 第二批国有资本投资运营公司试点力度将加大》，载《上海证券报》2018 年 8 月 30 日，第 2 版。

〔2〕　杨烨：《改革国有资本授权经营体制方案出台在即 国有资本投资运营公司试点改革提速》，载《经济参考报》2019 年 3 月 13 日，第 A07 版。

表 1-1 中央和地方国有资本投资运营公司试点名单（部分）

区域	国有资本投资公司	国有资本运营公司
中央	中粮集团有限公司	中国诚通控股集团有限公司
	国家开发投资公司	中国国新控股有限责任公司
	国家能源投资集团有限责任公司	
	中国宝武钢铁集团有限公司	
	中国五矿集团公司	
	招商局集团	
	中国交通建设集团有限公司	
	中国保利集团有限公司	

区域	省市	地方国有资本投资运营公司	
华北	北京	北京控股集团有限公司	北京国有资本经营管理中心
	天津	天津津联投资控股有限公司	天津国有资本投资运营有限公司
		天津津诚国有资本投资运营有限公司	
	河北	河北国有资产控股运营有限公司	
	山西	山西国有资本投资运营有限公司	山西焦煤集团有限公司
	内蒙古	内蒙古国有资本运营有限公司	

区域		国有资本投资公司	国有资本运营公司
华东	上海	上海国盛（集团）有限公司	上海国际集团有限公司
	江苏	江苏省国信资产管理集团有限公司	
	浙江	浙江省国有资本运营有限公司	
	安徽	安徽省投资集团控股有限公司	安徽省国有资产经营有限公司
	山东	山东省国有资产投资控股有限公司	山东黄金集团有限公司
		兖矿集团有限公司	山东高速集团有限公司
		山东能源集团有限公司	山东省鲁信投资控股集团有限公司
	江西	江西省投资集团公司	
	福建	福建省投资开发集团有限责任公司	
华中	湖北	湖北省宏泰国有资本投资运营集团有限公司	
	湖南	湖南兴湘投资控股集团有限公司	湖南高新创业投资集团有限公司
	河南	河南投资集团有限公司	河南省国有资产控股运营集团有限公司

区域		国有资本投资公司	国有资本运营公司
华南	广东	广东粤海投资控股有限公司	广东恒健投资控股有限公司
	深圳	深圳投资控股有限公司	深圳远致投资有限公司
	广西	广西宏桂资本运营集团有限公司	
	海南	海南发展控股有限公司	海垦控股集团
西南	重庆	重庆化医集团	重庆渝富集团
	四川	四川省投资集团有限责任公司	四川发展控股有限责任公司
		四川省能源投资集团有限责任公司	
	云南	云南省建设投资控股集团有限公司	云南国有资本运营有限公司
	贵州	贵州产业投资集团有限公司	
西北	陕西	陕西省国有资本投资运营有限公司	
	甘肃	甘肃省国有资本运营有限公司	
	宁夏	宁夏国有资本运营集团公司	
	新疆	新疆金融投资有限公司	
	黑龙江	黑龙江省投资集团有限公司	

数据来源：笔者根据网络数据整理。

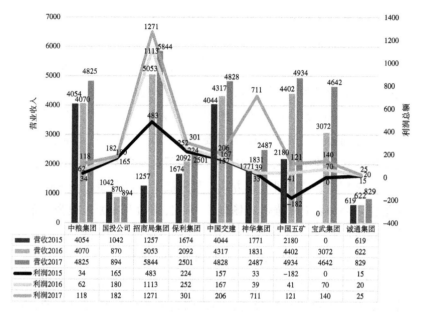

	营收2015	营收2016	营收2017	利润2015	利润2016	利润2017
中粮集团	4054	4070	4825	34	62	118
国投公司	1042	870	894	165	180	182
招商局集团	1257	5053	5844	483	1113	1271
保利集团	1674	2092	2501	224	252	301
中国交建	4044	4317	4828	157	167	206
神华集团	1771	1831	2487	33	39	711
中国五矿	2180	4402	4934	-182	41	121
宝武集团	0	3072	4642	0	70	140
诚通集团	619	622	829	15	20	25

图 1-1　2015—2017 年部分国有资本投资运营公司营收和利润情况（亿元）
数据来源：笔者整理。

目前，中央层面共有 21 家公司启动了国有资本投资运营公司的试点改革且效果明显。而地方层面的 100 多家国有资本投资运营公司主要出现了三种典型的代表模式，即上海模式、重庆模式和山东模式。

（1）上海模式。上海在国资国企改革方面始终致力于探索着最新的模式。目前上海主要有上海国际集团有限公司（简称"上海国际"）作为国有资本运营公司试点和上海国盛（集团）有限公司（简称"上海国盛"）作为国有资本投资公司试点。上海国际主要是以金融投资为主。而上海国盛则以产业投资和资本运作为主，并通过投资新兴产业和处置不良资产的形式扩大公司规模。上海关于国有资本投资运营公司试点探索的理念是强调以"管资本"为主的国有资本管理体制改革，并要求从实物形态的"管企业"转向价值形态的"管资本"。

（2）重庆模式。重庆模式是通过整合现有资源，并按照行业分类把国有企业的股份划入新组建的投资运营公司。重庆渝富集团（简称"重庆渝富"）是重庆国有资本投资运营公司中发展最快、效益最好的公司，被国务院国资委列入"国企改革十二样本"，也是重庆模式的典型代表。重庆渝富采用了自有资本投资和基金集合资本投资相结合的双投融资方式，且发展了多种基金。长期的资本化运作使公司具有很强的市场竞争力，公司盈利能力也很强。重庆渝富经过国有资本投资运营公司的试点改革后，净资产从 2004 年公司成立以来的 19 亿元增长到 2018 年的 825 亿元。

（3）山东模式。山东模式是将现有的投融资平台直接改组或组建成国有资本投资运营公司，不能改组的则整合到已组建的公司中。山东模式的典型代表是山东省国有资产投资控股有限公司（简称"山东国投"）。该公司在 2015 年被组建成山东省唯一一家省级国有资本运营公司，虽然成立时间较短但已经是具有 20 多年投融资经验的国有资本投资控股公司。其主营业务是投融资和资本运作。山东国投作为国有资本运营公司肩负着带动山东省经济创新发展的任务。

第四节　国有资市投资运营公司的锚定

一、国有资本投资运营公司的法律内涵

根据设立目标和功能定位，实务界将国有资本投资运营公司细分为两类公司，即国有资本的投资公司和运营公司。在实际操作

中，两类公司呈现各自的特点。国有资本投资公司主要从事产业资本投资，具体是通过投资实业来持有股权，主要体现在投融资和项目建设上。[1] 该类公司的目标是要服务国家和地方经济发展战略、提升产业的总体竞争力，并在关系国家安全、国民经济命脉的重要行业和关键领域，以投融资、培育产业和运作资本等手段对战略性核心业务进行控股，推动产业转型升级，培育国有企业的核心竞争力和创新力，从而提升国有资本的控制力和影响力。而国有资本运营公司则主要是进行资本运营。其运营对象与投资公司有所区别，具体是指国企的产权和一般商事公司中的国有股权，不投资实业。[2] 该类公司通常是以财务性持股来运作股权和投资基金，全面提升国有资本运营效率和投资回报，从而促进国有资本合理流动，最终实现国有资本保值增值。

尽管国有资本投资公司和运营公司具体运作的对象稍有区别，一个是以投资产业、实业为主，而另一个是以运营持有的国有资本即股本为主，但是两类公司都会持有其出资企业的股权，并通过股权管理和资本运作的方式去加速国有资本的流动和实现国有资本的保值增值，并无分开讨论的必要。因此，本文从法律角度研究的国有资本投资运营公司可定义为：其是通过国资委授权并在授权范围内履行国有资本出资人职责的国有独资公司，是国有资本的直接出资人代表。公司以持有所出资企业的股权来履行股东职责、维护股东合法权益且以出资额为限承担有限责任。作为市场化和专业化运作国有资本的公司，以资本为纽带、以产权为基础，依据公司法等

---

〔1〕　刘青山：《国有资本投资、运营公司探索新体制、新机制、新模式》，载《国资报告》2017 年第 10 期。

〔2〕　闵乐、马刚：《国有资本的运营公司与投资公司有何不同？》，载《现代国企研究》2014 年第 5 期。

法律法规，通过授权自主运作国有资本而不从事具体的生产经营活动。国有资本投资运营公司既是国家所有权委托代理链条上的关键节点，又是政府与市场的行为边界，是符合中国特色社会主义市场经济体制并为实现政企分离、政资分离以及资企分离提出的制度设计。

二、国有资本投资运营公司的法律性质

（一）国有独资公司

作为国有资本的人格化代表，国有资本投资运营公司按照国有资本所有者的特殊要求设立并通过国资委授权代表其行使出资人权利。同时，该公司也是我国国有资本战略和国有经营预算的实施载体，其进行股权投资和运作的领域主要涉及国家安全和与整个国民经济息息相关的行业。因此这类公司不适合自然人或者一般法人来经营或参与经营，而应当由国家单独出资。根据我国《公司法》第168条第2款和第169条第1款的规定，[1] 国有资本投资运营公司属于国家出资的国有独资公司。各级国资委代表本级政府对其履行出资人职责，其直接股东是国资委。

（二）专门从事投资和运营国有资本的独立法人

国有资本投资运营公司设立和运营的主要法律依据是《公司法》，其公司行为必须在公司法规定的框架内规范进行。独立市场主体的定位是国有资本投资运营公司的设计初衷。作为政府"人格

---

〔1〕《公司法》第168条第2款规定："本法所称国家出资公司，是指国家出资的国有独资公司、国有资本控股公司，包括国家出资的有限责任公司、股份有限公司。"第169条第1款规定："国家出资公司，由国务院或者地方人民政府分别代表国家依法履行出资人职责，享有出资人权益。国务院或者地方人民政府可以授权国有资产监督管理机构或者其他部门、机构代表本级人民政府对国家出资公司履行出资人职责。"

化积极股东”的市场代表,[1] 国有资本投资运营公司应以规范的法人治理结构和市场运作机制参与日常的经营管理,是一个自主经营和自负盈亏的独立法人,并能独立承担民事责任。之所以将该公司定义为特殊的独立法人:一是因为公司只从事国有资本的运作和管理,其经营对象仅限于国有股权、国有股份和国有产权,与其他国有独资公司相比不进行具体的产品生产和经营,并且不附带任何行政色彩;二是国有资本投资运营公司被赋予了超出一般企业法人之外的权利义务,除了以追求利润最大化为主要经营目标外,还肩负着实现我国国有资本保值增值和服务于我国经济发展战略的重任。

（三）股东具有唯一性和特殊性

国有资本投资运营公司是国有独资公司,由国家单独出资设立,其股东就是国家,可见国有资本投资运营公司股东的唯一性。同时,国家不可能也不会直接以一个特殊民事主体的身份去进行投资设立公司的行为并直接管理公司。因此,我国通过《企业国有资产法》以法律形式确定了国有资本投资运营公司的股东。尽管国家仍是该公司抽象意义上的股东,但根据《公司法》和《企业国有资产法》的相关规定,各级国资委通过授权成为公司的直接股东并代行股东权利。因此,国有资本投资运营公司的股东还具有一定的特殊性。

（四）以营利性为主,兼顾公益性

公司是依法设立的、以营利为目的,并依法承担社会责任的法人。[2] 既然国有资本投资运营公司是公司制法人,也应当具有营

---

〔1〕 王曙光、王天雨:《国有资本投资运营公司:人格化积极股东塑造及其运行机制》,载《经济体制改革》2017 年第 3 期。

〔2〕 刘俊海:《公司法学》,北京大学出版社 2008 年版,第 1 页。

利性。并且从本质上看，其是专门进行股权投资运作的专业化和市场化主体，是不具有行政职能的市场化出资人机构。实现国有资本保值增值是公司运营的主要目标，而增值就必然会带来投资回报，产生利润。另外公司投资领域也以与我国国民经济利益相关行业为主，公司属性除了营利性以外必然带有一定的公益性。比如诚通集团 2016 年的年营业收入为 622 亿元，利润总额为 20.27 亿元，其净利润达到 14.75 亿元；[1] 中粮集团 2017 年的年营业收入为 4825 亿元，利润总额达到 118 亿元。[2] 从数据中可以看出中央层面设立的国有资本投资运营公司是追求营利的，尽管它们还肩负着推动国有资本向关系国家安全和国民经济命脉的重要行业和关键领域集中升级的重任。因此我国国有资本投资运营公司在追求经济效益的同时，还要兼顾社会效益。

（五）在政府与国家出资企业之间起到行政干预的隔断作用

国有资本投资运营公司是国有资本委托代理链条中的关键节点，介于国有资产监督管理机构与出资企业之间，因而产生了两个不同层次的委托代理关系：一是国资委与国有资本投资运营公司之间的委托代理关系；二是国有资本投资运营公司与所出资企业之间的委托代理关系。而国资委代表政府对公司履行出资人职责，并对其授予出资人权利，在某种程度上体现出的是一种行政授权关系。对出资企业来说，国有资本投资运营公司以国有股东的身份对其享有出资权并行使股东权利，这是一种完全的市场行为。因此，国有资本投资运营公司在政府与出资企业之间起到一种隔断作用，能有效避免政府对出资企业的过多行政干预，真正实现政企分开。在行政层—产权层—经营层的三层架构中，国有资本投资运营公司根据

---

〔1〕 数据来源：诚通集团 2016 年年度报告。
〔2〕 数据来源：中粮集团 2017 年年度报告。

上级授权行使出资人代表的权利，同时又不干预或代替所出资企业的日常经营管理，确保国家出资企业独立的市场主体地位得以实现。由此，以国有资本投资运营公司为界限，清晰地划清了政府行政行为与企业市场行为的边界。[1]

三、国有资本投资运营公司的经济功能

我国改组或组建国有资本投资运营公司的目的从资源配置角度看，一方面公司作为社会主义公有制的微观载体，[2] 可以纠正和弥补市场调节的不足或失灵；另一方面则可以利用市场机制实现国有资本由实物形态的企业向价值形态的资本转变。[3] 由此可见，通过股权投资和运营，国有资本投资运营公司既要保持对涉及国民经济命脉和国家安全、基础设施、重要自然资源等行业的影响力和控制力，又要引导国有资本充分运用到需要的地方，最终实现国有资本的合理布局。因此，改组组建国有资本投资运营公司可以说是"有形之手"与"无形之手"在我国国有经济的发展壮大中双管齐下，其具体的经济功能主要有以下三个方面。

（一）优化国有资本布局

逐利性是资本的根本属性，在资本流动中其会向利润较高的行业自发流动。而国有资本作为资本的特殊表现形式，也会具备这种属性，否则国有资本将无法做强、做大。[4] 改组组建国有资本投资运营公司，就是要充分利用这类专业化和市场化的国有资本运作

---

〔1〕 潘泽清：《投资运营公司的地位》，载《中国金融》2016 年第 4 期。
〔2〕 王新红等：《国有企业法律制度研究》，中央编译出版社 2015 年版，第 19 页。
〔3〕 何小钢：《国有资本投资、运营公司改革试点成效与启示》，载《经济纵横》2017 年第 11 期。
〔4〕 郑东华：《遵循规律 推动国资做强做优做大》，载《经济参考报》2018 年 2 月 27 日，第 4 版。

平台去优化国有资本布局，促进国有资本存量流动，调整国有资本增量投向，最终服务国家的战略实施。因此，国有资本的布局主要从产业布局和区域布局两个方面加以优化。

第一，在中央层面改组组建国有资本投资运营公司，能够加快国有资本的产业布局。目前，我国中央企业主要集中在公益性和基础性以及特定功能类和部分商业竞争类产业上，而在中央企业中选择一些企业进行投资运营公司的改组，可以把国有资本从空壳企业、僵尸企业以及传统制造业等效率低甚至连年亏损的产业中脱身出来，投向效率更高的产业中，比如战略性新兴产业、现代服务业等；通过重组整合资源和创新发展，淘汰过剩产能、退出落后产业。可见中央层面的国有资本投资运营公司能够积极引导国有资本投向公共服务和公益导向等行业，推动国有资本的功能升级。

第二，中央和地方两个层面设立的国有资本投资运营公司能够有效推动国有资本的区域布局。党的十八大以来，我国制定了全新的国有资本布局和发展方向，包括了"一带一路"建设、长江经济带发展和京津冀协同发展的三大举措。"一带一路"建设是将国有资本布局国际化，从而提升其国际竞争力，而京津冀协同发展和长江经济带发展则要求通过地方产业升级将国有资本投入到基础设施建设以及新兴产业和先进制造业等行业和领域，积极发展区域经济。中央和地方层面的国有资本投资运营公司的功能恰恰是通过培育发展优势产业、推进产业结构调整、整合优质资源、提高资本运营效率、优化资源配置，进而实现国内到国际、中央到地方的国有资本布局的调整优化。

（二）服务国家和地方政府的发展战略

国有资本首先强调的是其"国有"的性质，而改组或组建国有资本投资运营公司意在推动国有资本合理流动而不是放任自流，因此国有资本的配置应该更好地服务于国家和地方政府发展战略的实施，并将国有资本更多地投向关系我国国家安全以及与国民经济命脉相关的重要行业和关键领域。这便是国有资本投资运营公司经济功能的体现。早在 2008 年出台的《企业国有资产法》总则第 7 条就明确了国有资本服务国家和地方发展战略的要求。[1] 2013 年，党的十八届三中全会通过的《中共中央关于全面深化改革若干重大问题的决定》中也提到了国有资本投资运营应当服务于国家战略目标。由此可见，国家对国有资本投资运营公司寄予厚望，而该类公司还肩负着国家产业转型升级和发展的重要使命，并引领和带动我国战略性新兴产业持续推进。上述举措能够促进国有资本尽可能集中到具有核心竞争力的优势行业、战略性新兴产业以及与公共服务、基础设施和民生保障等相关的领域，进而达到优化产业结构和经济结构的目的，最终有利于国家和地方政府发展战略目标的完成。

（三）实现国有资本的保值增值

价值增值是资本本身具有的一种功能，专门设立国有资本投资运营公司进行国有资本运营和管理的根本目的就是要实现我国国有资本的保值增值。因此，公司的运营要充分发挥国有资本的增值功能，并以保值为底线，以增值为目标。最终只有国有资本增值了，才意味着我国的国民财富增加了。《企业国有资产法》第 8 条规定，国家建立和完善国有资产管理体制要充分落实国有资产保值增值的责任。国有资本投资运营公司作为我国国有资产管理体制深化改革的时代产物，以公司形式对国有资本进行运作和管理，并通过利用

---

　　〔1〕《企业国有资产法》总则第 7 条规定："国家采取措施，推动国有资本向关系国民经济命脉和国家安全的重要行业和关键领域集中，优化国有经济布局和结构，推进国有企业的改革和发展，提高国有经济的整体素质，增强国有经济的控制力、影响力。"

专业化、市场化的方式最大限度地发现和保护国有资本的市场价值，从而保证国有资本保值增值的实现。具体而言，国有资本投资运营公司实现国有资本保值增值的方式主要体现在"增和减"两个字上。"增"就是通过股权运作、设立基金等方式整合存量、吸引增量，提高国有资本运营和配置的效率。这样既落实了国家宏观调控的手段，又顺应了市场在资源配置中的决定性作用，全面提升了国有资本保值增值能力。而"减"则是通过"去产能、去库存、去杠杆、降成本、补短板"，处理僵尸企业和特困企业，分离国企办社会职能等措施，积极处置那些不具备保值增值能力的国有资产，从而增加国有资本的活力和提高资本的运作效率，进而促进国有资本保值增值的实现。

四、国有资本投资运营公司主体之间的法律关系

（一）国家股东与国有资本投资运营公司之间的法律关系

在政府与国家出资企业之间设立专门的国有资本运营机构，从委托代理的角度看，确实是延长了委托代理的链条，即国有资本运营权的流动路径为全体人民—全国人大（或地方人大）—国务院（或地方政府）—国资委—国有资本投资运营公司—国家出资企业。但是从权益分配的角度分析，国有资本投资运营公司的存在增加了委托代理的环节并不意味着代理成本的增加，反而是一种帕累托改进。因为国有资本投资运营公司作为中间层的存在形式主要是阻断政府对国有资本出资企业的行政干预，建立"一臂之距"，给予出资企业更多的经营自主权和剩余收益分配权，使其能够以独立市场主体的身份公平参与竞争。在全面深化市场化改革背景下，国有资本的投资运营不仅要充分坚持国有资产的行政管理职能和所有者职

能分离以及所有权与经营权分离的原则，[1] 还要厘清国有资本投资运营公司与政府机构之间的关系。

　　首先，根据国有资本运营权的流动路径，国家、政府、国有资产监督管理机构（即国资委）与国有资本投资运营公司之间是层层授权的关系。由于国家的抽象性，政府代表国家履行出资人职责，但是政府的行政属性必然会通过授权将出资人权利赋予专门机构即国资委，国资委再授权给国有资本投资运营公司。这种层层授权关系的主要依据来自《企业国有资产法》[2]《中共中央、国务院关于深化国有企业改革的指导意见》[3]《国务院关于改革和完善国有资产管理体制的若干意见》[4] 等法规和政策。国资委虽为特设机构，但与国有资本投资运营公司之间的授权关系在现实中是一种行政授权。[5] 通常情况下，国资委与国有资本投资运营公司之间会通过签订授权经营合同的方式来确定这种授权关系。[6] 国有资本

　　〔1〕　于国安主编：《国有资产运营与监管》，经济科学出版社 2004 年版，第 136 页。

　　〔2〕　《企业国有资产法》第 4 条第 1 款规定："国务院和地方人民政府依照法律、行政法规的规定，分别代表国家对国家出资企业履行出资人职责，享有出资人权益。"第 11 条第 1 款规定："国务院国有资产监督管理机构和地方人民政府按照国务院的规定设立的国有资产监督管理机构，根据本级人民政府的授权，代表本级人民政府对国家出资企业履行出资人职责。"

　　〔3〕　《中共中央、国务院关于深化国有企业改革的指导意见》强调要科学界定国有资本所有权和经营权的边界，国有资产监管机构依法对国有资本投资、运营公司和其他直接监管的企业履行出资人职责，并授权国有资本投资、运营公司对授权范围内的国有资本履行出资人职责。

　　〔4〕　《国务院关于改革和完善国有资产管理体制的若干意见》明确国有资产监管机构与国有资本投资、运营公司关系就是要政府授权国有资产监管机构依法对国有资本投资、运营公司履行出资人职责。国有资产监管机构按照"一企一策"原则，明确对国有资本投资、运营公司授权的内容、范围和方式，依法落实国有资本投资、运营公司董事会职权。国有资本投资、运营公司对授权范围内的国有资本履行出资人职责。

　　〔5〕　顾功耘等：《国有资产法论》，北京大学出版社 2010 年版，第 122 页。

　　〔6〕　王克稳：《经济行政法基本论》，北京大学出版社 2004 年版，第 276 页。

投资运营公司则通过授权经营合同的约定，并根据国有资本经营预算，向国家上缴国有资本运营的收益。然而这种授权与被授权关系基于委托代理的角度体现出一种契约关系，即委托人是国资委，代理人是国有资本投资运营公司。国资委授权国有资本投资运营公司依据授权范围内的国有资本履行出资人职责，实际上国资委是将所出资企业的产权直接授予国有资本投资运营公司。而产权授予又是以出资形式来实现的，因此国资委与国有资本投资运营公司之间还存在出资人与被出资人的关系。根据《企业国有资产法》，国资委是国有资本投资运营公司的出资主体，代表国家依法对其履行出资人职责，并拥有公司全部股权，同时还享有资产收益、参与重大决策和选择管理者等作为出资人的基本权利。2018 年 3 月发布的《国务院关于机构设置的通知》再次强调了国务院国有资产监督管理委员会作为国务院的直属特设机构。既然国资委是国家机构组织中的特设机构，那么其不可能摒弃行政属性而作为独立市场主体来履行出资人职责，因此在国资委和所出资企业之间设立的国有资本投资运营公司便成为政府及国资委"人格化积极股东"的市场代表，[1] 作为具有法人资格的独立市场主体在三层委托代理关系中发挥着重要作用，目的就是要真正实现政企分开、政资分开以及所有权和经营权分开。

其次，根据我国现行立法和现有政策，国有资本的运营权绕过政府机构被直接授权给了国有资本投资运营公司，国资委仅以出资人身份真正行使对国有资本运营的监管权。基于国有资本运营机构

---

〔1〕 王曙光、王天雨：《国有资本投资运营公司：人格化积极股东塑造及其运行机制》，载《经济体制改革》2017 年第 3 期。

与政府机构的委托代理合同,[1] 国资委与国有资本投资运营公司之间就形成了一种监管与被监管的关系。监管者是国资委,被监管者是国有资本投资运营公司。该公司通过授权行使国有资本运营权,而国资委行使的是对国有资本运营的监管权,可见国家仍能通过国资委这一代理人继续监管国有资本的运营,并没有真正失去对国有资本运营管理的实际控制权。但是作为国有资本投资运营公司的出资人,国资委对国有资本的监管应当属于私权主体之间的"合意性监管",[2] 并根据《公司法》要求对公司行使作为国有资本出资人的监督权,而国有资本投资运营公司则按照国资委的授权委托对国有资本进行投资、运作、管理并获取收益。鉴于国有资本投资运营公司的存在,国资委对第三层次的出资企业的延伸监管被阻止,国资委不再干预企业的日常经营活动,让渡和返还企业的法人财产权和经营自主权。因此国有资本投资运营公司通过国家授权来承担国有资本的运营管理,国资委就可以专司其监管的职能。

（二）　国有资本投资运营公司与所出资企业之间的法律关系

作为国企改革"1+N"文件体系中的顶层文件,《中共中央、国务院关于深化国有企业改革的指导意见》提出"国有资本投资、运营公司作为国有资本市场化运作的专业平台,依法自主开展国有资本运作,对所出资企业行使股东职责"。同时,作为配套文件之一的《国务院关于改革和完善国有资产管理体制的若干意见》也强调了"国有资本投资、运营公司依据公司法等相关法律法规,对所出资企业依法行使股东权利,以出资额为限承担有限责任"。基于

---

〔1〕　王新红:《论企业国有资产管理体制的完善——兼论国资委的定位调整》,载《政治与法律》2015 年第 10 期。

〔2〕　丁传斌:《国资委出资人监管职责与行政监管职责的厘定》,载《企业经济》2012 年第 5 期。

国家政策规定和投资运营公司的实际运营情况，学术界和实务界对国有资本投资运营公司与所出资企业之间的关系界定基本一致。两者之间存在的法律关系体现为股东与所出资企业之间控股或参股关系，也即出资与被出资的关系。

　　作为国有资本市场化运作的专业平台，国有资本投资运营公司通过产权来连接政府与出资企业，其与出资企业都是按照公司法要求依法设立的具有独立法人资格的公司制企业。只不过国有资本投资运营公司位于国有资本的产权层而所出资企业处于国有资本的经营层，公司依法自主地进行国有资本运作并对所出资企业进行出资。那么公司就持有所出资企业的股份，对其行使股东职责，显然它们之间存在一种股东与所出资企业之间的控股或参股关系。国有资本投资运营公司作为所出资企业的股东，通过股权联结的形式与其控股或参股公司联系起来。它与出资企业是公司法框架下两个平等独立的民事主体，两者之间是平等的法人关系而不存在任何行政性质的上下级关系，因此两者之间发生的公司行为是完全的市场行为。国有资本投资运营公司以《公司法》为依据对所出资企业行使出资人的权利，并重点关注国有资本流动和增值状况、所出资企业执行公司战略情况以及资本回报状况。而所出资企业则在《公司法》框架下享有出资人因出资所形成的财产所有权。由于国有资本投资运营公司完全以股权的形式与所出资企业连接，其就属于"H"形组织结构（Holding Structure）中的纯粹控股公司，[1] 这类型公司更注重运营和收益，对所出资企业实行"一臂之距"的原则，[2] 不干预公司的日常运营和管理。国有资本投资运营公司成

---

〔1〕 潘泽清：《组建国有资本投资运营公司的模式和实施方式研究》，载《经济研究参考》2017 年第 25 期。

〔2〕 潘泽清：《投资运营公司的地位》，载《中国金融》2016 年第 4 期。

为政府与出资企业之间的中间层，既要避免政府对出资企业经营活动直接进行行政干预，让干预行为停留在本层级，从而保证了所出资企业可以充分行使经营自主权；同时又要监管国有资本投资运营公司的资本运作行为，确保出资企业中的国有资本不流失，实现国有资本的保值和增值。因此，位于中间层的国有资本投资运营公司无形中就成了一堵阻断政府行政干预向所出资企业蔓延的"隔离墙"。尽管国有资本投资运营公司是具有独立法人资格的民事主体，但与一般商事公司有所区别，它还需完成政府的行政意愿，即优化国有资本布局，服务于国家和地方政府的经济战略。而所出资企业往往被定位为一般的市场主体，尽管其拥有国有股权，但在市场化背景下与一般商事公司的地位是平等的，不附带因国有股权而产生的特权，公平参与市场竞争，并以利益最大化为目标。即便是国有出资人，也应与普通出资人一起按持股比例承担相应的风险、责任以及获取收益。

国有资本投资运营公司设立的初衷是不带任何行政级别的公司制法人企业，但由于其作为国有独资公司，难免会有国有资产监督管理机构的行政指令介入，比如公司高层的选任、对国有资本的监管等。虽然国有资本投资运营公司被定义为政府行政行为与公司市场行为的边界，但是作为所出资企业的股东，政府的行政影响仍然有可能通过这个"隔离墙"穿越到出资企业。尤其是作为控股股东的国有资本投资运营公司，一旦没有管控好，行政干预渗透到出资企业的风险反而更大。那么减少这种风险存在的重要举措就是要根据现代企业制度的要求，不断完善和优化整个公司的治理结构。科学有效的公司治理能够规范国有资本投资运营公司治理主体权利的行使，防止行政干预的延伸。

五、授权经营下国有资本投资运营公司的重塑

《OECD 国有企业公司治理指引》（2015 年版）曾对成员国国有企业的出资人构建给出了建议："国家应该在其政府序列中明确界定行使所有权的实体。所有权应当由一个集中的所有权实体统一行使，如果这一点无法实现，也应通过一个协调机构来行使。"[1] 而基于我国的特殊国情，国家作为国有资本的所有权人，需要通过政府机构的活动来实现，但政府机构又不能集监管者和出资人的两重身份于一身，所以最终只能通过国有资本投资运营公司代表国资委履行出资人职责。国有资本投资运营公司是通过国资委授权来运营国有资本的公司制法人企业，作为没有任何行政级别的、纯粹的市场化主体在国有资本的运营过程中通过持有所出资企业的股权，代表本级国资委履行出资人职责。因此，国有资本投资运营公司作为国有资产的出资人代表主体，既能在国资委与出资企业之间成为一个"隔离墙"以缓冲政府对出资企业的行政干预而实现企业的自主经营，从而有利于政企分开和减少政府的寻租行为；又能在国资委与出资企业之间搭建衔接的桥梁并承担国资委制定的国有资本战略以及国有资本经营预算的实施载体。国资委作为国有资本的监管者对国有资本投资运营公司的运营行为进行监督管理，旨在保证国有资本的保值增值，并防止国有资产流失。

国有资本投资运营公司是按照《公司法》的基本原则设立的国有独资公司，所有公司行为应当在《公司法》的规定范围内实现，那么对于这种特殊性质的公司，是否应当由一般法和特殊法来对其

---

〔1〕 OECD, OECD *Guidelines on Corporate Governance of Stated－owned Enterprises*, 2015 Edition, OECD Publishing, Paris, 2015, http：//dx. doi. org/10. 1787/97892642441 60-en.

公司行为进行共同规制呢？目前明确国有资本投资运营公司出资人代表身份的文件也仅限于《中共中央关于全面深化改革若干重大问题的决定》《中共中央、国务院关于深化国有企业改革的指导意见》《国务院关于改革和完善国有资产管理体制的若干意见》等。虽然中央层面和地方层面都在进行试点改革并取得了不错的效果，但是我国并没有在《企业国有资产法》或者其他相关法律法规中将这类公司出资人代表的身份予以法律形式的确定，而且授权范围、具体履行的出资人职责也没有相关的法律法规跟进落实。

（一）国家所有权——国有股权的"转换器"

在需要实现特定功能时，国家作为政权主体的公法人格和作为财产所有权主体的私法人格是可以分开的，[1] 国家私法人格在实践中主要体现在国家所有权上。[2] 国家所有权是一种特殊的财产所有权，其最主要的实现途径就是国家以国有资产（资本）的形式运营和管理国有企业。虽然根据《中华人民共和国宪法》（以下简称《宪法》）规定国家所有即全民所有，但从民法理论的内在逻辑来看，全民所有只是一个具有经济或社会意义的概念，不能成为特定个体权利上的法律概念。[3] 因此全民只能算是国有资产事实上的所有者，国家才是法律意义上的所有者。目前我国《宪法》、《中华人民共和国民法典》（以下简称《民法典》）以及国资管理

〔1〕　[德] 罗尔夫·施托贝尔：《经济宪法与经济行政法》，谢立斌译，商务印书馆2008年版，第282页。

〔2〕　张作华：《论我国国家法律人格的双重性——兼谈国家所有权实现的私法路径》，载《私法》2004年第1期。

〔3〕　马俊驹：《国家所有权的基本理论和立法结构探讨》，载《中国法学》2011年第4期。

相关的法律法规明确规定国家可以成为国有资产的权利主体。[1]
因此在市场经济活动中，国家能以国有资产为基础，并以民事主体
身份从事国有资产的交易活动。[2] 但由于抽象的国家无法成为民
法上具体"物"的所有权主体，[3] 国有资产所有权的行使必须通
过政府按照《公司法》对股东行为的基本要求对国有企业拟制出国
家股东来行使所有者的权利。而政府机构通过全国人民代表大会以
法律形式的授权，代表国家作为出资人对国有企业进行投资、运营
和管理的方式就从传统的"所有权模式"转换到了"股权模
式"。[4] 因为国家对国有资产进行资本化运营通常是以股权形式投
入到国有资本投资运营公司，再通过公司集中对出资企业进行控股
或参股。可见国有资本投资运营公司正是实现国有资本所有权到公
司股权的转换器，甚至加速了所有权向股权的转换。

（二）政府行政干预行为的"阻断器"

全民股东缺位是国企治理不彰的主要根源。[5] 国企在股东缺
位的情况下形成了不同层次的代理人，但主要由国资委来主导和推
进公司的日常经营活动，从而容易导致行政权力对公司治理的过度
干预。国有资本投资运营公司正好介于国资委与国家出资企业之
间，从某种程度上说其与国资委之间是一种政企关系。同时，国有
资本投资运营公司又以国有股东的身份对其出资企业享有出资权，

〔1〕 葛云松：《法人与行政主体理论的再探讨——以公法人概念为重点》，载《中
国法学》2007 年第 3 期。

〔2〕 王利明：《论国家作为民事主体》，载《法学研究》1991 年第 1 期。

〔3〕 孙宪忠：《"统一唯一国家所有权"理论的悖谬及改革切入点分析》，载《法
律科学（西北政法大学学报）》2013 年第 3 期。

〔4〕 徐晓松：《国家股权及其制度价值——兼论国有资产管理体制改革的走向》，
载《政法论坛》2018 年第 1 期。

〔5〕 刘俊海：《全民股东权利与国企治理现代化》，载《社会科学》2015 年第 9
期。

这一层体现的完全是一种市场行为。因此，国有资本投资运营公司在国资委与出资企业之间起到阻断作用，最终形成了"行政层—产权层—经营层"的三层架构。而位于中间层的国有资本投资运营公司依托市场从事国有资本的专业运作，由其作为国有资本的出资人代表并履行出资人职责，这属于民商事行为。[1]　虽然国有资本投资运营公司需经过授权对国有出资企业行使股东权利，但在《公司法》等相关法律法规的约束下并不会越俎代庖地去干预或代替所出资企业的生产经营活动，同时通过建立"一臂之距"阻止国资委对所出资企业的延伸监管。因此，国有资本投资运营公司的存在能够确保出资企业以独立市场主体的身份公平参与竞争，清晰地划清政府行为与市场行为的边界，最终有效地阻断国资委对所出资企业的行政干预。

---

〔1〕　张骏：《国家授权投资机构或部门应指履行出资人经营职责的机构》，载《法学》2008 年第 6 期。

第二章

国有资本投资运营公司治理法律
路径的解构与选择

国有资本投资运营公司治理是基于授权经营开展的，治理过程中的权利分配也是在授权的框架内进行配置和调整，包括国有资本出资问题的厘清则是治理工作开展的关键。公司治理从本质上说就是出资人通过法律或制度安排使公司管理者按照自己的意愿并为自己的利益服务的一种运行机制。如果连出资人都模糊不清，公司的确难以进行有效的治理。而在我国新一轮国资国企改革中，设立国有资本投资运营公司的初衷是通过履行国有资本出资人职责的方式来实现管资本的转变。但在实践中，学术界和实务界对我国国有资本出资人的法律定位和履行出资人职责机构的职能这两方面多年来一直存在争议，这也极大地影响了国有资本投资运营公司治理活动的进行。因此，实现国有资本投资运营公司有效治理的前提必然是要求该公司出资人规范到位。换言之，明晰公司出资人的定位和权力边界及职责，厘清出资人制度在治理实践中存在的争议与困惑，是国有资本投资运营公司建立有效的法人治理结构和治理机制的前提。

第一节　国有资市投资运营公司治理前置问题——出资人辨析

国有资本的出资人是国有产权的所有者，出资人是否厘清和到位将影响到产权关系的明晰。由于投资运营公司的治理结构是国有产权关系的一种特殊的组织化体现，如果因为出资人制度不完善造成产权关系不清晰，那么公司将难以进行有效的治理。而且出资人的模糊不清还可能导致"内部人控制"现象的出现，进而导致在公司治理中因内部人控制出现的风险将不断扩大。此外，国有资本投资运营公司是以国有产权为基础的专门运作国有资本的国有独资公司，一般的国有企业并不具有国资委对该公司专门授权的出资人职责，[1] 这也是国有资本投资运营公司出资人制度的特殊所在。因此，在研究国有资本投资运营公司治理之前，对出资人制度进行研究是十分必要的，这也是分析公司内部治理结构和构建治理机制的重要前提。

目前，国有资本投资运营公司出资人的实然状态是根据"全体人民—全国人大（或地方人大）—国务院（或地方政府）—国资委—国有资本投资运营公司—国家出资企业"的授权委托代理链条来区分的。从上述授权委托代理链条来看，一方面除了国家和政府是该公司的间接出资人以外，国资委成为其直接出资人；另一方面该公司本身也是通过授权对国家出资企业行使股东权利的出资人。可见，正是我国独有的国有资本多层出资人体系导致应然的出资人定位模糊不清。而出资人无法做到规范到位，其公司治理也就难以顺利进行。因为出资人一般是公司治理结构中处于第一层级的委托

---

〔1〕　魏文培：《独资型国有控股公司治理结构研究》，首都经济贸易大学 2009 年博士学位论文。

人，出资人及其职责的不明晰往往会导致公司治理结构中的其他治理主体无法正常运作。依据《企业国有资产监督管理暂行条例》和《企业国有资产法》的相关规定，国家和政府都是国有资本的间接出资人，通过授权给国资委来直接对投资运营公司行使法律意义上的出资人权（利）。那么，国资委作为国有资本投资运营公司的直接出资人，在实践中其本身兼有公法上的行政监管权和私法上的出资人权。出资人权对应的是公司内部的股东治理权利，而行政监管权则是外部治理中监督权利的一种表现形式。因此，无论是哪种权利的行使都与公司治理息息相关。然而从出资人应然设计的层面出发，设立国有资本投资运营公司的初衷，就是公司以履行出资人职责的机构形式对国家出资企业行使出资人权利。那么，在国资委出资人权利的授权和放权下，国有资本投资运营公司本身也成为所出资企业的出资人。因此，国有资本出资人的规范到位成为国有资本投资运营公司治理的关键环节。由此可见，在研究国有资本投资运营公司治理时，将出资人制度作为前置问题单列进行研究具有必要性。

虽然设立国有资本投资运营公司的目的，是通过国有资产的资本化运营解决公司治理实践中出现的权责不清、政企不分、政资不分、缺乏制衡等问题，但是该公司的国有资本出资人制度从设立开始就陷入争议中。原因在于：一是我国国有资本的多层出资人体系导致出资人概念的模糊不清；二是国资委作为国有资本投资运营公司的直接出资人，公法和私法权利的交叉行使；三是国有资本投资运营公司设立的目的就是要承担履行出资人职责的机构职能。因此，研究国有资本投资运营公司的出资人制度是研究其公司治理的前置问题。通过对国有资本出资人制度争议和困惑的厘清可以得出，国资委剥离出对国家出资企业的出资人职能只对国有资产运营机构出资，并通过授权将出资人具体职权赋予专业化的国有资产运营机构。党的十八届三中全会开启了新一轮国资国企改革，本轮改革的核心就是要由原来"管资产和管人、管事"相结合向以"管资本"为主的国有资产管理体制的转变，国有资产运营机构也演变成国有资本运营机构。而这个转变的突破口就在于国有资本投资运营公司在授权范围内作为出资人代表能否顺利完成改组并行使其权利。尽管从表面上看是翻新"旧模式"，但不管是从授权模式还是公司定位等方面，国有资本投资运营公司与以前的国有资产经营公司还是有明显区别的，而且目前学术界和实务界仍在制度上和实践中对其不断探索、创新并作改进。

一、我国现行国有资本出资人的争议与厘清

从上述对我国国有资产出资人体系、授权经营体制和出资人模式的研究发现，现行我国国有资产出资人制度产生的争议和困惑主要集中在出资人定位和出资人职责界定两个问题上。国有资本投资运营公司的出现则进一步扩大了多年来的争议，而模糊的权责关系也使之更加困惑。根据我国《宪法》和《民法典》的相关规定，既然国家代表全民享有国有资产的所有权，那么国家理应成为国有资产的出资人。《企业国有资产监督管理条例》和《企业国有资产法》又规定了国资委代表政府来履行出资人职责，成为国有资产的实际出资人。根据现行立法，国有资本投资运营公司名义上的出资人是国家，而实际出资人则是国资委。那么国家能否以民事主体的身份作为国有资本投资运营公司的出资人？国资委能否代表国家作为适格的国有股东履行好出资人职责？而国有资本投资运营公司作为国有资本运营的法定机构能否经过国家授权对国有出资企业充当专职出资人？这一系列理论和实践中遇到的问题都值得深究，因此

产生的争议和困惑也必然影响国有资本投资运营公司的治理机制。

（一）我国国有资本出资人相关概念界定

1. 国有资产（资本）的界定

（1）国有资产的概念。界定国有资产的概念首先要明晰何为资产。在目前的学术研究中主要从会计学、经济学和法学的三个角度来理解资产的定义。从会计学的角度来看，美国财务会计准则委员会（FASB）发布的《财务会计概念公告》中将资产定义为特定个体从已经发生的交易或事项中所获得的或加以控制的在未来可能形成的经济利益。国际会计准则委员会（IASC）对资产作出了定义，即资产是企业因过去的交易或事项而控制的未来为企业带来经济利益的资源。而2006年我国财政部颁布的《企业会计准则》则将资产定义为："企业过去的交易或者事项形成的、并归企业拥有或者控制的、预期将会给企业带来经济利益的资源。"

从经济学的角度来看，资产是指那些作为生产要素能够投入到生产经营活动中并能产生增值效益的财产。经济学所强调的资产是一种稀缺资源，通常以某个时间节点的财富存量来表示，往往还包含了一定数量的物质资料和权利。因此，经济学上定义的资产更加强调资产为企业带来的预期经济利益。并且经济学界还逐渐引用法律上的概念来定义资产，1996年著名经济学家保罗·萨缪尔森在《会计理论中的资产的概念》一文中就把资产定义为财产权，资产的价值即财产权的货币表示。

从法学的角度来看，资产在法律上主要体现为财产。那么参照经济学角度所给的定义，法律意义上的资产就是指那些以生产要素的形式投入到生产经营活动中，并且能够带来经济利益的财产以及财产权利。美国经济学家康芒斯就曾指出资产的法律意义就是财产，而财产的经济利益就是资产，两者是相互转换下所形成的概念。[1] 其实在法学视域中，"资产"的使用频率很小，但由于我国国有资产的存量极其庞大，同时经济学和经济法学又是密切关联的学科，因此我国经济法学界便借用了经济学中的"资产"一词，于是在我国立法上也就出现了"国有资产"的表述。

而国有资产顾名思义就是指国家所有的资产，即国家所有的一切财产和财产权利的总和。在法律上被确定为国家所有，并且能为国家带来经济效益和社会效益的各种经济资源都属于国有资产的范畴。我国《民法典》第 246 条第 1 款规定："法律规定属于国家所有的财产，属于国家所有即全民所有。"可见我国对国有资产的归属已从法律上作了明确规定。随着中国特色社会主义市场经济的发展，国有资产的界定需要一个具有实际意义的内涵，于是我国在立法上专门针对国有资产形成了官方的认定。《企业国有资产监督管理暂行条例》第 3 条中将国有资产定义为"国家对企业各种形式的投资和投资所形成的权益，以及依法认定为国家所有的其他权益"。而《企业国有资产法》也再次指出国有资产是国家通过对企业各种形式的出资而所形成的权益。因此，国有资产既属于国家所有，也属于全民所有，并且由国务院和地方政府分别代表国家行使国有资产的所有权。

国有资产的分类由于依据标准不同，往往会形成不同的分类体系。在我国，国有资产有广义和狭义之分。广义上的国有资产是指国家以各种形式投资和投资所产生的收益，以及拨款、接收馈赠、凭借国家权力取得，或者依据法律认定的各种类型的财产或财产权利。广义上的国有资产包括经营性资产、行政事业单位通过拨款形

---

〔1〕〔美〕康芒斯：《制度经济学》（上册），于树生译，商务印书馆 1983 年版，第 93 页。

成的非经营性资产以及国家依法拥有的资源性资产。狭义上的国有资产是指国家作为出资人依法对企业以各种形式的出资所形成的权益，一般来说就是指经营性国有资产。而国际上还存在根据国有资产使用目的的分类，即将国有资产分为公产和私产。这种划分方法是以国有资产适用公法或私法为基础的，对这种分类的做法源于罗马法，[1] 在近代被不少国家借鉴。法国是最先适用公产与私产分类的国家，在其立法上认为公产是指公用的非生产性财产，而私产是生产性的并能用于谋取利益的财产。[2] 日本则在《国有财产法》中将国有财产划分为行政财产和普通财产。[3] 而我国对国有资产的划分多以资产的自然属性为基础，在法学上的分类还存在欠缺，以致对国家所有权性质的认知有所偏差。[4] 由于经营性的国有资产在我国国有资产中具有重要地位，而且在国有企业的发展中也发挥了不可或缺的作用，通说认为在国有资产立法时往往将国有资产的范围限定在经营性国有资产上。[5] 在法学界，专家学者们对国有资产的研究也基本以经营性国有资产为主，因此本文的研究对象——国有资本也属于经营性国有资产的范畴。这类国有资产的主要特征之一是作为出资人的国家对其出资企业所享有的权益，实质上这就是一个资本的概念。

　　另外，"资本"是一个经济学的概念。目前对资本的定义迄今

---

　　[1]　王克稳：《论国有资产的不同性质与制度创设》，载《行政法学研究》2009年第1期。

　　[2]　王名扬：《法国行政法》，中国政法大学出版社1988年版，第294~295页。

　　[3]　周刚志：《公物概念及其在我国的适用——兼析〈物权法草案（征求意见稿）〉相关条款》，载《现代法学》2006年第4期。

　　[4]　丁传斌：《地方国有资本运营法制探索》，北京大学出版社2017年版，第14页。

　　[5]　王克稳：《〈企业国有资产法〉的进步与不足》，载《苏州大学学报（哲学社会科学版）》2009年第4期。

仍存在不同的观点，具体来说主要从两个角度来界定：一是从马克思主义政治经济学的角度定义资本；二是从西方经济学的角度定义资本。马克思认为："资本具有一种增值自身，并获取剩余价值的生活本能。"[1] 因此，基于马克思主义政治经济学的观点，资本应当是一种可以带来剩余价值的价值。那么，资本作为一种抽象化的价值，是没有明确的实物形态的。当资产运用于经营活动时就自动转化成了资本，可以说资本应该始终是经营性的并且具有很强的流动性。[2] 而西方经济学的专家学者们对资本的定义存在不同的认识。如庞巴维克认为资本是物质产品的一部分。[3] 而保罗·萨缪尔森则认为，传统的经济分析中生产要素包括了土地、劳动和资本这三种基本要素，其中资本既指"生产者生产出来的要素"，还包含了"那些生产出来的耐用品"，在进一步生产中它们被视作生产性投入。[4]

无论从政治经济学还是西方经济学来定义资本，其实强调的是资本的经济价值。尤其从一个企业的经营活动中观察，资本必须是企业日常经济活动中赖以生存和发展的物质基础，所有的企业都不可能离开资本而独立生存下去。

2. 国有资本的法学诠释

在实务界，早在 2001 年我国财政部制定的《企业国有资本与财务管理暂行办法》和国务院国资委成立后在 2004 年发布的《企

---

〔1〕《马克思恩格斯全集》（第 23 卷），中共中央马克思恩格斯列宁斯大林著作编译局译，人民出版社 1972 年版，第 260 页。

〔2〕 王新红：《〈企业国有资产法〉若干法律问题初探》，载《福建师范大学学报（哲学社会科学版）》2016 年第 1 期。

〔3〕［奥］庞巴维克：《资本实证论》，陈端译，商务印书馆 1981 年版，第 73 页。

〔4〕［美］保罗·萨缪尔森、威廉·诺德豪斯：《经济学》（第 16 版），萧琛等译，华夏出版社 1999 年版，第 55 页。

业国有资本保值增值结果确认暂行办法》就对国有资本进行了定义。在当时国有资本就被定义为国家对企业各种形式的投资和投资所形成的权益，以及依法认定为国家所有的其他权益。因此，根据上述定义，一个公司中国有资本的多少会因国有股份比例不同而有差异。在国有独资公司中，国有资本就是指该公司的所有者权益；而在国有控股、参股公司中，国有资本则是指该类公司所有者权益中仅属于国家应当享有的份额。

在法学理论界，国有资本是国家及其政府为了实现国有财产的保值增值，将国有财产转换为增值资本进行运营，并以法律形态确认的一种国有产权表现形式。[1] 可见，国有资本是国有资产的资本化，既是资本性质的经营性国有资产，又可以认为是国家作为出资人享有的一种财产权利的表现。既然国有资本为国家所有，不论是社会主义国家还是资本主义国家，只要这个国家存在公有制的经济形式，国有资本就应当存在。只不过因为社会制度的差异，国有资本在整个国家经济中所占地位及功能作用有所区别。而在我国，国有资本是国家代表全体人民所有，那么其主要目的是实现社会公共利益，并为国家和全体人民创造利润。鉴于资本的流动性，国有资本是国家以资本的形式向企业投资，进而不断产生投资回报，可以说国有资本就是流动的财富量的聚集。但由于国家并不直接掌管这类财产而是通过政府机构或部门的活动来保证财产权利的实现，从法律形态上来说，国有资本可以认为是国家作为出资人在其投资企业的所有者权益中享有的全部或部分份额。

3. 国有资本的基本属性

基于资本的双重属性，国有资本也具有自然属性和社会属性的

---

〔1〕 顾功耘：《国有经济法律制度构建的理论思考》，载《毛泽东邓小平理论研究》2005年第4期。

特点，尤其我国的国有资本更多地呈现出社会性，即公共性的特点。

首先，经济学家们都认为资本的增值性是其自然属性中的基本属性，也是资本存在和发展的必要前提。那么国有资本作为资本中的一种分类，延续了资本的这种自然属性，就必然会追求价值的增值。这种追逐利润的动机在市场经济中表现得淋漓尽致。国有资本在我国社会主义经济中占据核心地位，只有实现国有资本的增值才能保证国有经济的稳定和持续发展。此外，流动性也是资本的重要属性之一。只有通过资本流动才能使资本产生增值，而且资本增值本身也是一个不断流动的过程。在市场经济活动中，国有资本通常按照"投入—运营—收益—分配—再投入"的轨迹不断循环和周转，[1] 从而为我国的财政收入创造出更多利润和税收。因此，国有资本产生的经济价值以及对国家财政收入的贡献是非国有资本形式的其他资本所无法比拟的。

其次，国有资本的社会属性突出地表现在市场经济活动中的公共性，并且我国国有资本的公共性呈现出符合我国国情的具有中国特色的特殊属性。我国国有经济又被称为"全民所有制经济"，是社会主义公有制经济的重要组成部分，那么国有资本的终极所有者为全体人民。但由于"全体人民"概念的虚化，从法律意义上说国有资本的所有者应该是国家，国家是国有资本的出资人。但"国家"也是一个抽象概念，其必须通过授权将国有资本委托给具体的所有权主体，使国有资本人格化。而国有资本投资运营公司正是这个具体的所有权主体。国有资本投资运营公司作为我国国有资本的主要运营载体，[2] 其经济功能充分体现了国有资本的公共服务和

---

〔1〕　唐成：《国有资本运营模式比较研究》，中共中央党校 2008 年博士学位论文。

〔2〕　顾功耘等：《国有资产法论》，北京大学出版社 2010 年版，第 10 页。

社会管理的要求。在我国市场经济建设中，国有资本的社会属性从宏观和微观两个维度分别体现。从宏观上来说，国有资本是政府调控经济的重要手段。通过国有资本的运营，国家可以有效地维护市场的稳定和平衡发展。从微观上来说，国有资本既能解决市场失灵的问题，又能弥补市场的不足。但从根本上说，我国国有资本区别于其他国家的特殊属性就是其终极目标是要服务于全体人民的利益和维护社会的稳定。

4. 国家所有权的法律属性

我国学者认为所有权可以分为公法层面和私法层面两类。公法层面的所有权主要是指宪法上的所有权，即所有权人与国家之间发生的公法法律关系，其注重获取所有权的资格；而私法层面的所有权主要体现在民法上的所有权，即所有权人与其他私法主体之间发生的民事法律关系，其注重的是具体指向的权利客体。[1] 而国家所有权作为所有权中的一种特殊类型，其具有公权和私权的双重属性，并受到公法和私法的共同调整，是一种特殊的混合法律关系。[2] 那么何为国家所有权？国家所有权是指国家占有、使用、收益和处分国有财产的权利，它是全民所有制在法律上的表现。[3] 我国《民法典》第 246 条中规定，国家所有即全民所有，那么国家所有权就可以理解为全体人民的所有权。但从全民所有到国家所有之间的概念置换是不严谨的，从国际法与国内法的角度看，国家所有权与全民所有权不可能同义，抽象的"国家"不可能成为民法上

---

〔1〕 徐涤宇：《所有权的类型及其立法结构〈物权法草案〉所有权立法之批评》，载《中外法学》2006 年第 1 期。

〔2〕 马俊驹：《国家所有权的基本理论和立法结构探讨》，载《中国法学》2011 年第 4 期。

〔3〕 佟柔主编：《中国民法》，法律出版社 1990 年版，第 249 页。

具体"物"的所有权主体。[1] 法学家凯普纳就认为："全民所有权是经济意义上的概念,在法律意义上全体人民并不是一个所有者。"[2] 因此,在国家所有权制度下,国家才是法律意义上的国有资产所有者,而全体人民只能算是国有资产事实上的所有者。[3] 但由于作为权利主体的国家是一个抽象或集合的概念,其对国有资产的占有、使用、收益和处分等权利的行使不可能像自然人一样亲力亲为,必须要借助国家的公权力,通过国家或政府机构的活动才能实现。[4] 而鉴于国家所有权的私权属性,既然国家所有权是对国家财产的占有、使用、收益和处分的权利,那么国家所有权就可以理解为一种特殊的财产权。从民法学的角度看,国家所有权也应属于民事权利中的一种,只不过"国家"这个角色相比物权中其他民事主体来说其身份比较特殊。

(二) 国有资本出资人的界定

1. 国有资本出资人的概念

我国现行立法以及学术理论研究对国有资本出资人的含义并没有明确的规定或是官方的概念。"出资人"这个术语在我国立法中的出现,最早是在 2003 年国务院发布的《企业国有资产监督管理暂行条例》中。[5] 但在讨论国有资本出资人之前,应首先明晰出

---

〔1〕 孙宪忠:《"统一唯一国家所有权"理论的悖谬及改革切入点分析》,载《法律科学（西北政法大学学报）》2013 年第 3 期。

〔2〕 王利明:《物权法论》,中国政法大学出版社 1998 年版,第 454 页。

〔3〕 徐晓松:《国家股权及其制度价值——兼论国有资产管理体制改革的走向》,载《政法论坛》2018 年第 1 期。

〔4〕 屈茂辉、刘敏:《国家所有权行使的理论逻辑》,载《北方法学》2011 年第 1期。

〔5〕《企业国有资产监督管理暂行条例》第 4 条明确规定,企业国有资产属于国家所有。国家实行由国务院和地方人民政府分别代表国家履行出资人职责,享有所有者权益,权利、义务和责任相统一,管资产和管人、管事相结合的国有资产管理体制。

资人的概念。出资是将其所有的财产以及财产权利转移给其所投资的企业。那么出资人就是国有资产的最终所有权人或者委托人的实际权力（权利）行使人。[1] 因此，国有资本出资人通过向所出资企业出资，并根据全部出资额享有所有者的权益，包括收益权、重大决策权、经营管理者选择权等。由于国有资本从性质上看是归国家所有，国有资本的出资人就应该是国家。但国家不可能实际行使出资人权利并履行出资人职责，必须委托政府机构来代表其行使具体的出资人权利。从现行立法看，《企业国有资产法》第 3 条规定正好印证了这一说法。[2] 国有资本是资本化的国有资产，由此可见我国对国有资本出资人的界定是政府或政府机构代表国家履行出资人职责，行使出资人权利。其实，纵观国际上其他国家对本国国有资本的出资一般也都通过授权形式委托给相关机构或部门来行使出资人权利并承担出资人义务。国有资本属于国家所有，即全民所有，但由于全民概念的虚化加之其本身是一个经济意义和社会意义上使用的概念，所以依据我国相关法律，国有资本法律意义的出资人应是国家，只不过由于国家的抽象性，出资人的主体就变成了政府和政府机构。

2. 国有资本的多层出资人体系

依据《企业国有资产监督管理暂行条例》和《企业国有资产

---

〔1〕 李曙光：《论〈企业国有资产法〉中的"五人"定位》，载《政治与法律》2009 年第 4 期。

〔2〕《企业国有资产法》第 3 条规定：国有资产属于国家所有即全民所有。国务院代表国家行使国有资产所有权。第 4 条规定：国务院和地方人民政府依照法律、行政法规的规定，分别代表国家对国家出资企业履行出资人职责，享有出资人权益。国务院确定的关系国民经济命脉和国家安全的大型国家出资企业，重要基础设施和重要自然资源等领域的国家出资企业，由国务院代表国家履行出资人职责。其他的国家出资企业，由地方人民政府代表国家履行出资人职责。

法》的相关规定，可知我国国有资本出资人是经过层层授权委托产生的。具体来说，这种多层出资人体系主要分为三个层次：第一个层次为国家。国家作为国有资本的出资人，对国有资本的占有、使用、收益和处分权利的行使必须通过政府的活动来实现，即国家委托国务院和地方政府来行使出资人权利。第二个层次为国务院或地方政府。经过国家授权，国务院和地方政府代表其履行出资人职责，并享有所出资企业出资人的应有权益。《企业国有资产法》第4条规定充分体现了该层关系。而从实际情况看，国务院和地方政府作为行政机构，为了防止因直接行使出资人权而导致政企不分，往往通过授权给国有资产监督管理机构来行使出资人权利。第三个层次为专门履行出资人职责的机构。这一层次主要体现为出资人权利的行使权。政府委托国有资产监督管理机构来行使国有资本的实际出资人权，尽管国有资本监督管理机构是政府的特设机构，但行政属性很难剥离，其无法作为一个市场主体来履行出资人的职责。于是在这一轮国资国企改革中出现了国有资本投资运营公司，并由其根据国资委的授权，代表国资委在授权范围内行使出资人权利并承担出资人应履行的义务。

因此，我国形成了"国家—政府（国资委）—履行出资人职责的机构—国有资本出资企业"的多层出资人体系（见图2-1）。国家作为国有资本法律意义上的所有者，本身享有出资人权益，但鉴于其抽象性不可能直接对出资企业行使出资人权利。于是授权国务院和地方政府分别代表国家履行出资人职责和享有出资人权益，然而政府作为行政机构也不能直接对出资企业行使出资权利，只能由国务院国资委和地方国资委授权委托履行出资人职责的机构作为代表来行使权利。随着国有资本投资运营公司的设立，它被赋予了终极出资人代表的权利，由其对国有资本出资企业行使出资人权，并根据出资份额成为出资企业的股东。尽管从《企业国有资产监督管理暂行条例》和《企业国有资产法》等相关法规中似乎可以明确国有资本的出资人，但在实践中却往往含糊不清。在这个多层出资人体系中，必须区别出资人与出资人代表两个不同概念，出资人是按照国家法律来规定的，而出资人代表则往往是通过授权行为认定的。[1] 按照现行立法来看，国家是国有资本真正的出资人，政府和政府机构以及履行出资人职责的机构或部门都应该是出资人代表，通过层层委托来行使授权范围内的出资人权。当然我国国有资本出资人体系也是在不断完善和改进的，国有资本投资运营公司的设立是为了明确国有资本的出资人代表，解决出资人制度在实践中存在的争议和困惑。

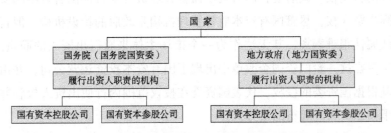

图 2-1　现行我国国有资本多层出资人体系

（三）国家作为国有资本出资人的法律人格

随着时代进步和社会发展，国家的功能呈现出多样化发展的趋势。一个国家范围内的政治生活、社会生活和经济生活都离不开"国家"这个共同体，因此国家的概念自然就会出现在各种不同的

---

〔1〕　胡伟：《反思与重构：我国国有资产出资人制度之检视》，载《行政与法》2010 年第 3 期。

法律关系中，而国家也会成为这些法律关系的主体。当国家以主权者的身份出现并行使主权者职能时，其为公法主体；当国家在市场经济活动中以经济管理者的身份出现时，往往为民事主体。[1] 既然国家是各种法律关系的主体，其应当具有自己的法律人格。最早关于国家法律人格理论的形成源于罗马法的团体人格理论。卢梭在《社会契约论》中曾提出过国家法律人格的观点：由全体个人的结合所形成的公共人格（即人们称之为主权者的、由社会公约赋之以生命而其全部的意志就叫作法律的那个道德人格），以前称为城邦，现在则称为共和国或政治体。[2] 而马克思认为"国家是阶级矛盾不可调和的产物，是一个阶级压迫另一个阶级的机器"。而在西方自由放任经济政策出现时，以亚当·斯密为代表的古典经济学家们认为国家财富的增长只需要充分发挥市场"看不见的手"的作用，主张国家在此时应当扮演"守夜人"的角色不去干预经济。但是在20世纪30年代出现世界性的经济危机后，西方国家重新主张国家应当直接干预经济，这种完全干预市场经济的做法充分体现了国家的公法人格。因此，在不同时期、不同社会制度背景下，国家总是以不同的法律人格影响着社会和经济活动。

一般来说，国家更多地强调主权者的角色，在其政治活动中体现出公法人格。而实际上，国家作为政权主体的身份和作为财产权主体的身份在国家实现特定功能时是可以分开的。国家能够以国有财产为基础，并以民事主体身份从事某些交易活动。[3] 随着市场经济的发展，现代国家往往体现出法律人格的双重特性。在进行市

---

〔1〕　马俊驹、宋刚：《民事主体功能论——兼论国家作为民事主体》，载《法学家》2003年第6期。

〔2〕　[法]卢梭：《社会契约论》，何兆武译，商务印书馆1997年版，第25~26页。

〔3〕　王利明：《论国家作为民事主体》，载《法学研究》1991年第1期。

场行政管理，维持市场秩序和解决市场参与者之间的争议纠纷时，国家往往以公法人格参与进来，并通过国家行政权、立法权和司法权的运用解决面临的问题，而以上权力都属于公权力的范畴。但当国家以国有财产所有者的身份出现时，是以私法人格直接参与市场经济活动中，甚至允许政府的经济行为存在一定的营利性，[1] 比如对国有企业的投资和管理。可见，国家私法人格主要体现在国家所有权上，[2] 其最主要的表现途径就是国家以国有资产的形式运营和管理国有企业，并成为国有企业的国家股东。在我国，国家法律人格的双重性表现得尤为明显。

我国现行立法中已经有多处直接规定了"国家"的权利和义务，比如通过《宪法》《民法典》和国有资产管理相关的法律法规明确国家可以成为国有资产的权利主体。[3] 由于国有资产被定义为国家所有的一切财产和财产权利的总和，也是国家所有权的客体，因此国有资产是国家取得法律人格的基础。[4] 这也充分体现出具有法律人格的国家是国家所有权在民法上的主体，因为国家作为整体性、功能性以及合法性的人格，在民法上是一个具体和确定的概念。[5] 并且国有财产被认为是国家作为民事主体的物质基础，当涉及国有资产管理时，国家往往以民法主体的身份出现在民事领

---

〔1〕 〔德〕罗尔夫·施托贝尔：《经济宪法与经济行政法》，谢立斌译，商务印书馆2008年版，第282页。

〔2〕 张作华：《论我国国家法律人格的双重性——兼谈国家所有权实现的私法路径》，载《私法》2004年第1期。

〔3〕 葛云松：《法人与行政主体理论的再探讨——以公法人概念为重点》，载《中国法学》2007年第3期。

〔4〕 张作华：《论我国国家法律人格的双重性——兼谈国家所有权实现的私法路径》，载《私法》2004年第1期。

〔5〕 程淑娟：《确信与限制——国家所有权主体的法哲学思考》，载《河北法学》2009年第5期。

域中，而抛开了之前宪法和行政法主体的身份。[1] 根据我国《宪法》规定国有即全民所有，那么全民所有制在法律上表现为国家所有权，并由国家代表全体人民行使。鉴于国家法律人格的抽象性，国家行政机构代表国家来具体行使国家的所有权职能。我国《民法典》第 246 条第 2 款中就明确规定了"国有财产由国务院代表国家行使所有权"。这条法律条款我们应当理解为国家所有权必须通过全国人民代表大会以法律的形式授权给国务院代表国家行使，[2]而不是国务院简单地直接代表国家行使。

从逻辑上看，国有资产的所有权属于国家，"国家"也理应成为国有资产的"出资人"。但由于我国国有资产数量庞大，在市场经济活动中国家还必须以整个社会的公共利益为目标，并为避免市场失灵而加强对市场的宏观调控。国家对国有资产进行资本化运营并投资到国有企业中，依据《公司法》原理，国家的身份由国有资本所有者变成国有资本投资运营公司的出资人。此时以公法人格为主的国家必须以特殊民事主体的身份参与民商事法律活动中，遵守民商法的基本规则。而为了使国家所有权与国家行政权分开，国家专门设立了区别于行政机关的国务院直属特设机构——国务院国资委来执行国家作为特殊民事主体的意志，并由其代表国家行使国有资本出资人权利，并成为国有资本投资运营公司的直接出资人。

（四）国资委作为国有资本出资人的争议

《企业国有资产监督管理暂行条例》第 12 条第一次规定国资委是履行国有资产出资人职责的机构，并在第 13 条明确表示国资委要依照《公司法》等法律、法规，对所出资企业履行出资人职责并

---

〔1〕 王利明：《论国家作为民事主体》，载《法学研究》1991 年第 1 期。

〔2〕 屈茂辉、刘敏：《国家所有权行使的理论逻辑》，载《北方法学》2011 年第 1 期。

维护国有资产所有者权益。《企业国有资产法》第 11 条第 1 款规定："国务院国有资产监督管理机构和地方人民政府按照国务院的规定设立的国有资产监督管理机构，根据本级人民政府的授权，代表本级人民政府对国家出资企业履行出资人职责。"由此可见，我国从法律上对国务院国资委和地方国资委代表国家履行出资人职责进行了规定。各级国资委是国有资本的出资人代表，而不是真正意义上的国有资本出资人。国资委的成立将国有资产的经营管理职能从政府的其他多个部门集中统一到了国资委机构之下，终结了我国国有资产管理"五龙治水"的局面。但学术界对国资委的定位及职能的争议一直不断，并形成了几大派别的观点。而国有资本投资运营公司的设立也再一次掀起了对国资委法律定位争论的高潮。出资人缺位是导致公司需要进行治理的主要问题之一，因此要厘清国有资本的出资人和明晰国资委的定位、职能，有助于投资运营公司建立良好的法人治理结构，并真正打造专业化市场化运营国有资本的平台，从而严防国有资产流失并保障国有资本保值增值的实现。

1. 国资委法律定位的争议与思考

(1) 我国学术界对国资委定位的百家争鸣。通过总结归纳学术界对国资委定位的分析，目前我国学者们对国资委在国有资产管理上的定位从经济学和法学的角度看主要存在以下几种不同观点。

第一种观点认为国资委是通过全体人民和政府的委托来管理国有资产的一个董事会，在市场关系上相当于一个企业主，应由市场监管机构监管。[1] 第二种观点区别了"出资人"与"所有者"这两个不同层次的概念，要在政府与国有企业之间建立一个三层次的"国资委系统"，即第一层次是国资委行使国有资产统一监管职能；

---

〔1〕 平新乔：《"功能错位"的国资委》，载《中国企业家》2005 年第 2 期。

第二层次是专门设置国有资本经营公司作为具有民事行为的出资主体，并通过授权直接履行出资人职责。[1] 第三种观点认为国务院国资委是国务院直属的专门承担国有资产监督和管理职能的"特设机构"，其既不以行政机构的身份进行公共管理，又不同于一般的企事业单位。但从该观点的本意看，包含了两种身份含义：一是政府的特设机构，二是国有资产所有者职能机构。[2] 第四种观点则从法律角度认为应当将国资委定位成一个"法定特设的出资人机构"和"特殊商业目的法人"。由于国资委是纯粹的、干净的出资人，因此其全称"国有资产监督管理委员会"应改为"国有资产经营管理委员会"，而且国资委是一个"航母级"的、庞大的资本运营中心。所以它本身应当按照公司制度建立资本运营中心治理结构，并设立专门的战略规划委员会、风险控制委员会、提名委员会、薪酬委员会和审计委员会。[3] 第五种观点认为应该通过全国人大立法授权设立专门的国有资产运营机构来代表国家履行出资人职责、行使出资人权利，并应将国资委定位为单纯的监管者，真正做到出资者与监管者相分离。[4] 第六种观点认为应将全国人大纳入国有资产监管体系，从法律上确定全国人大同时代表全民和国家享有国有资产最终的出资人权利，并且国务院国资委通过全国人大授权对国有资产进行监督和管理。第七种观点认为应将国资委定位

---

〔1〕 刘纪鹏：《国有资产监管体系面临问题及其战略构架》，载《改革》2010 年第 9 期。

〔2〕 王全兴、傅蕾、徐承云：《国资委与国资运营主体法律关系的定性探讨》，载《法商研究》2003 年第 5 期。

〔3〕 李曙光：《论〈企业国有资产法〉中的"五人"定位》，载《政治与法律》2009 年第 4 期。

〔4〕 顾功耘：《国有经济法律制度构建的理论思考》，载《毛泽东邓小平理论研究》2005 年第 4 期。

为专门对履行出资人职责的机构的履职行为进行监督的机构，充分行使其监督职责。[1]

其实，上述这些观点提出的时间节点主要集中在《企业国有资产法》出台之前或出台之后，但都是基于当时的法律制度和国有资产运营管理的现实情况提出来的，有理有据不存在泛泛而谈。尽管对国资委定位的争议跨越了十多年，但不难发现各种观点最后都可以归纳为两个派别：一派是将国资委定位成纯粹的出资人，另一派是将国资委定位为单纯的监管者。不论是国务院国资委还是地方层面的国资委，到底是仅履行出资人职责的机构还是将出资人权利移交给运营机构只作国有资产运营机构的监管者，这才是需要我们真正厘清的问题。

（2）国资委法律定位的尴尬之境。根据党的十九届三中全会审议通过的《深化党和国家机构改革方案》，2018年3月发布的《国务院关于机构设置的通知》重新强调了国务院国有资产监督管理委员会是国务院直属特设机构的定位。因此有学者对"政府特设机构"作了定义，政府特设机构是指政府为完成特定目标而通过特殊授权形成的机构，而且区别于政府行政机构和一般的企事业单位，并从政府的公共管理职能中剥离出来享有专门权力与职责的专司型政府部门。[2] 按照这个定义理解，国务院国资委不是政府行政机构而是专门享有国有资产出资人权利的政府部门，这种所谓的"政府部门"仅从字面上理解就具有行政属性。尽管在性质上被定位为特设机构，但在其实际运作过程中基本遵循着行政化的行权模式，

---

〔1〕 王新红：《论企业国有资产管理体制的完善——兼论国资委的定位调整》，载《政治与法律》2015年第10期。

〔2〕 廖红伟：《"委托—代理"机制与国有资产出资人模式创新》，载《江汉论坛》2011年第11期。

俨然就是一个行政机关，只不过是承担着履行国有资产出资人职责的行政机关。但如果按现行说法，国务院国资委作为国务院直属特设机构，既不是企事业法人，也不是行政单位，那么就不具备民事主体和行政主体的资格，既不需要承担民事责任，也不受行政诉讼法的约束。[1]

　　就目前我国的立法而言，国资委的出资人身份是由相关法律法规来确定的。具体来说，2003 年国务院颁布的《企业国有资产监督管理暂行条例》明确规定国资委根据授权依法履行出资人职责，并对企业国有资产进行监管，但又同时规定国资委不行使政府部门的社会公共管理职能。2008 年出台的《企业国有资产法》在第 11 条和第 14 条中再次确认了国资委根据授权依法履行出资人职责。而 2005 年修订后的《公司法》第 65 条中规定，国务院或者地方人民政府授权本级人民政府国有资产监督管理机构对国有独资公司履行出资人职责。可见自国资委设立以来，国家逐渐确认了其作为国有资产出资人代表的身份。虽然《企业国有资产法》将国资委定性为履行出资人职责的机构，但从《公司法》的角度来说出资人的本质就是股东，而实际情况却是国资委不能作为国有出资企业的真正股东，需要通过委派股东代表参与出资企业的股东会中。[2] 依据《公司法》规定，出资人在本质上即为出资企业的股东，股东在人格上是平等并无等级之分的。而按国资委在政府机构序列的设置，国务院国资委被定性为正部级，依次类推省市级国资委分别被定性为正厅级和正局级，那么国务院国资委和地方国资委就存在明显的

---

〔1〕　张素华：《论国资委法律地位的再定位》，载《求索》2009 年第 11 期。

〔2〕　蒋大兴：《废除国资委？——一种理想主义者的"空想"》，载《清华法学》2016 年第 6 期。

上下级关系，然而这并不符合出资人的本质。[1] 《企业国有资产法》对国资委履行出资人职责作了相关规定，而出资人职责在《公司法》上即表现为股东享有的权利和承担的义务。在国务院国资委下辖的中央企业中，国资委确实出现在央企公司章程的股东名单上，那么如果在这些央企的公司行为中涉及国资委履行出资人职责而引起的法律纠纷，到底是归为行政诉讼还是民事诉讼难以选择。[2]

现实情况一直让国资委处在一种尴尬之境，归根结底就是国资委出资人和监管者的双重身份导致。从名称上看，国资委应当履行国有资产监督和管理之职，但我国法律却赋予其履行出资人职责，虽不承认国资委的行政属性，但从其职能看确实是以行政主体的身份进行出资企业股东的民事行为。通过国资委日常工作的运行可以发现，国资委既要当国有资产的出资人，又要对自己的出资行为进行监管，便成了集"裁判员"和"运动员"于一身的角色；既是规则的制定者又是规则的执行者，进而导致了行政主体与民事主体的人格混同，又走上了政企不分的老路。因此，鉴于国资委的行政主体身份，国有资产的出资人必须由具有一定规模和影响的公司制企业法人来充当，[3] 而国有资产运营机构定位为国有资产的出资人代表代替国资委对所出资企业行使出资人权利就是一个不错的选择。

2. 国资委履行出资人职责的困惑

从《企业国有资产监督管理暂行条例》《国务院国有资产监督

---

〔1〕 胡国梁：《国资委法律性质研究》，载《湖南科技大学学报（社会科学版）》2015年第3期。

〔2〕 张俊：《国有资本运营公司的功能定位与治理结构》，载顾功耘主编：《公司法律评论》（2015年卷·总第15卷），上海人民出版社2015年版，第60~72页。

〔3〕 缪炳堃主编：《国有资产出资人》，湖南人民出版社2002年版，第16~17页。

管理委员会主要职责内设机构和人员编制规定》以及《企业国有资产法》对国务院国资委职责的规定来看，国务院国资委实际上不仅要履行国有资产出资人职责，还要对国有资产进行监督管理以及制定相关制度、规则。通过国务院国资委和地方国资委主要职责的比较发现（见表2-1），不论是哪个层面的国资委所行使的职责都远远超出出资人的职责范围，通常还包括了对国有资产运营的监督管理，这种监管显然是有别于出资人监管。因为出资人监管是基于所有者对其财产的监督和管理，体现的是民事法律关系；而对国有资产的监督和管理涉及的行政行为，体现出的是行政法律关系。[1]因此各级国资委行使的主要职责既体现出公权的性质，又包含私权的属性。政府既赋予了国资委出资人代表的权利，又要求国资委在履行职责时发挥行政作用对出资企业进行过度干预。按现行国资委既是国有资产出资人代表身份又是政府特设机构的身份，其在履行国有资产经营的监督管理职责的同时，往往需要借助特设机构的公权力来强制推进国企改革和实施行政规章来规范和约束，确保国有资产的保值增值；同时又不能忽略出资人的主要职责，并以国有股东的身份依据市场规则参与出资企业的公司行为，一旦公权力与私权利发生利益冲突时，"政企不分""内部人控制"等国企改革中常见的问题便接踵而来。[2]

---

〔1〕　顾功耘等:《国资委履行出资人职责模式研究》，载《科学发展》2012年第9期。

〔2〕　燕春、史安娜:《从国资委到人民代表股东会——国有资产出资人制度批判与重构》，载《经济体制改革》2008年第3期。

表2-1 国务院国资委和地方国资委（部分）的主要职责比较

国务院国资委 主要职责	地方国资委（部分）主要职责		
	北京	上海	湖南
根据国务院授权，依照《公司法》等法律和行政法规履行出资人职责，监管中央所属企业（不含金融类企业）的国有资产，加强国有资产的管理工作。	贯彻落实国家关于国有资产监督管理的法律、法规、规章和政策，起草本市相关地方性法规草案、政府规章草案，制定有关制度、规定。	根据市政府授权，依照《公司法》《企业国有资产法》等法律和法规，履行出资人职责，监管本市国家出资企业的国有资产，加强国有资产管理。	根据省人民政府授权，依照《中华人民共和国公司法》《中华人民共和国企业国有资产法》等法律和行政法规履行出资人职责，加强所监管企业国有资产的管理工作。
承担监督所监管企业国有资产保值增值的责任。建立和完善国有资产保值增值指标体系，制订考核标准，通过统计、稽核对所监管企业国有资产的保值增值情况进行监管，负责所监管企业工资分配管理工作，制定所监管企业负责人收入分配政策并组织实施。	根据市政府授权，依照《公司法》等法律、法规履行出资人职责，监管市政府履行出资人职责的企业和市政府授权的实行企业化管理的事业单位的国有资产，加强国有资产的管理，依法对区县国有资产管理工作进行指导和监督。	建立和完善国有资产保值增值指标体系，制订评价标准，通过规划、预决算、审计、统计、稽核等，对所监管企业国有资产的保值增值情况进行监管，维护国有资产出资人的权益。	承担监督所监管企业国有资产保值增值的责任。建立和完善国有资产保值增值指标体系，制订考核标准，通过统计、稽核，对所监管企业国有资产的保值增值情况进行监管；根据工资宏观调控政策，会同有关部门做好所监管企业工资分配管理工作，拟订所监管企业负责人收入分配政策并组织实施。

国务院国资委主要职责	地方国资委（部分）主要职责		
	北京	上海	湖南
指导推进国有企业改革和重组，推进国有企业的现代企业制度建设，完善公司治理结构，推动国有经济布局和结构的战略性调整。	承担监督所监管企业国有资产保值增值的责任，负责企业国有资产基础管理，建立和完善国有资产保值增值考核体系，通过统计、稽核对所监管企业国有资产的保值增值情况进行监管，负责所监管企业工资分配管理工作，制定所监管企业负责人收入分配政策并组织实施。	根据本市改革总体部署，指导推进本市国家出资企业的改革和重组，研究编制本市国家出资企业改革发展的总体规划，推进本市国家出资企业的现代企业制度建设，推动国有经济布局和结构的战略性调整。	指导推进国有企业改革和重组，推进国有企业的现代企业制度建设，完善公司治理结构，推动国有经济布局和结构的战略性调整；指导所监管企业引进战略投资者与产权（股权）招商引资与资本合作，加强与中央企业对接合作，负责归口组织协调全省与中央企业对接合作工作。
通过法定程序对所监管企业负责人进行任免、考核并根据其经营业绩进行奖惩，建立符合社会主义市场经济体制和现代企业制度要求的选人、用人机制，完善经营者激励和约束制度。	指导推进本市国有及国有控股企业改革和重组；推进国有及国有控股企业的现代企业制度建设，完善公司治理结构，推动国有经济布局和结构的战略性调整。	通过法定程序，对所监管企业管理者进行任免、考核并根据其经营业绩进行奖惩，建立符合社会主义市场经济体制和现代企业制度要求的选人、用人机制，完善经营者激励和约束制度。	通过法定程序，对所监管企业的负责人进行任免、考核并根据其经营业绩进行奖惩，建立符合社会主义市场经济体制和现代企业制度要求的选人、用人机制，完善经营者激励和约束制度。

国务院国资委主要职责	地方国资委（部分）主要职责		
	北京	上海	湖南
按照有关规定，代表国务院向所监管企业派出监事会，负责监事会的日常管理工作。	通过法定程序对所监管企业负责人进行任免、考核并根据其经营业绩进行奖惩；建立符合社会主义市场经济体制和现代企业制度要求的选人、用人机制，完善经营者激励和约束制度。	指导推进所监管企业完善公司治理结构，加强所监管企业董事会、监事会建设，形成职责明确、协调运转、有效制衡的治理机制。	按照有关规定，代表省人民政府向所监管企业派出监事会，负责监事会的日常管理工作。
负责组织所监管企业上交国有资本收益，参与制定国有资本经营预算有关管理制度和办法，按照有关规定负责国有资本经营预决算编制和执行等工作。	按照有关规定，代表市政府向所监管企业派出监事会，负责监事会的日常管理工作。	履行对所监管企业工资分配的监管职责，制定所监管企业管理者收入分配办法并组织实施。	负责组织所监管企业上交国有资本收益，参与制定国有资本经营预算有关管理制度和办法，按照有关规定负责国有资本经营预决算编制和执行等工作。

国务院国资委 主要职责	地方国资委（部分）主要职责		
	北京	上海	湖南
按照出资人职责，负责督促检查所监管企业贯彻落实国家安全生产方针政策及有关法律法规、标准等工作。	负责组织所监管企业上交国有资本收益，参与制定本市国有资本经营预算有关管理制度和办法，按照有关规定负责所监管企业国有资本经营预决算草案编制和执行等工作。	参与制定国有资本经营预算有关管理制度，提出国有资本经营预算建议草案，组织和监督国有资本经营预算的执行，编报国有资本经营决算草案，负责组织所监管企业上交国有资本收益。	负责企业国有资产基础管理，起草有关国有资产管理的地方性法规、规章草案；依法对市州国有资产监督管理工作进行指导和监督。
负责企业国有资产基础管理，起草国有资产管理的法律法规草案，制定有关规章、制度，依法对地方国有资产管理工作进行指导和监督。	指导、督促所监管企业及实行企业化管理事业单位落实安全生产责任制，配合有关部门协调所监管企业及实行企业化管理事业单位做好安全工作，从出资人的角度承担相应的管理责任。	按照出资人职责，配合指导、督促检查所监管企业贯彻落实有关安全生产法律法规、方针、政策和标准等工作。	按照出资人职责，负责督促检查所监管企业贯彻落实国家安全生产方针政策及有关法律法规、标准等工作。

国务院国资委主要职责	地方国资委（部分）主要职责		
	北京	上海	湖南
承办国务院交办的其他事项。	负责所监管企业及实行企业化管理事业单位人才工作的宏观管理和人才队伍建设，指导和组织协调所监管企业及实行企业化管理事业单位经营管理人员的教育培训工作。	负责本市国家出资企业的国有资产基础管理工作；根据国家法律法规，起草本市国有资产管理的地方性法规、规章草案和政策，制定有关国有资产管理的规范性文件；依法对区国有资产监督管理工作进行指导和监督。	指导、监督全省国有企业法律顾问管理工作。
	承办市政府交办的其他事项。	承办市政府交办的其他事项。	承办省人民政府交办的其他事项。

来源：根据国务院国资委和地方国资委的官方网站内容整理。

　　我国法律规定国资委定位为国有资产的出资人，由于出资人职责问题属于公司的内部治理问题，[1] 国资委作为所出资企业的出资人，即股东就应当与商事公司的股东一样，那么股东职权就应是其应然的权利。[2]《企业国有资产法》在参考《公司法》对出资人权利的相关规定后提出履行国有资产出资人职责的机构应该享有资产收益、参与重大决策和选择管理者等出资人权利，这些权利实

　　[1] 何源：《论政府在国企改革中的第三种职能及其法律制度建构——以德国法上的母体行政组织对公营公司的影响义务为借鉴》，载《政治与法律》2015 年第 2 期。
　　[2] 丁传斌：《国资委出资人监管职责与行政监管职责的厘定》，载《企业经济》2012 年第 5 期。

际上就属于股东权利中的自益权和共益权，具体包括制定或修改公司章程、确定董监事的人选并对其进行监督、战略决策和投资决策以及利润分配方案的制定等权利。但在国资委实际行使的职责中还有来自政府赋予的行政职能，比如负责国有资产基础管理和日常管理工作的指导和监督，以及推动国有经济布局和调整战略结构的宏观调控。目前国资委行使的双重职能表明国资委并没有将所有权与经营权分离，这也是导致争议和困惑的主要原因。

（五）国资委的重新定位——监管者职能的理性回归

国资委重新定位就是要把对国家出资企业的出资人职能下放给专业的国有资产运营机构，自身只履行国有资产的监管者职能，充当一个纯粹监管者的角色，而由国有资产运营机构履行出资人职责，行使出资企业的股东权利。但是国资委仍然需要对国有资产运营机构履行出资人职责，且只对国有资产运营机构的出资行为进行监管。因此，国资委的定位包含了两层含义：一是国资委代表政府仍对国有资产运营机构履行出资人职责，但其主要职能就是出资人监管；二是对国家出资企业来说，国资委授权并下放出资人权利给国有资产运营机构，自身不再对国家出资企业履行出资人职责，不干预其日常运营管理，只对企业的国有资本行使行政监管职能。

首先，按照规定，国务院国资委是国务院直属特设机构，尽管没有明文规定这个特设机构到底属于行政机构还是非行政机构，但从国资委的实际行事习惯来说已经将其归为政府序列的行政机构。从"国有资产监督管理委员会"的字面上来理解，监督和管理理应是国资委的首要职能。但从国资委设立的时代背景看，当时为了解决国有资产管理"五龙治水"的局面，将其他政府部门管理国有资产的职能剥离出来由国资委统一行使，其人员构成和机构设置从一开始就已经带有浓厚的行政色彩。由于国有资产的保值增值与国家政治、经济以及整个社会的稳定息息相关，国有资产涉及的行业也主要是关系到国计民生和国家安全的行业，国家不可能放弃对国有资产的管控，所以国资委的监管职能必不可少。为了缓解公权力职能和私权利职能的冲突，国家只能通过在国资委与出资企业之间设立若干家国有资产运营机构来承担其对出资企业的出资人职能。

其次，国资委执行监管权，将出资人权授权并下放给专门的运营机构，才可能避免长期以来因国家出资企业之间的关联性带来的风险和纠纷。我国国有企业的数量庞大，不论是国务院国资委还是地方国资委，由于其国有资产的出资人身份，下辖了很多国家出资企业，比如有将近一百家中央企业的出资人是国务院国资委，即使是各省市级国资委履行出资人职责的国有企业也有几十家。对于国有独资企业来说，其出资人往往只有一个国资委，在同一个国资委下的不同企业很可能存在因关联问题而导致的风险。对此，国资委只有将出资人权移交给若干个专业的国有资产运营机构，再对国有资产运营机构出资权的行使进行监督和管理，才能既避免关联风险的出现，又保证国有资产的运营在其监控之下。

二、国有资本出资人制度的域外比较

纵观世界各国，无论是社会主义制度国家还是资本主义制度国家都存在国有企业，虽然所占国民经济的比例不同，但是在各国经济发展中国有企业都起到了举足轻重的作用。那么，投入到这些国有企业的国有资本的出资人有哪些呢？笔者通过研究发现，当代主要国家国有企业的国有资本出资人模式一般分为三种：政府部门直接出资、政府部门下设专职部门或机构出资以及政府单独设置的专门管理机构出资。

（一）政府部门直接出资

政府部门直接出资的模式是指某个政府部门或政府机构直接履

行出资人职责，并作为国有企业的股东。通常作为出资人的政府部门是国家的财政部。采取这种出资模式的国家，其国有资本往往集中在国家支柱产业以及基础性的公共行业。由于这些行业涉及国家公共安全和社会稳定，国有资本的运营管理必须在政府的严格控制之下。政府部门直接出资模式的典型代表国家有美国、德国、新西兰、新加坡等。美国财政部对其直属企业的出资就是采取的该模式。[1] 在德国，财政部对国有企业履行出资人职能并进行统一管理。而新西兰国有企业的出资人职责也是由财政部来履行，不过具体的管理职责则交给了相关行业的主管部门。作为国有企业运营管理的标杆，新加坡的财政部也是本国国有资本的直接出资人，比如淡马锡公司和其他国有控股公司的出资人都是财政部。

（二）政府部门下设专职部门或机构出资

政府部门下设专职部门或机构出资的模式是指为了使国有资本出资人的身份更加专业化，国家在某个政府部门的内部设置一个部门专门行使国有资本的出资人权利。这个部门可以是财政部或者其他相关部门的下设机构。采用这种模式的典型国家有法国、澳大利亚、日本、英国、瑞典、韩国等。比如，法国在其财政经济与预算部设立国家参股局，并由国家参股局专门履行国有资本的出资人职能。澳大利亚履行国有资本出资人职责的是其财政部下面成立的财产管理局。而日本则在大藏省内设理财局来履行出资人职能。可见，这些国家都是在财政部下面设置专门机构作为国有资本的出资人，而还有一些国家则是在财政部以外的其他部门来下设专职部门。比如英国和瑞典都是在政府工业部下设国家企业局来履行对国

---

〔1〕 周佰成、史本叶、廖红伟：《外国企业国有资产出资人机构模式的比较与借鉴》，载《社会科学战线》2012年第1期。

有企业的出资人职能。[1]

（三）政府单独设置的专门管理机构出资

政府单独设置的专门管理机构出资模式是指国家针对国有资本的出资专门独立设置的一个管理机构，这类机构往往有别于政府部门，但与政府部门又有密切关系。典型代表国家是中国。作为世界上国有资产体量最大的国家，国有资本的出资人模式往往有自己的特点，因此我国设立了政府特设机构——国有资产监督管理委员会来代表本级政府履行出资人职责。这种国有资产监管机构是从政府的公共管理职能中分离出来的，对国有资产的管理享有专门的权力与职责。[2]

第二节 国有资本投资运营公司治理的现实困境

2014 年 2 月 28 日，习近平总书记在中央全面深化改革领导小组第二次会议上的讲话中指出："凡属重大改革都要于法有据。在整个改革过程中，都要高度重视运用法治思维和法治方式，发挥法治的引领和推动作用，加强对相关立法工作的协调，确保在法治轨道上推进改革。"[3] 改组组建国有资本投资运营公司是国资国企改革中的重要亮点，在其被提出的五年里一直占据着这轮改革的主要位置。虽然中央和地方层面的国有资本投资运营公司仍处在"一企一策"的试点阶段，但是 2022 年有 5 家中央层面的公司已经顺利

---

〔1〕 李昌庚：《企业国有资本出资人：国际经验与中国选择》，载《法学论坛》2014 年第 2 期。

〔2〕 廖红伟：《"委托—代理"机制与国有资产出资人模式创新》，载《江汉论坛》2011 年第 11 期。

〔3〕 中共中央文献研究室编：《习近平关于全面深化改革论述摘编》，中央文献出版社 2014 年版，第 153 页。

转正，开始探索新的发展路径。改革的关键在治理，以法治思维和法治方式完善国有资本投资运营公司治理是构建国家治理体系的重要组成部分，热切回应了 2020 年 12 月 30 日习近平总书记在中央全面深化改革委员会上的讲话中提出的国企要坚持"权责法定""有效制衡"的公司治理机制，也彰显了国企公司治理契合现代公司法制的时代要求。自国有资本投资运营公司改组组建以来，取得了显著成效，试点工作也在稳步推进，但其在探索特色公司治理模式时仍然面临层层困境。

一、授权主体定位不明、关系不清

在国有资本授权经营关系中，这种授权模式本身体现出一种行政授权关系，因此在国有资本投资运营公司治理实践中应是国家或政府股东从微观上以股权对其进行管理的股东治理模式极易被宏观上的行政授权治理模式给挤占甚至替代，可能导致的后果就是国有企业公司治理中的通病——"政企不分"和"内部人控制"。而从私法本质的角度看，实际上就是股东人格与公司人格的混淆。尤其在三层架构的授权经营范式中，如果主体定位不明确，就容易延长固有的委托代理链条，影响两类公司的治理。尽管国有资本投资运营公司已经试点十余年，但直到 2022 年仅有 5 家中央层面的国有资本投资运营公司正式转正。在试点期间，国有资本运营主体定位仍不明确，尤其是某些地方政府或国有资产监管机构没有完全转变传统思维，充分授权、放权给国有资本投资运营公司，导致其不能真正发挥功能，甚至出现被架空的现象。[1] 同时，国有资本投资运营公司作为出资人应代表国家行使国有资本的出资权利，持有出

---

〔1〕 肖红军：《国有资本运营公司改革进展与深化方向》，载《改革》2021 年第 11 期。

资企业的股份，成为其股东。但实际上国有资本投资运营公司对于自身股东身份缺乏认知，在公司治理中仍沿用之前的行政化管理思维，容易在股权管理中出现权责不清的局面。

在"国资委—国有资本投资运营公司—国家出资企业"的三层授权架构中，虽然国资委是国有资本投资运营公司的出资人，但其本身所具有的行政属性难免会体现在对下一层的授权中。而作为中间层的国有资本投资运营公司在层层授权关系中扮演的是产权层的角色，上级的行政命令通过其转化为市场指令，上级的行政权力也通过其转化为经济权力。实质上在中间层仍然充分体现了公司在追求经济效益的同时还要兼顾社会公共利益。如果公私两方面的利益都要兼顾与平衡必然会产生矛盾，而这种矛盾也使得其公司治理与一般的国有企业公司治理有所区别，故不能采用传统的治理机制。授权经营的本质是授予出资权和下放经营权。国资委履行国有资本出资人职责存在很大的局限性。在间接授权模式下，国资委一方面作为国有资本的监管者对国有资本投资运营公司更多的是强调其合规性，考虑的是国有资本所面临的风险问题；另一方面作为投资运营公司的出资人，关注的焦点则应是国有资本的盈利问题，重点体现在国有资本经过投资运营后是否保值和增值。因此，国资委同时具有国有资本出资人和监管者的双重身份，在进行决策时往往难以权衡，自身容易产生矛盾和冲突。究其根源就是授权经营的法理本质与现实治理之间的矛盾。

基于授权的视角，国有资本投资运营公司向所持股企业授权的前提是必须手中拥有相应的权力，而这些权力源自国资委的授权。但是如何来界定国资委与国有资本投资运营公司的权力边界成为值得思考的问题，从本质上说就是所有权与经营权的边界模糊。全民所有制经济的国家鉴于全民的分散性通常委托国家行使国有资本的出资人权利，在国有公司治理中主要是基于国有股权而进行内部治理。但是这并不排斥国家作为公法主体对国有公司的财产行使行政法意义上的国家所有权，这就演变出国家行政机构代表国家对国有资产进行行政监管。国有资本投资运营公司作为国有独资公司，按照《实施意见》规定，是由政府授权国资委出资的。从我国目前立法来看，《企业国有资产监督管理暂行条例》《企业国有资产法》和《公司法》都明确规定了国资委可以根据授权依法对国有独资公司履行出资人职责。可见，国资委自设立以来就被定性为履行国有资产出资人职责的机构，依据《公司法》规定，出资人本质上即为公司的股东。在以"管资本"为主的背景下，国有资本投资运营公司才是国家股权的实际行使人，在没有行政级别的纯粹资本市场中，政府的意志只能通过股东权利的方式实现。然而公司的选人用人权、决策权等很多本应属于董事会和经营层的权利，却被掌握在出资人手中，其再通过行政之手干预公司的日常经营管理，最终国有资本的所有权和公司的经营权边界便难以区分。因此，在间接授权经营模式下，两类公司与国资委之间存在的多重杂糅关系，也使两类公司难以充分发挥自身的作用，最终与改组组建两类公司的初衷南辕北辙。

二、法律适用滞后、规制缺失

国有资本投资运营公司作为国有独资公司，其公司行为一直以来都是由《公司法》来规定和约束的。针对其只运营国有资本的特殊经营模式，还受到《企业国有资产法》《企业国有资产监督管理暂行条例》的规范。就《企业国有资产法》来说已经出台十余年，关于国有资本的相关规定相对来说比较滞后。2019 年修订的《企业国有资产监督管理暂行条例》虽针对监事会成员的委派进行了修改，但总的来说上述两部法规关于国有资本投资运营公司的规定缺乏细节处理。我国《公司法》对国有公司的规范并不理想，[1] 其虽在国家出资公司一章对国有独资公司进行了规定，但内容相对狭隘，尤其是对于国有资本投资运营公司来说较难适用。因为两类公司的股东是政府，且专事国有资本的投资运营，即股权投资，那么这两类公司的设立规则、治理结构和监督机制等都与普通的国有公司存在区别，而且国有资本投资运营公司兼具经济性和公共性的双重属性导致公司治理难以与现行《公司法》适配。从目前情况看，部分学者认为应将国有独资公司从《公司法》中剥离出来，进行特别立法方能弥补规制的缺失。因为本身该类公司中行政监管的适度介入已经与《公司法》私法自治理念相悖。但是国有资本投资运营公司特殊的委托代理关系，又不得不通过适当的行政干预来防止代理人问题的出现。

同时，国企改革的相关政策在一定程度上削弱了现行《公司法》对国有资本投资运营公司的调整效力。首先，根据《实施意见》，国有资本投资运营公司不设股东会，但国资委是其直接股东，其充分代表国家和全民股东的公共利益，而普通商事公司出资人具有一般性，仅代表经济人的利益。其次，国有资本投资运营公司董事会的执行董事和外部董事都由国资委选任委派，在进行重大事项决策时，需要经过党组织的前置讨论，事后进行沟通，听取党组织意见后再作出决策。可见，国有资本投资运营公司关于重大事项决策的规则与《公司法》治理机制的规定存在明显差异，使该公司与普通商事公司在公司治理上出现制度分野。此外，根据《公司法》规定，国有独资公司不再设立监事会，目前大部分国有资本投资运

---

〔1〕 胡改蓉：《〈公司法〉修订中国有公司制度的剥离与重塑》，载《法学评论》2021 年第 4 期。

营公司已经取消了监事会，但部分公司仍然保持该机构的设置，关于监事会的最终去留很多公司持保留意见。就目前来看，关于国有企业，甚至细化到国有资本投资运营公司的行政法规、部门规章以及其他政策性文件逐渐形成了专门的一套规则体系，导致国有资本投资运营公司既要受《公司法》约束，又要在这套规则体系下正常运转。两套规则体系的并行使部分规定在各自体系下的解释范围不一，出现了限缩或是替代的情形，最终使国有资本投资运营公司陷入无措的局面。因此，《公司法》应作为国有资本投资运营公司的一般法，受普适性规则的规制，其他特殊规则应当通过特别立法予以规定，而不能笼统全部适用。

三、公司治理结构尚不健全

国有资本投资运营公司是由国家出资授权，专门进行国有资本运作经营的公司，性质的特殊性和地位的重要性使得其公司行为应当受到严格规制。尽管国有资本投资运营公司作为国有独资公司，是严格按照公司法的要求来行权经营。虽然公司内部建立了党委会、董事会、监事会和经理层的法人治理结构，但是一部分试点公司并没有建立规范的公司治理结构。由于该类公司不设股东会，所以董事会需要在现有的公司治理结构中充分发挥功能作用，但是目前来看部分公司的董事会结构安排仍不健全。例如外部董事和专业委员会的设置，国有资本投资运营公司进行专业化的资本投资运营还需反应时间。同时在现有的法人治理结构中，党组织如何有机融入整个公司治理结构，并与董事会和经理层进行协调运转、有效制衡，仍然事关各治理主体之间权责边界的科学划分。而且，基于国有资本投资运营公司的特殊性质，合理设置法人治理结构是当前所面临的核心问题，既不能套用普通商事公司的治理模式，也不能适用一般国有企业的治理要求，而是在授权经营的视角下，构建符合其功能定位的治理机制，这一点恰恰是试点工作开展以来一直在不断探索且需解决的关键问题。

同时，从现有国有资本投资运营公司考察，无论是中央层面的公司还是地方公司，已经有部分公司取消了监事会的机构设置，而采取董事会下设审计委员会替代的监督方式。通常在公司治理结构中，对董事会行为进行的监督是平级监督或者"上监督下"的形式，就是为了充分保证监督权的行使而不流于形式。虽然监事会的设置也一度被认为是"花瓶式"的存在，但相比目前部分国有资本投资运营公司采取的审计委员会监督董事的监督模式，可行性应当更高。原因在于审计委员会属于董事会的下设机构，既当"裁判员"，又当"运动员"，通过自己监督自己的形式效果难显。并且审计委员会的成员由董事长或者执行董事管理，在监督过程中即便发现问题，鉴于上下级关系，大多都会采取默示态度，最终监督权流于形式。德国国有企业的监事会之所以能充分发挥监督职权，关键原因在于监事会设立在董事会之上，直接对股东负责。因此，现在国有资本投资运营公司取消监事会而设立审计委员会的做法，形成了单层制公司治理结构，从理论上来说，这种调整并不具备制度上的优越性。

第三节　国有资本投资运营公司治理模式的域外考察

纵观全球，各国基本上都设立有类似于我国国有资本投资运营公司的国有资本运营机构。具体来说，主要存在以下三种具有代表性的公司：一是以投资实体产业为主的大型国有企业集团；二是综合型国有资本投资公司；三是市场化基金投资平台机构。而我国国有资本投资运营公司作为中国特色的运营国有资本的专业化和市场化平台，在公司治理和政企关系上与上述三类公司既有共性又有差异，因此有必要对域外同类型公司的治理经验进行比较，通过借鉴和学习总结出适合本国国情的治理机制。

一、以投资实体产业为主的大型国有企业集团的治理

法国电力集团是这类型国有资本运营机构的代表。法国电力集团是法国政府持有超过 80% 股份的国家高度控股的公司。法国政府主要通过两种方式来管理法国电力集团：一是通过在政府和公司之间协商谈判并签订合同来约定法国电力集团需要履行的公共服务，最终以合同形式来规范、协调和管理政府与公司之间的权责利关系。二是法国国家持股局代表国家以股东身份参与股东会，并派遣董事。[1] 法国电力集团公司治理的核心体现在董事会建设和国资监管模式上。公司董事会推荐董事长和 CEO 人选，再由法国总统发布法令任命。董事长和 CEO 往往是一位经验丰富的职业经理人而不是政府官员。董事会成员中有三分之一的董事是由政府任命的国家董事，但是公司中的国家董事在做决策时都必须坚持公司利益至上的原则，且不在公司获取报酬。而在国有资本监管方面，法国电力集团采取的主要是以财政部监管为主，财政部和政府主管部门相结合的双重监管模式，并且监管的方向主要集中在人事任免、企业经营方向、财产管理、价格与投资管控等方面。同时还有议会监督和审计院监督来强化对法国电力集团国有资本运作的监督。这种监管模式既能保证和扩大公司的经营自主性，又能确保政府的有效

---

〔1〕　马骏、张文魁等：《国有资本管理体制改革研究》，中国发展出版社 2015 年版，第 128~133 页。

监管。[1]

二、综合型国有资本投资运营公司的治理

新加坡淡马锡公司是综合型国有资本投资运营公司的典型代表，也是全球范围内国有资本投资运营公司运作成功的典范。新加坡政府设立淡马锡公司主要是为了掌控政府对国有企业的投资运营情况以及对政府关联企业的管理情况。其在国内控股的公司基本都是关系新加坡国民生活和生产秩序的企业。因此新加坡财政部拥有淡马锡公司100%的股权。虽然政府通过委派董事来控制人事权，但实际上淡马锡公司是以独立法人的身份参与市场活动，并拥有充分的经营自主权。在淡马锡公司治理中，董事会建设是核心，并形成了以淡马锡宪章和董事会治理为核心、对董事会充分授权的公司治理机制。政府作为出资人，只履行三个权利，即对特定人事任免的否决、获取信息的权利以及资本收益权。其自身坚持投资主体与决策主体分离的原则，强调公司是董事会领导的商业公司，始终追求资本的营利和股东利益的最大化。虽然政府将监督权和管理权分开，但是淡马锡公司仍面临来自政府及其部门的多重监管。比如政府要求公司必须充分披露信息，且在缴纳一定费用的前提下允许个人或机构在注册局调阅公司资料。其股东——财政部可以不定期地审查公司经营状况，而且国会议员还具有对公司经营状况的质询权。同时，总理署设立的监督公务人员的贪污调查局、财政部设立的商业犯罪调查局和金融管理局等都对淡马锡公司进行监督。[2]

〔1〕《法国电力集团（EDF）2018年度报告》，载法国电力集团官网：https：//www.edf.fr/groupe-edf/responsable-et-engage/rapports-et-indicateurs/rapports。

〔2〕《Temasek Review 2018》，载新加坡淡马锡官网：https：//www.temasekreview.com.sg/。

三、市场化基金投资平台机构的治理

作为全球知名也是世界规模最大的主权财富基金——挪威全球养老基金，是市场化基金投资平台机构的代表。挪威全球养老基金由政府建立，自然归政府所有。财政部是养老基金的法定出资人，其主要职责是制定投资政策、投资规划和设置预期收益等，并定期向议会报告投资运营情况。而挪威全球养老基金的具体投资运营则由财政部委托给挪威央行进行。挪威央行根据投资政策寻找合适的投资对象，目的在于取得较高收入回报。同时挪威全球养老基金广纳人才，其公司300多名具有全球战略眼光和投资经验的正式员工来自全球28个国家，这些员工能够快速做出投资决策。[1] 挪威全球养老基金还专门成立了公司治理咨询董事会，对所投资公司的董事会建设提供相关咨询意见。同时，投资运营监管制度的完善是挪威全球养老基金迅速发展的关键因素。首先，财政部每年向议会提交挪威全球养老基金运营的工作报告，议会可向财政部对挪威全球养老基金的运营情况提出质询。其次，挪威央行每季度公布一次财务报告供政府部门了解投资收益情况，并接受全体国民和政府部门的共同监督。最后，国家审计总署可定期对挪威全球养老基金进行审计。[2]

---

〔1〕《国民财富积累的"永动机"——挪威政府全球养老基金》，载驻挪威经商参处官网：http://no.mofcom.gov.cn/article/ztdy/201405/20140500608670.shtml。

〔2〕《挪威养老基金概况》，载驻挪威经商参处官网：http://no.mofcom.gov.cn/article/ztdy/201605/20160501314160.shtml。

第四节　国有资市投资运营公司治理理据与路径选择

一、国有资本投资运营公司治理的学理基础

（一）委托代理理论

通说认为大部分公司治理的研究都来源于委托代理理论。[1] 自 1932 年伯利和米恩斯在《现代公司与私有财产》一书中提出将公司所有权和控制权进行分离的观点后，随即在公司治理过程中就产生了委托代理问题，即失去控制权的所有者如何使拥有控制权的管理者最大限度地维护所有者自身的利益。委托人是所有者，而代理人是管理者。[2] 20 世纪 60 年代开始，经过威尔逊（Wilson）、阿克尔洛夫（Akerlof）、斯宾塞和泽克豪森（Spence、Zeckhauser）、罗斯（Ross）、莫里斯（Mirrlees）、霍姆斯特姆（Holmstrom）以及格罗斯曼和哈特（Grossman、Hart）等经济学家对委托代理理论的不断发展和完善，可以将委托代理理论誉为现代公司治理的逻辑起点。

1. 委托代理理论的基本思想

委托代理是基于委托人对代理人的授权委托而发生的代理关系。委托代理关系中的参与主体就只有委托人和代理人。在现代公司中，通常委托人是指股东，即公司的所有者，而代理人则是指董事会和总经理，即公司的经营者和管理者。由于信息不对称以及委托人和代理人的效用函数不一致，代理人在追求自身利益时极有可

---

〔1〕　Wan Fauziah Wan Yusoff, Idris Adamu Alhaji, "Insight of Corporate Governance Theories", *Journal of Business & Management* 2012, p. 53.

〔2〕　Mallin, C. A., *Corporate Governance*, Oxford University Press, 2004.

能偏离维护委托人利益的方向，这就导致了代理问题的产生，即公司股东与雇佣经营者之间的利益冲突。[1] 正因为这种利益冲突就必须通过建立一种有效的激励机制来促使所雇佣的经营者最大限度地维护股东利益，同时又减少自己的机会主义倾向。但是如何来激励代理人始终将委托人的利益放在首位而抛开自身利益去行事的确是较难解决的问题。在委托关系中，代理问题的产生势必也会导致代理成本的产生。关于代理成本的讨论，詹森（Jensen）和梅克林（Meckling）认为代理成本通常包含了三个部分：第一，委托人对代理人进行监督的成本；第二，代理人在经营管理时产生的担保成本；第三，剩余损失。[2] 而上述的代理成本都是在委托代理关系中实际发生的成本以及委托人因选择某个特定的代理人而可能产生的机会成本。[3]

2. 委托代理理论与公司治理

为了解决代理问题、降低代理成本，委托人需要通过建立一种有效的制衡机制来约束和规范代理人的行为。因为代理人行为是以自我利益为导向的，为了防止代理人权利滥用，委托人必须以制衡机制来控制董事和经理的过度趋利行为，并用激励机制来促使他们为股东谋利。而这种制衡机制和激励机制的构建使公司治理的出现成为必要。经济学家钱颖一曾提出，建立一个良好的公司治理结构，首先必须将充分利用控制权的配置和行使、监督评价董事会和经理以及激励机制的设计实施这三种制度相互补充，其次通过运用

---

〔1〕 ［美］莱纳·克拉克曼、亨利·汉斯曼等：《公司法剖析：比较与功能的视角》（第2版），罗培新译，法律出版社2012年版，第37页。

〔2〕 Jensen, M., W. Meckling, "Theory of the Firm: Managerial Behavior, Agency Costs and Ownership Structure", *Journal of Financial Economics* 1976, pp. 305-360.

〔3〕 倪建林：《利益制衡机制的构架：公司治理结构的法理研究》，对外经济贸易大学2001年博士学位论文。

这些制度来降低代理成本。[1]在我国国有企业公司治理中,委托代理关系是普遍存在的。而且委托代理链条冗长,国有股东对企业管理者的监督成本较大、效率不高,是目前国有企业公司治理中存在的主要问题之一。那么如何来减少或降低基于所有权和控制权分离的委托代理关系所产生的不必要的代理成本呢?答案是建立有效的治理机制和构建科学的公司治理机构。[2] 现代企业制度正是在两权分离后所有者与高层管理者之间的博弈过程中逐渐形成的,通过建立完善的法人治理结构和设计利益制衡的最佳机制可以有效地解决委托代理关系中因代理人背离委托人利益而产生的道德风险。这也是我国国有企业公司治理中一直着重强调的。

3. 委托代理理论在国有资本投资运营公司治理中的体现

"国资委—国有资本投资运营公司—国家出资企业"的三层架构明显体现出双重委托代理关系。在"国资委—国有资本投资运营公司"的第一层委托代理关系中,国资委作为行政机构在市场经济活动中不能进行直接干预,而是通过授权放权给国有资本投资运营公司,由其直接管理国有出资企业的经营活动,承担管理职责。在"国有资本投资运营公司—国家出资企业"的委托代理关系中,国有资本投资运营公司通过参股、控股等方式出资国有企业。由其控股或参股的国有出资企业则作为独立的市场主体,自主经营、自负盈亏、自担风险。同时,国有资本投资运营公司内部治理结构也存在着委托代理关系。由于国有资本投资运营公司是国有独资公司,其股东具有唯一性,且为具有特殊身份的国资委,所以该类公司中

---

〔1〕 钱颖一:《企业的治理结构改革和融资结构改革》,载《经济研究》1995 年第 1 期。

〔2〕 虞政平:《构建中国多元化公司治理结构新模式》,载《中外法学》2008 年第 1 期。

的股东不能直接参与公司的日常经营，而是以委托人身份，将公司的权利进行授权，委托给了董事会、监事会和经理层。因此，公司的"两会一层"作为经营管理层成为受托人，代理经营企业。可见，在国有资本投资运营公司内部治理结构中，国家股东与直接的经营管理层之间的委托代理关系由此形成。

（二）产权理论

公司的产权理论源于科斯在《企业的性质》和《社会成本问题》两篇文章中的研究，并形成了以科斯定理为基础的产权理论。

1. 产权理论的基本思想

产权理论的基本思想是：当事人的有限理性，以及预见、缔约和执行契约的三类交易费用，导致当事人只能缔结一个无法包括所有可能情况的不完全契约。如果当事人在签约后进行了人力资本或者物质资本的专用性投资，那么他将面临被对方敲竹杠（hold-up）的风险，这会扭曲投资激励和降低总产出。在不完全契约中，专用性投资激励由事后谈判力（外部选择权）决定，而谈判力又取决于对物质资产的剩余控制权，这种权利天然地由资产的所有者拥有。因此，为了最大限度地减少敲竹杠风险，应该将物质资产的所有权配置给对投资重要的一方。产权理论认为关键是通过产权的配置来激励当事人的事前专用性投资激励。[1]

2. 产权理论与公司治理

公司的产权结构是公司治理结构产生的理论基础，其是由股东股权和法人所有权相结合而形成的双重权利结构。这种双重权利结构所折射出的所有权与经营权（控制权）相分离的权利架构关系，使得利益制衡机制的构建成为必要，公司治理结构由此而生。因

---

[1] 李维安、郝臣编著：《公司治理手册》，清华大学出版社2015年版，第29页。

此，所谓所有权与经营权相分离，应包括以下三层内涵：第一，股东股票所有权与公司法人所有权是相分离的。股票所有权以独立于公司之外的股票财产为其客体，公司法人所有权以独立于股东之外、存在于公司之内的法人财产为其客体，两种权利形成分离状态。第二，股东的股票所有权与控制权是相分离的。股票所有权的日益分散，意味着单个股东对公司经营的控制权日益减弱。美国两位著名的学者伯利和米恩斯所做的巨大贡献就是在对美国的 200 家非金融企业做了调查之后，发现由经理层实际控制公司的已占被调查公司总数的 44%，得出在现代公司中股票所有权与控制权相分离的结论。第三，公司法人所有权与经营权是相分离的。在股权高度分散化的现代巨型公司，拥有有限股票所有权的股东已失去对公司的控制权，与此同时，即使作为公司法人所有权代表的董事会也因股权分散逐渐失去对公司的控制。

股东股票所有权、公司法人所有权与经营权（控制权）的各自分离，使得三者的利益代表者股东会、董事会和经理层之间必须构建一种利益平衡机制。也就是说，以股东会、董事会和经理层之间的利益制衡为主要目的的公司治理结构以公司的产权结构为基础，同时也为公司的产权得以有效行使提供制度保障。另外，为了进一步加强对董事会和经理层的监督，设立监事会专事监督权是以德国为代表的大陆法系国家公司治理结构的一大特色。而在英美法系国家，这一功能大多是由董事会下设的、由独立董事组成的审计委员会等机构履行。因此，在不同法系下，公司治理结构的安排存在着一定差异，但其要解决的核心问题是一致的，即构建所有者与经营者之间的利益平衡机制。

3. 产权理论在国有资本投资运营公司治理中的体现

从产权明晰的角度来看，国有资本主体表现出明显的"虚置"

和缺位现象。原因有两个方面：一是我国缺乏独立统一的主体代表国家行使国有资本所有权，在市场经济活动中与对方发生的交易行为难以实现权责利的高度一致，[1] 从而导致交易效率低且成本巨大；二是政企不分和政资不分使得国有资本更多承载的是行政意志，独立行使所有权的能力缺乏，显然难以担当国有资本主体的角色。因此，为了明确国有资本产权，首先就要明确国有资本所有权主体，而恰恰通过产权重组能够有效解决国有资本所有权主体"虚置"和缺位的问题。国有资本投资运营公司也应运而生，在国资委和国有出资企业之间既形成了一道行政权力的阻断，又能集中统一地行使国有资本所有权。而且当下对国有资本投资运营公司的授权放权也是以产权为基础。可见，国有资本投资运营公司的设立是我国进一步明晰国有资本产权的有效路径。

（三）国家治理理论

国家治理的基本价值取向是通过对国家的政治、经济、社会方方面面的协调管理实现国家政权的稳定，发展国民经济和提供公共服务。对国有企业的监督管理也是国家治理的重要环节。对国有企业的外部监督管理实质上是国家依法利用政府权力制约政府权力的过程，是政府治理过程中防止国有企业腐败、资产流失和国有企业领导人员违法违纪的重要保障措施，是政府治理的重要组成部分。以政府治理理念监督管理国有企业，不仅能够避免纯政府行政命令导致的企业管理僵化、企业活力不足等问题，而且能够有效地监督企业的利益分配，保障国有资产的安全，防止因国有企业经营不善导致国家债务增加和公有制经济地位动摇。国有企业的全民所有或公有资产属性决定了国有企业功能的特殊性和监督管理方式的差异

---

〔1〕 胡际权：《国有资本运营公司改革探索：逻辑框架与现实例证》，载《西南大学学报（社会科学版）》2022 年第 4 期。

性，多数国家的国有企业都是被当成特殊企业来对待，并按照特殊的法律制度规范运行，从而保障关系国民经济命脉的产业发展和国民经济整体的安全性。对国有企业进行外部监督是国家治理的重要环节，是应对市场失灵的关键措施，是克服企业委托代理存在信息不对称的重要保障。[1]

二、国有资本投资运营公司治理的法律依据

（一）与国有资本投资运营公司相关的法律法规

目前我国规范国有资本投资运营公司行为的法律法规主要有三个，即 2003 年公布的《企业国有资产监督管理暂行条例》（2011年对《企业国有资产监督管理暂行条例》作了修订，但只删除第27 条，其他内容不变；后于 2019 年再次修订），2008 年出台的《企业国有资产法》和 2023 年修订的《公司法》。《企业国有资产监督管理暂行条例》是我国第一部关于国有资产运营与管理的行政法规，明确了国有资产监督管理机构的职责和义务。而《企业国有资产法》则是我国第一部关于企业国有资产管理的专门法律，是管理企业国有资产的最高层次的法律约束与规范。《企业国有资产法》在《企业国有资产监督管理暂行条例》的基础上再次明确了国有资产履行出资人职责的机构和国家出资企业的权责利。尽管《企业国有资产监督管理暂行条例》和《企业国有资产法》在国有资本投资运营公司的运营与管理中提供了一些重要法律依据，但由于这两部法律法规制定的年代较久远，加之自身存在的一些矛盾性和滞后性，已不适合在投资运营公司的实际运营中适用。因此，国有资本投资运营公司还是应以《公司法》为其主要法律依据，因为该公司

---

〔1〕毕革新、王继承、许春燕：《公司治理视角下的党组织与中国特色国有企业监督体制机制研究》，中国发展出版社 2019 年版，第 66 页。

本身就是依据《公司法》的相关规定设立的国有独资公司。[1] 既然国有资本投资运营公司被称为"公司"，就必须在《公司法》的框架内进行日常经营活动。2023 年 12 月修订后的《公司法》出台后，确认了国有资本投资运营公司属于国家出资公司的范畴。但是当前争议的焦点集中体现在两方面：一是认为国有资本投资运营公司应从《公司法》中剥离，为其单独制定《国有公司法》或者《国有投资运营公司法》等特别法；二是认为不应从《公司法》中剥离。持"剥离论"的学者普遍认为国有公司治理与普通商事公司确有区别，为了保证这类公司社会性功能的实现，行政权力对其治理的介入不可避免，因此需要特别立法进行规制。[2] 尤其是针对国有资本投资运营公司的特殊地位，提出了通过《国有资本投资运营公司法》的特别立法建构来厘清这两类公司主体之间的法律关系和治理结构。[3] 另有学者认为国有出资公司未走出营利性—企业社会责任的运行逻辑，其作为公司的主体资格依然适用于《公司法》的规范体系。[4] 至于国有资本投资运营公司作为特殊的公司制法人形式是否需要特别立法或者专门立法虽有待商榷，但可以在完善现有法律的基础上对这类公司的规范做出专门的规制。

（二）与国有资本投资运营公司相关的政策性文件

为了加快国有资本布局的调整优化，提高资源配置效率，重塑

〔1〕 马骏、张文魁等：《国有资本管理体制改革研究》，中国发展出版社 2015 年版，第 44 页。

〔2〕 胡改蓉：《〈公司法〉修订中国有公司制度的剥离与重塑》，载《法学评论》2021 年第 4 期。

〔3〕 王鹤翔：《国有企业走出公司法的新路径：以〈国有资本投资运营公司法〉建构为核心》，载《财经法学》2022 年第 6 期。

〔4〕 胡国梁：《国家出资公司进入〈公司法〉的逻辑理路》，载《政治与法律》2022 年第 12 期。

企业运营的有效架构，"以管资本为主"转变国有资产监管方式，2013 年党的十八届三中全会通过了《中共中央关于全面深化改革若干重大问题的决定》，第一次提出组建若干国有资本运营公司的概念。2015 年 8 月，《中共中央、国务院关于深化国有企业改革的指导意见》历经四个年头终于出台，并作为新一轮国企改革的"顶层设计"文件（即国企改革"1＋N"系列文件中的"1"，又称"22 号文"）。该文件被认为是指导和推动国企改革的纲领性文件，进一步明确了国有资本投资运营公司的运营模式。随着顶层设计文件的提出，与之配套的各项改革文件陆续出台，其中也包括了一系列对国有资本投资运营公司的运营管理和公司治理做出进一步指导的文件（见表 2-2）。由此可见国有资本投资运营公司在本轮国有企业改革中的地位至关重要。尽管目前国有资本投资运营公司仍处在试点摸索阶段，但是国家相继出台的有关政策正推动着试点工作的顺利开展。直到 2018 年 7 月出台的《实施意见》才算是真正为国有资本投资运营公司提供了一个正式的可操作性文件。该《实施意见》是目前国有资本投资运营公司日常运营管理的政策依据和治理规范。

表 2-2　与国有资本投资运营公司相关的主要政策

发布时间	政策名称	相关内容
2013.11	《中共中央关于全面深化改革若干重大问题的决定》	改革国有资本授权经营体制，组建若干国有资本运营公司，支持有条件的国有企业改组为国有资本投资公司。国有资本投资运营要服务于国家战略目标，更多投向关系国家安全、国民经济命脉的重要行业和关键领域。

发布时间	政策名称	相关内容
2015.8	《中共中央、国务院关于深化国有企业改革的指导意见》	改组组建国有资本投资、运营公司，探索有效的运营模式，通过开展投资融资、产业培育、资本整合，推动产业集聚和转型升级，优化国有资本布局结构；通过股权运作、价值管理、有序进退，促进国有资本合理流动。
2015.10	《国务院关于改革和完善国有资产管理体制的若干意见》	改组组建国有资本投资、运营公司。主要通过划拨现有商业类国有企业的国有股权，以及国有资本经营预算注资组建；或选择具备一定条件的国有独资企业集团改组设立。明确国有资产监管机构与国有资本投资、运营公司关系。界定国有资本投资运营公司与所出资企业关系。开展政府直接授权国有资本投资、运营公司履行出资人职责的试点工作。
2016.6	《企业国有资产交易监督管理办法》	国有资本投资、运营公司对各级子企业资产交易的监督管理，相应由各级人民政府或国资监管机构另行授权。
2017.4	《国务院国资委以管资本为主推进职能转变方案》	改组组建国有资本投资、运营公司，实施资本运作，采取市场化方式推动设立国有企业结构调整基金、国有资本风险投资基金、中央企业创新发展投资引导基金等相关投资基金。
2018.7	《国务院关于推进国有资本投资、运营公司改革试点的实施意见》	第一次明确地对国有资本投资、运营公司的功能定位、组建方式、授权机制、治理结构、运行模式、监督与约束机制以及实施步骤等内容作了详细的解释说明。

发布时间	政策名称	相关内容
2019.4	《国务院关于印发改革国有资本授权经营体制方案的通知》	对国有资本投资、运营公司的授权放权内容主要包括战略规划和主业管理、选人用人和股权激励、工资总额和重大财务事项管理等。
2019.6	《国务院国资委授权放权清单（2019年版）》	明确对国有资本运营公司试点企业的授权放权事项。
2019.10	《中央企业混合所有制改革操作指引》	要充分发挥国有资本投资、运营公司市场化运作专业平台作用，积极推进所属企业混合所有制改革。
2019.11	《国务院国资委关于以管资本为主加快国有资产监管职能转变的实施意见》	明确国务院国资委要对国有资本投资、运营公司履行出资人职责，优化国有资本运营，根据国有资本投资、运营公司和其他直接监管企业的不同特点，有针对性地开展授权放权。
2020.5	《中共中央、国务院关于新时代加快完善社会主义市场经济体制的意见》	有效发挥国有资本投资、运营公司功能作用，坚持一企一策。
2021.3	《中华人民共和国国民经济和社会发展第十四个五年规划和2035年远景目标纲要》	要深化国有资本投资、运营公司改革，科学合理界定政府及国有资产监管机构、国有资本投资、运营公司和所持股企业的权利边界。

发布时间	政策名称	相关内容
2022.6	《关于国有资本投资公司改革有关事项的通知》	要准确把握国有资本投资公司功能定位，持续深化改革成果，有效发挥功能作用，加快形成具有鲜明特点的发展模式。

来源：笔者整理。

三、国有资本投资运营公司治理路径架构

（一）国有资本投资运营公司治理的特殊性

1. 法人的特殊性

目前从国有资本投资运营公司的法律定位和经济功能来看，该类公司是以特殊法人形式设立的国有独资公司，通过国家投资新设或改组，其初始资本主要源自政府部门的投资，且必须在国家授权的范围内履行国有资本的出资人职责，较之一般的国有企业，其不是从事具体的生产经营活动而是专门对国有资本进行市场化运作的专业平台。但是这类公司不仅要按照市场竞争主体的一般规律来市场化运作国有资本，还要代表国资委承担运营和管理国有资本的特殊职责。

国有资本投资运营公司通过持有出资企业的股权来代表国家行使出资人权利，是国有资本的直接出资人代表。可以说国家和政府是通过国有资本投资运营公司来管理国有企业的，政府的行政干预将在国有资本投资运营公司这一层面得到有效阻断。那么国有资本投资运营公司就成为一个能实现政企分开、政资分开以及所有权和经营权分离的合法载体。这类公司的设立是按照国家确定的目标和布局领域在已有的企业集团上改组组建或是新设。依据《中共中央、国务院关于深化国有企业改革的指导意见》和《国务院关于改

革和完善国有资产管理体制的若干意见》两个纲领性文件以及《实施意见》这个具体操作的规范和指南，政府并不是将现有的国有资本控股集团或国有资产运营公司进行简单的翻牌，而且在数量和质量上也是以"量少质精"的方式进行试点和改革。

2. 治理依据的特殊性

国有资本投资运营公司治理是集行政法路线、商法思维以及经济法现实的交叉治理，其法律依据主要是我国的《公司法》和《企业国有资产法》。公司治理通常属于民商法的范畴，因此即便是国有企业的公司治理也必须依据《公司法》的有关规定开展。但国有企业的特殊性又使得国家需要对国有资产的运营、监督和管理进行单独立法，《企业国有资产法》就是专门规范这类问题的，其属于经济法的范畴。而作为改革和完善国有资产管理体制的最高行政设计——《国务院关于改革和完善国有资产管理体制的若干意见》是国有资本投资运营公司的纲领性文件以及作为具体实施和操作规范的《实施意见》都是国有资本投资运营公司治理所走的行政路线。因此，可以说该类公司的治理仍然是要基于法律法规的规范，但就目前处于试点阶段的实践情况来看其更需要实务操作层面的规章制度，也就是党的政策以及国家和地方政府制定的各项政策、规定，相比法律法规的原则性而言更具现实指导意义。

3. 治理结构的特殊性

相较于一般的国有企业，国有资本投资运营公司在治理结构上呈现出一些新的特点。国有资本投资运营公司是国有独资公司，公司内部不设股东会，由国有资本的所有者代表国有资产监管机构来行使股东会职权，并且董事会中的执行董事和外部董事都由国资委直接委派，所以国资委可以授权国有资本投资运营公司的董事会代为行使股东会部分职权。同时为了充分发挥外部董事在董事会中的作用，国资委根据国有资本投资运营公司的定位及专业要求，通过建立外部董事评价机制来选择外部董事。在这种公司治理结构中，国有资产监管机构直接行使股东会职权，从本质上说是国有资本投资运营公司的所有者代表——国有资产监管机构与公司管理者在"剩余控制权"和"剩余索取权"之间更加平衡，整个治理结构也更加清晰。另外，《实施意见》是近年来第一次以行政文件的形式正式明确国有资本投资运营公司的实施规范和操作指南。《实施意见》对国有资本投资运营公司治理结构进行了详细规定，其中党组织成为公司治理的主体并被赋予了相应的职责。党组织嵌入公司治理结构形成了"三会一层"的结构，即"党委会、董事会、监事会和经理层"与一般商事公司的"三会一层"治理结构即"股东会、董事会、监事会和经理层"有明显的区别。

（二）国有资本投资运营公司治理框架构成

1. 国有资本投资运营公司治理的立法路径

目前，我国关于国有企业治理的相关法律主要指《公司法》和《企业国有资产法》，虽然2023年修订的《公司法》根据当前国资国企改革的时代要求做了相应调整，在国有独资公司专节的基础上，设立"国家出资公司的特别规定"专章，但是在国有资本投资运营公司治理上应从特别法的角度予以规范。

第一，国有资本投资运营公司专门立法的必要性证成。

《公司法》向来体现出私法自治的意思表示，尤其是为公司在市场经济活动中保驾护航。虽然国有资本投资运营公司是公司制企业，适用《公司法》的规范，但是鉴于该公司国有独资的性质和公司只进行资本运作的特点，国家股东必然会派出代表来监管公司的经营管理，而这个代表就是国资委。为充分体现两权分离、政企分开的治理思路，国有资本投资运营公司的唯一股东国资委将部分股东权利授权给董事会，尽量避免直接参与公司治理。但从董事会的人员来源看，外部董事和执行董事都由国资委委派，行政干预不得不随之进入公司治理中。另外，国有资本投资运营公司本身营利性与公共性的双重属性也表明国有资本的社会性功能需要行政干预，[1] 尤其是国资委作为监管者的身份，必然会使其为了防止公司内部治理主体因权力滥用损害其他利益相关者的权利，甚至造成国有资本流失，阻碍国有经济良性发展，而加强对公司的行政监管。加之《公司法》关于国有独资公司的规定与《企业国有资产法》的相关规定存在适用范围的扩大和限缩，所以专门针对国有资本投资运营公司立法实属必要。

第二，国有资本投资运营公司从《公司法》剥离的限度。

国有资本投资运营公司是我国国有资本授权经营体制改革的结果与回应。虽然 2023 年修订的《公司法》增加了国家出资公司的专章规定，但是从国有资本投资运营公司本土化政策与规则的调整来看，单纯依靠《公司法》的规制已不能适用更多情形。因此，将国有资本投资运营公司从现有《公司法》中剥离出来应被列入日程。当然，针对国有资本投资运营公司的特别立法，并不是将其完全从《公司法》中剥离，而是有限度地剥离。即国有资本投资运营公司的资本规则仍然受《企业国有资产法》的调整，而《公司法》中具有普适性的组织规则仍旧适用该类公司，所谓剥离就是将该公司的治理机制与规则从《公司法》剥离，构建专门调整国有公司的特别法——《国有公司法》对其公司治理进行系统化规范。上述立法处理既使《公司法》的私法属性得到有力体现，也为国有资本投资运营公司提供了更恰当的制度供给，而且从形式和实质内容看都

---

〔1〕 胡改蓉：《〈公司法〉修订中国有公司制度的剥离与重塑》，载《法学评论》2021 年第 4 期。

是一条能够自治的立法路径。

2. 国有资本投资运营公司治理的法治架构

基于国有资本投资运营公司的法律定位和治理的特殊性，公司治理应从两部分着手构建法治架构，即内部治理和外部监督的协同。

第一，内部治理的权责法定、权责透明、协调运转、有效制衡。国有资本投资运营公司治理主体的多元化和协调发展必然要求各治理主体权责法定、权责清晰。加之治理结构本身存在横向权责与纵向权责结构，意味着构建良好运转的公司治理机制，需要对各治理主体确权和明责。也就是说，公司内部治理主体在法律法规的规制下，进行权力的配置和责任的明确，同时在协调各主体运转的过程中，为了约束一方因权力过大形成内部人控制，通过制衡机制来强化内部人的监督，防止国有资本流失。可见，在上述的逻辑理路中，董事会、监事会、经理层和党委会应当在法治框架内，基于自身法定权责，在治理中充分发挥作用。下文将根据董事会、监事会、经理层和党委会这几个治理主体进行深入研究，构建相应的治理制度。

第二，外部监督的全面覆盖，多维协同形成监督闭环。按照公司治理理论，内部治理中也存在对治理主体之间赋权、行权的内部监督。但由于内部监督的自限性，通常需要外部监督来提高公司治理的效率。由于国有资本投资运营公司的特殊功能定位，在其公司治理中，外部监督就显得格外重要。外部监督主体的多元化也丰富了监督路径和扩大了监督范围，最终形成的外部监督机制能够全面覆盖、多维协同。通过人大管资本的监督、政府机构对国有资本的行政监管、以多元诉讼形式保证的司法监督、纪检监察机构管人的监督以及社会公众即全民股东的监督，对国有资本投资运营公司进行外部监督，形成监督闭环。

第 三 章

国有资本投资运营公司董事会治理

在公司治理结构中，董事会往往起着承上启下的作用。[1] 一般来说，公司治理主要是指如何运作公司的董事会，那么董事会的定位、职能、权利以及责任的实现都是公司治理的核心问题。[2] 尤其是在国有资本投资运营公司治理结构中，由于不设股东会，按照《公司法》、公司章程以及相关行政文件的规定，出资人对公司的授权应该就是基于股东权利的授权，[3] 从而使董事会通过国资委的授权承担起部分股东的职责。因此董事会治理成了投资运营公司治理中的关键环节。

在国有企业董事会治理中，OECD 认为董事会在公司治理中发挥着核心作用，其应在所有权职能和国有企业高管的管理职能之间充当中介。董事会的角色应该集中在战略指导和公司绩效上，并且

---

〔1〕 胡改蓉：《国有公司董事会法律制度研究》，华东政法大学 2009 年博士学位论文。

〔2〕 邓峰：《中国法上董事会的角色、职能及思想渊源：实证法的考察》，载《中国法学》2013 年第 3 期。

〔3〕 张志新：《清晰界定运营公司和投资公司》，载上海国有资本运营研究院：《洞悉国改时局 创新资本运营——〈国资内参〉2017 年合订本》，第 191 页。

国家应保证董事会在公司的运营管理上具有充分的自主权和独立性。[1] 在投资运营公司中，作为国有资本出资人的国资委并不直接参与公司的经营管理，一般通过授权形式将公司的经营控制权委托给董事会，因此董事会成为公司内部的最高决策机构，负责制定或审批公司战略、监督经理层，同时还要执行股东决定，并依照法定程序和公司章程决定公司重大事项，接受国有资产监管机构以及监事会的监督。但是董事会除了受出资人的委托以外，同时又将执行权委托给了经理层，并对公司管理层扮演着监督者的角色。[2] 由于国有资本投资运营公司的特殊法人性质，其公司治理一个重要特点就是政府委派董事进入董事会，一般是通过选派执行董事和外部董事进入董事会，并指定正副董事长，可见政府对公司董事会的核心人选有很大的决定性。即便如此，为了防止出现"政企不分"，国有资本投资运营公司的董事会也应当具有更多的独立性，而不是国资委控制的代言人。总的来说，董事会是集公司日常经营决策、执行出资人意思和监督经营管理层等职责于一身的机构，是公司治理结构的枢纽，其治理的好坏能够决定和影响整个公司治理的效果。

第一节　董事会构成与权力配置

一、国有资本投资运营公司董事会的构成

《国务院办公厅关于进一步完善国有企业法人治理结构的指导

---

〔1〕　OECD, *Corporate Governance Boards of Directors of State-owned Enterprises: An Overview of National Practices* 2013, pp. 25-27.

〔2〕　龙卫球、李清池:《公司内部治理机制的改进:"董事会—监事会"二元结构模式的调整》,载《比较法研究》2005 年第 6 期。

意见》强调为了依法维护董事会行使重大决策、选人用人和薪酬分配等基本权利，必须要优化董事会的组成架构来增强董事会的独立性和权威性，尤其是国有独资公司的董事长应当为内部执行董事。而最近出台的《实施意见》则对国有资本投资运营公司的董事会设置进行了详细的规范："董事会成员原则上总人数不少于 9 人，由执行董事、外部董事和职工董事组成……董事会设董事长 1 名。"因此，董事长作为公司法定代表人必须对公司全面负责，而董事会中的各董事成员必须对出资人负责，并接受出资人的指导。

第一，执行董事。执行董事是指由履行出资人职责的机构委派并负责公司日常经营业务执行的董事。国有资本投资运营公司的执行董事主要是由那些懂资本运营管理并掌握公司大量经营信息和发展方向以及非常了解公司业务的高管组成。这类董事往往是经过国资委委派的，公司董事长就属于执行董事。但为了保持董事会的独立性，执行董事的人数一般不宜过多，因为执行董事通常都在管理层担任具体的职务，过多的高管担任执行董事容易弱化董事会对经营管理层的监督职能，反而造成内部人控制。

第二，外部董事。国有企业的外部董事通常就是指独立董事。[1] 在新加坡，独立董事是指那些与公司、其关联公司、其10%的股东或其管理人员没有关系的董事。这些董事可以干涉或被合理地理解为妨碍执行董事的独立业务判断，以实现公司的最大利益。[2] 在我国独立董事往往不与公司发生任何投资或交易等利益关系，具有独立的法律地位。外部董事通常由具有丰富商业经验的

---

〔1〕 王新红等：《国有企业法律制度研究》，中央编译出版社 2015 年版，第 19 页。

〔2〕 Christopher Chen, "Solving the Puzzle of Corporate Governance of State-owned Enterprises—The Path of the Temasek Model in Singapore and Lessons for China", *Journal of International Law & Business* 2016, pp. 339-340.

专业人士担任，从而保证国有资本投资运营的准确性和高效性。国际上推崇的"淡马锡模式"的核心就是其完善的董事会制度。而淡马锡公司董事会的治理目标是公司利益的最大化，并提倡"商业至上"的经营理念，因此其董事会成员中是以独立董事占多数为主，更重要的是这些独立董事全部是来自私营企业的商界领袖。[1] 通过对"淡马锡模式"的借鉴，我国国有资本投资运营公司在董事会成员的选择中，应当根据公司的特殊性，由国资委按市场化方式选择专业人员来担任外部董事，外部董事主要是以有政治或政府背景以及法律背景的专业人员为主，且人数应当在董事会中占多数。[2] 这种在董事会成员中占有大多数比例的外部董事可以按照公司治理的议事规则，对公司重大事项发表其所在的相关领域的专业意见，能够实现决策权和执行权的分离，保证董事会决策的独立性，[3] 因为确保董事会有效运作的一个关键因素就是其独立性。[4]

第三，职工董事。我国《公司法》第 68 条第 1 款、第 120 条第 2 款和第 173 条第 2 款都明确规定了无论是国有公司还是普通商事公司的董事会都可以设置职工董事。基于利益相关者理论，职工以董事的身份参与公司治理中，能够反映公司职工的基本诉求并维护基层职工的合法权益，最终促进公司社会责任的实现。而国有资本投资运营公司作为国有独资公司，更应当让基层职工通过职工代

---

〔1〕 王建文：《论淡马锡董事会制度在我国商业类国有公司改革中的运用》，载《当代法学》2018 年第 3 期。

〔2〕 Anup Agrawal, Charles R. Knoeber, "Do Some Outside Directors Play a Political Role?", *Journal of Law and Economics* 2001, p. 195.

〔3〕 徐晓松等：《国有独资公司治理法律制度研究》，中国政法大学出版社 2010 年版，第 97 页。

〔4〕 Christopher Chen, Solving the Puzzle of Corporate Governance of State-owned Enterprises—The Path of the Temasek Model in Singapore and Lessons for China, *Journal of International Law & Business* 2016, pp. 339-340.

表大会选举的方式选择职工代表进入到公司董事会中。职工董事参与公司治理，并能有机会参与到公司高层的决策事项中，有利于平衡和协调公司管理层与基层职工之间的利益冲突，实现公司的民主管理。但值得注意的是职工董事与执行董事一起属于公司内部董事，必须要防止职工董事在董事会进行决策时与其他内部董事形成利益合谋，从而影响董事会决策的独立性。

第四，专门委员会。董事会内部专业委员会的设立和运行能够充分保证董事会有效地发挥其功能。[1] 按照国资委开展建立和完善国有独资公司董事会试点工作的内容看，我国大部分中央国有企业都通过试点建立了董事会下属的专门委员会。通常在董事会授权下，专门委员会只能在授权范围内开展相关工作，协助董事会履行具体职责，以提高董事会的决策效率。董事会下辖的专门委员会一般由战略与投资委员会、提名委员会、薪酬与考核委员会、审计委员会等组成。作为董事会内部最重要的监督机构，审计委员会能加强董事会内部控制机制的完善，保证董事会的有效治理。

二、国有资本投资运营公司董事会的职权

国有资本投资运营公司董事会行使职权的主要法律依据是我国的《公司法》和《企业国有资产法》等相关法律法规。《公司法》第172条规定了国有独资公司的董事会通过国资委的授权可以行使股东会的部分职权和第173条规定的职权。另外，《企业国有资产法》第32条规定除依照本法第31条和有关法律、行政法规以及企业章程的规定由履行出资人职责的机构决定的以外，国有独资公司的董事会拥有部分决定权。可见根据授权，投资运营公司董事会行

---

〔1〕 谢增毅：《董事会委员会与公司治理》，载《法学研究》2005年第5期。

使公司经营管理事项的拟定权，股东决议的执行权、经理层选聘、业绩考核及薪酬管理的人事权、部分重大事项的决定权等。相较于一般商事公司，作为只进行资本运作的国有独资公司，投资运营公司董事会的职责除了上述罗列的这些外，更重要的是要加强对公司的风险控制。[1] 毕竟这类公司掌握着关系国计民生的大量国有资本。为了规避风险，董事会和董事会成员应当对公司负有两项主要的受托责任，即注意义务和忠实义务。进行重大决策时应谨慎并避免可能损害国有股东利益的行为，同时其行使职权必须忠于公司和国家的利益。[2]

公司董事会主要由外部董事和非外部董事构成，并且外部董事占多数。国有资产监管机构作为出资人的权利在很大程度上是通过董事会来行使的，外部董事占多数的董事会结构既能保证出资人适当地行使国有资本出资人的职责又能减少出资人对公司具体经营事务的干预，使董事会享有较大的经营自主权。[3] 具体来说，外部董事中的多数就是指独立董事，根据 2018 年 9 月我国证监会发布的《上市公司治理准则》明确赋予了独立董事除享有董事的一般职权以外，还享有依照法律法规和公司章程针对相关事项的特别职权。因此投资运营公司董事会设立独立董事能够充分协调董事会经营和管理事务的决议，形成对董事会内部权力的一种有效制衡。[4] 而在整个董事会结构中，不论是执行董事、外部董事还是职工董事

〔1〕　郑海航、戚聿东、吴冬梅：《对完善国有独资公司董事会监事会及关系探讨》，载《经济与管理研究》2008 年第 1 期。

〔2〕　The World Bank Group, Corporate Governance of State—Owned Enterprises A Toolkit, 2014, p. 161.

〔3〕　郑海航：《内外主体平衡论——国有独资公司治理理论探讨》，载《中国工业经济》2008 年第 7 期。

〔4〕　黄建勋：《董事会内部权力构架辨析》，载《当代法学》2003 年第 8 期。

都应当实行集体审议、独立表决、个人负责的决策制度,[1] 并在原则上通过建立"负面清单"的模式,[2] 除出资人的重大经营决策权以外,董事会及其董事成员要充分履行自己的职权,防止出资人对公司经营事务决策的过多干预,保持董事会的独立性和公正性。

第二节 董事会现有治理问题辨析

目前,国有资本投资运营公司的法人治理结构沿用了《公司法》的规定,董事会的构成和职权设置按照相关要求实行。但鉴于这两类公司具有国有独资公司的性质,2020 年国务院国资委发布的《国企改革三年行动方案(2020—2022 年)》、国务院国资委和财政部联合印发的《国有企业公司章程制定管理办法》第 10 条以及 2021 年出台的《中央企业董事会工作规则(试行)》都提到将国有企业董事会定位为"定战略、作决策、防风险"的经营决策主体。然而现实却是董事会逐渐在公司权力配置中虚化,[3] 进而影响公司治理的改革与推进。

一、董事会定位模糊

根据《国务院关于改革和完善国有资产管理体制的若干意见》对国有资本投资、运营公司的职能定位,其作为国有资本市场化运

---

〔1〕 马立:《国有资本投资运营公司治理模式初探》,载《上海证券报》2017 年 7 月 26 日,第 9 版。

〔2〕 王利明:《负面清单管理模式与私法自治》,载《中国法学》2014 年第 5 期。

〔3〕 王瑾:《公司治理下的董事会职权体系完善研究》,载《法学杂志》2022 年第 2 期。

作的专业平台，依法自主开展国有资本运作，并按责权对应原则切实承担起国有资产保值增值责任。由此可知，国有资本投资运营公司营利性的属性表明其受《公司法》的约束。同时，《民法典》第81条中规定，营利法人应当设执行机构。执行机构行使召集权力机构会议，决定法人的经营计划和投资方案，决定法人内部管理机构的设置，以及法人章程规定的其他职权。执行机构为董事会或者执行董事的，董事长、执行董事或者经理按照法人章程的规定担任法定代表人。这就间接表明董事会作为公司执行机构的定位。而体现股东中心主义的《公司法》第67条关于公司董事会职权的规定明确董事会是公司的执行机构，负责公司的经营决策。但是如果从该条款的文义来看，董事会仅作为股东会的执行机关和经营决策机关，并非整个公司的执行机关，言下之意就是公司由股东投资而成，董事会的行权是股东会的委托授权和意思表示，其是股东会的代言人。[1]

由于国有资本投资运营公司的特殊属性和重要地位，我国的政策性文件还对其董事会进行了更进一步的规定。从近两年出台的相关文件来看，国有资本投资运营公司作为国有独资公司，也被列入这些文件规范的范畴，最终被赋予"定战略、作决策、防风险"的职权定位。从上述职权看，国有资本投资运营公司则成为整个公司的经营决策机构，并且需依照法定程序和公司章程决策公司的重大经营管理事项。因此，在法律规制和政策介入下，国有资本投资运营公司董事会在执行机构和决策机构的功能定位中左右摇摆，当然这两个属性的定位并不冲突，但是无论偏向哪一方，其行权的重心将产生偏移。加上目前关于董事会监督、执行、管理、决策等多种

---

〔1〕　徐强胜：《我国公司人格的基本制度再造——以公司资本制度与董事会地位为核心》，载《环球法律评论》2020年第3期。

职能定位，最终导致了董事会定位在争议中逐渐模糊。

二、董事会权力缺失

我国《民法典》自 2021 年正式施行后，其中关于营利法人规定的条款将权力机构的职权从公司经营管理中剥离出来，[1] 这与之前公司执行机构需对权力机构负责的常规表述有所不同，清晰地认识到股东只追求自身的投资回报收益，通常并不需要对公司的经营管理亲力亲为，涉及公司经营管理相关的职权应赋予董事会，才能使公司处在高效的发展状态。但是在公司日常运营管理中，修订公司章程、利润分配、公司的重大事项变更等涉及公司经营者和所有者双方利益，到底将这些判定为经营者的权力还是所有者的权力，其中需要作出决策的权力分配给哪一方，最终都取决于立法者的价值判断。[2] 而现行《公司法》对股东会权力的过分赋予，相反则会削弱董事会的权力。尤其是在国有资本投资运营公司中，因其股东为国家股东，公司组织结构中不设股东会这一机构，而是由股东会授予更多股东权力给董事会。看似是董事会权力的扩充，实则董事会的行权几乎都处在股东会的干预之下。因为按照目前《公司法》的规定，董事会需要对股东会负责，加之政策上的额外规制，使得董事会在行使职权时基本上都要向股东会，即国资委汇报，无形之中行政干预就蔓延到董事会行权的各个方面。

目前，拥有法律强权的董事会，在实践中已逐渐"形式化"，公司的经营决策由经理层完成，进而形成事实上的"经理中心主

---

〔1〕 傅穹、陈洪磊：《董事会权力中心的生长与回归》，载《北京理工大学学报（社会科学版）》2022 年第 5 期。

〔2〕 刘斌：《董事会权力的失焦与矫正》，载《法律科学（西北政法大学学报）》2023 年第 1 期。

义"治理格局,[1] 因此,《公司法》关于董事会的权力定位受到法定代表人制度的侵蚀以及作为纯经营管理机构的经理制度的分割。[2] 因为《公司法》规定董事会成员由股东会选举产生,所以国有资本投资运营公司既然适用《公司法》,其董事会的成员的构成亦是如此。但是股东会与董事会之间并不是一种领导与被领导的垂直命令关系,体现的应当是平行的委托代理关系。如果股东会认为董事会的决议不当而直接否决,则明显违背了公司法的规定。而且在既定的法律框架下,董事会的权力应当来自法律和公司章程的规定,而不是通过股东会的人为设定,也就不能直接干预。然而鉴于国有资本投资运营公司的特殊性,在其股东—国资委的授权中往往会掺杂行政属性的干预,导致董事会权力的行使受阻。而且董事会在实际的经营管理中,对下一级也会形成委托代理链条,即董事会将经营决策权、业务执行权委托给经理,并且还将选聘和监督中低层管理人员的权力授予经理。在这层委托代理关系中,公司的经理基本上掌握了公司的经营管理权,也就是常说的"内部人控制"。一旦经理的权力过大或者行权范围过广,经理层对董事会权力的吞噬也就越来越多,最终导致董事会权力的缺失。

三、董事权责不匹配

《实施意见》对这两类公司董事会的设置作了相关规定,公司董事会由执行董事、外部董事和职工董事组成,且外部董事占多数。规定中还强调了外部董事的选任是由国资委或者政府部门直接

---

〔1〕 蒋大兴:《公司董事会的职权再造——基于"夹层代理"及现实主义的逻辑》,载《现代法学》2020 年第 4 期。

〔2〕 徐强胜:《我国公司人格的基本制度再造——以公司资本制度与董事会地位为核心》,载《环球法律评论》2020 年第 3 期。

委派。从现有《公司法》可知，出资人代表作为政府股东已经被赋予了相应的股东权利，虽然形式上国有资本投资运营公司不设股东会，甚至还授权董事会行使部分权利，但是国资委或者政府部门作为出资人在公司的实际运营管理中却以行政干预的方式参与公司治理中，拒绝外部董事的独立。[1] 当然目前国资监管机构的主要职责是要维护国有资本的安全并且实现其保值增值，这一点毋庸置疑，而且也已经在多项规范性文件和政策性文件中体现。但实际上，国有资本的保值增值必然要求两类公司极大地追求市场化运营模式，此刻政府股东应当是授权放权的。然而国有资本安全的维护又会要求政府股东来干预和控制董事会成员的构成和行权。在既要安全，又要规避风险的前提下，政府股东更多的可能会选择前者，也就导致了公司董事会的董事只享有中国式的有限权力，[2] 事实上难以对公司的经营负责。而《公司法》从第 179 条至第 181 条以及第 188 条至第 191 条均有关于公司董事责任追究机制的约束。在这种重约束轻赋权的模式下，董事会成员难以放开手脚充分行使自身职权，难以实现公司科学有效运营。

事实上，权力的行使应当与责任的承担对等。换言之，外部董事未能充分履行其忠实义务和勤勉义务时，就需要承担相应的法律责任。但反过来说，由于董事会是集体决策，一人一票进行表决的原则也很难将责任归到某一个董事身上。而且目前的实际情况也表明当公司决策失误时，一般很少去追究董事的个人责任。尤其是关于公司经营管理事项的重大决策，一旦失误，国资监管机构通常检查以程序合不合理为主，对于董事个人是否履职尽责重视程度不

---

〔1〕 王怀勇、王鹤翔：《描述与重构：国有资本投资运营公司外部董事独立性研究》，载《商业研究》2021 年第 3 期。

〔2〕 李建伟：《公司法学》（第 5 版），中国人民大学出版社 2022 年版，第 311 页。

够。最后导致出现的局面就是董事会中董事自主决策权不能受到保障，整个公司的积极性和创造性被抑制。同时因内部人控制导致决策失误，被出资人委派的外部董事也无法充分行使自身权利。因此，国有资本投资运营公司董事会中的董事权责不匹配，影响了董事会在治理结构中核心地位的功能实现。

第三节　董事会作为公司治理中心的再造

普遍的观点认为，公司治理的核心正从早期的股东会中心主义逐渐向董事会中心主义的转变。[1] 将公司内部的何种机关作为治理核心取决于对公司终极价值的判断。强势的国家股东对国有资产保值增值目标的追求、愈发成熟的中国特色社会主义市场经济体制对企业的市场主体地位的制度规范、频繁出现的商业交易和商业机会对企业经营者参与交易的高效性和专业性的要求，更加需对国有资本投资运营公司的治理中心作出缜密判断。

一、董事会中心主义的必然性

公司权力的分配是公司治理的核心问题，当前世界各国公司不论采用的是哪种治理模式，在公司治理结构中，董事会都居于核心位置。董事会中心主义的本质是经营权与产权分离的治理模式。具体来说，就是把整个公司经营管理的权力和责任的承担都集中在董事会，并以法律形式确定了公司经营权与产权的分离状态。在董事会中心主义下，公司治理的重心从所有者权利和所有者事项转移到经营者权利和经营者事项上，董事会权利的扩大可以使其对抗来自

---

〔1〕 赵旭东:《股东会中心主义抑或董事会中心主义？——公司治理模式的界定、评判与选择》，载《法学评论》2021 年第 3 期。

股东会或者控股股东基于股权的不当干预，同时还可以通过决定聘用经理层人员将经营决策贯彻到具体的经营行为中。这对于保持公司法律人格的独立性具有重要意义。[1] 在我国现行《公司法》规定中，股东会对公司直接行使决定权的事项大都是与公司能否继续维持基本的组织存续状态密切相关，例如增资减资、修改章程、合并分立解散或者变更公司形式等。相比之下，凡是与经营业务相关的事项大多采取审议批准或者制定宏观目标为主要形式，例如投资方针、经营计划、发行债券等属于典型的公司经营管理范畴的事项虽然由公司股东会最终决定，但具体的经营行为仍由董事会负责。

作为国有独资性质的国有资本投资运营公司，其组织机构不设股东会，而将董事会作为公司治理的核心机关能够最大限度地保证公司的人格完整。而且出资人代表作为公司股东，为了突出公司自治的核心思想，减少国资委对公司治理的干预，还通过授权的形式赋予了董事会部分股东会的职权。目前的治理模式突出了董事会的核心地位，《国务院国资委授权放权清单（2019 年版）》中的授权和放权事项表明为了实现国有资本投资运营公司的科学高效发展，董事会将被赋予公司的经营决策权，政府股东只对整个公司的存续、发展以及关系到国有资本的安全和保值增值的根本性事项进行决策，以便建立科学、高效、灵活的经营管理模式。因而，董事会中心主义的治理模式在国有资本投资运营公司中适用具有必然性。目前，我国《公司法》以列举式的形式规定了公司董事会的具体职权。从其内容可看出董事会职权包括了法定职权和公司章程规定的职权。但其中一条兜底条款规定董事会还享有公司章程规定的其他职权。也就是学界讨论的剩余权力的划分。因此，通过国资委授权

---

[1] 徐强胜：《公司权力的分配、分工与问责——董事会何以治理》，载《社会科学研究》2022 年第 4 期。

放权给董事会的额外权力或者说附加权力可以写入公司章程，形成章定职权而进一步扩张董事会的权力，但前提是不能超越法定职权的边界。

二、法规与政策的双重补强

国有资本投资运营公司的法人治理结构中因股东的唯一性和特殊性，不设股东会，通过授权并由董事会负责公司的经营管理，且能行使部分股东会的职权。从事实上表明，这两类公司的治理模式偏向于董事会中心主义。无论是 2023 年修订后的《公司法》，还是 2021 年国务院国资委印发的《中央企业董事会工作规则（试行）》，都从法规和政策上强调了董事会在公司治理中的核心地位。可以说是对国有资本投资运营公司适用董事会中心主义的治理模式进行了双重补强。

一方面，从 2021 年的《公司法（修订草案）》、2022 年的《公司法（修订草案二次审议稿）》到 2023 年修订后的《公司法》的出台，其修订的部分内容强化了董事会中心主义在公司治理中的应用。尤其是 2023 年《公司法》第 59 条，删除了 2018 年《公司法》第 37 条中股东会行使的"决定公司的经营方针和投资计划""审议批准公司的年度财务预算方案、决算方案"的职权，将经营决策权赋予了董事会。这些规定尽管体现了扩大董事会职权的立法意图，但相较于《公司法（修订草案）》中概括式的规定董事会职权，除法定和章程规定的必须由股东会行使的职权外，其他与公司有关的决策和执行权几乎都移交给董事会，在一定程度上是进行了限制和缩小，但不能否认公司向董事会中心主义转变的治理模式。

另一方面，《中央企业董事会工作规则（试行）》明确指出董事会是企业的经营决策主体，其具有定战略、作决策、防风险的职责，同时还需依照法定程序和公司章程决策企业重大经营管理事项。上述规定进一步明确了董事会定战略、作决策、防风险的内容和决策事项范围，规定了董事会决策程序，并对董事会授权决策进行了规范。具体来说，"定战略"是指董事会应当建立健全企业战略规划研究、编制、实施、评估的闭环管理体系；"作决策"要求董事会决策企业经营计划、重大投融资事项、年度财务预决算、重要改革方案等，并督导经理层高效执行；"防风险"则指董事会应当推动完善企业的风险管理体系、内部控制体系、合规管理体系和违规经营投资责任追究工作体系，有效识别研判、推动防范化解重大风险。同时，强化了外部董事作决策、强监督的职责，对外部董事在决策中维护国有资本权益、贯彻出资人意志、督促董事会规范有效运行，发挥外部董事召集人沟通桥梁作用等提出明确要求。在此基础上，对董事会向出资人报告企业重要情况、外部董事向出资人报告异常情况等作出了制度性安排。

第四节　政府董事与社会化董事的制衡机制

国有资本投资运营公司的唯一股东为国家股东，由国资委作为出资人代表。根据《实施意见》，公司的执行董事和外部董事由国资委委派。其实从公司治理结构来说，执行董事以是否属于公司管理层来划分，外部董事则以其是否属于公司雇员为标准划分。通常情况下，内部董事与执行董事是高度重叠的。那么在董事会中心主义的强化下，国有资本投资运营公司为了解决现有的治理问题，应当调整董事会成员的来源和构成方式，通过设置政府董事和独立董事的社会化改革，并形成制衡机制。

一、政府董事的设置

(一) 政府董事的界定

间接授权模式下的国有资本投资运营公司属于国家出资的公司制企业，公司不设股东会，主要由董事会行使决策权和监督权。为了保证国家股东的利益不被侵犯，现行国有出资企业中往往会委派国家股东的董事代表进入公司董事会。在国有企业的治理结构中，由于代表国家股东的董事经国资委委派并在公司中任职，其代表的是国家或政府机构，可以将其称为"政府董事"。目前学术界关于政府董事的见解颇多，但多数集中在该类董事的身份和所任职务上。比如，有学者认为政府董事具有公务员身份，由国有资本出资人代表委派到国有企业中行使监督职责的董事。还有学者认为既然是政府董事，就应当在国有企业董事会中担任执行董事。但是从间接授权的视角思考，没有专门将国资委委派到国有资本投资运营公司任职的董事赋予国家股东董事代表的头衔，国资委委派的董事可能出现授权不清晰的现象，导致其不能充分行使作为政府董事的专有职责，进而无法实现国资委委派的真正目的。其实在国外也有一些国家在其国家出资企业中设置政府董事一职，比如在德国下萨克森州的大众汽车公司总部，由于政府出资在大众汽车公司占有20%的股权，州政府委派了两名政府官员代表国家股东进入该公司董事会担任董事职务，实际上就是典型的政府董事的体现。

因此，国有资本投资运营公司的唯一股东是国家，在间接授权的情形下，国资委作为国家股东委托的出资人代表，按照《公司法》等法律法规、政策性文件和公司章程的规定，选任且委派具有特定性质的自然人代表国家股东到公司董事会任职董事，并充分行使公司经营管理的决策权、执行权和监督权，保障国有资本安全有效地运营。这类董事是专门为国有资本投资运营公司引入的政府董事。究其内涵，具体可从以下几方面来理解：一是政府董事代表国家股东的利益，由国有资本出资人代表选取产生并委派到国有资本投资运营公司的董事会中，目的在于行使国家出资权益，实现国家股权。该董事在行使其职权时，往往代表着国有资本出资人通过授权后在公司内部充分行使资本权利。二是国有资本投资运营公司的政府董事，不仅仅是公司制度上的外部董事，往往还包括了执行董事。虽然其是由作为国有资本出资人代表的国资委来委派，但是其也是国家股东通过行政机构委派董事的具体体现，同时其具有合法正当的董事身份，最终通过公司章程来确认。

（二）政府董事的法律特征

根据前文关于政府董事的基本概念的界定，关于其法律特征的描述应从授权经营的视角下，被国家股东赋予了特殊权利，且在公司董事会中占有重要地位。其作为董事会的主要一员，经国家股东的授权委托，对公司重要的经营事项进行决策，执行国有资本运营管理的相关事务。

1. 其为国家股东授权的代表人

国有资本投资运营公司的政府董事经国资委选任和委派，代表了国家股东在公司中担任董事一职。由于国家出资职能通过国资委授权来具体履行和组织实施，那么该公司董事就由国资委代表国家进行委任。可见，政府董事本质上就是国家股东的代表董事，充分证明了国资委与董事之间的选任和委派关系。但从性质和形式上来说，政府董事与国有资本出资人及出资人代表之间的法律关系，并不是公权力上的上下级关系以及行政机构与成员之间的隶属关系，而是一种基于国家直接投资而形成的国家股权和依据特别授权委托契约产生的国家股权委托与代理关系，是一种典型的商事契约和股权代理关系。[1]

2. 其为公司董事会的主要成员

国有资本投资运营公司的政府董事虽然由国资委专门选任和委派，但其在董事会中的任职期限和赋予的职权都要符合现代公司法制的基本要求，并不是从属于国资委的政府官员。只是政府董事作为国资委委派的履行特定职能的董事会成员，既可以成为执行董事，又可以担任外部董事，但更多的是以执行董事为主。因此政府董事与国资委委派的其他外部董事以及由公司职工代表大会选举的职工董事一起共同组成公司的董事会。由于政府董事具有国家股东和国资委授权委托的性质，其必然要代表国有资本出资人的利益，并积极维护其合法权益。同样，政府董事需要适用《公司法》的约定，遵循维护本公司利益和国有资本安全，严格按照法律、行政法规、公司章程和政策性文件规定的权限范围、规范程序、行事方式，履行其忠实于公司利益、勤勉于公司事务的义务。

（三）政府董事的基本职权

基于上述政府董事的界定和法律特征，以及国家股东赋予的使命，其基本职权具有以下两个方面。

1. 代表国家股东行使和维护国家股权的合法权益

国有资本投资运营公司是国有独资公司，国家作为其唯一的抽象股东，将出资职责授权给了国资委，国资委则作为国有资本出资人代表，通过选任和委派的方式，以授权委托将自己的权利赋予政府董事。尤其在公司董事会中，政府董事不仅仅是董事会的基本构成人员，还肩负着国家股东代表的重任。因此，政府董事行使的是国家股东实质性地参与、决策、执行公司内部事务的权利，具体表

---

〔1〕 肖海军：《政府董事：国有企业内部治理结构重建的切入点》，载《政法论坛》2017 年第 1 期。

现为参与公司经营决策的表决、公司日常事务的执行等职权。

2. 受托决策公司重大经营事项、执行国有资本的经营管理

由于国有资本投资运营公司不设置股东会，该公司的董事会还被授予了部分股东会的权利。可见在整个公司治理结构中，董事会发挥核心作用。因此，政府董事在正式成为公司董事会的成员后，就被寄予厚望且赋予重任。虽然政府董事由国资委选任和委派，在一开始就经过国有资本出资人和出资人代表的委托和授权，被赋予特殊的定位，但其是不具有行政属性的董事。其在公司制度的框架内，必须按照相关法律，即公司法和国有企业特别法的规定，以及政策性文本的特殊要求和公司章程的自治要求来行使职权，具体包括职权范围、议事规则、表决方式、行事方式等，审慎地行使其表决权、决策权、执行权，对公司经营管理事项进行决策，既维护国有资本的安全，降低和规避风险，又实现国有资本的保值增值。

二、社会化董事的改革

国有资本投资运营公司的外部董事主要是指独立董事。独立董事是伴随现代公司的发展和代理问题的深化，为了降低公司代理成本，强化董事会的监督功能而发展起来的。其设立目的就是独立董事可以客观公正地对公司管理层行使监督权，从而较妥善地处理与管理层之间的利益冲突。[1]

（一）独立董事社会化的原因

在国有资本投资运营公司治理结构中，董事会是参照普通商事公司设置的日常经营管理机构。由于该类公司为国有独资性质，公司内部不设股东会，而且还被赋予了部分股东会的职权，所以在公

---

〔1〕 黄辉：《现代公司法比较研究——国际经验及对中国的启示》（第2版），清华大学出版社2020年版，第170页。

司内部董事会拥有很大的经营管理权，而且可以说其还有权决定公司在其级别以下的高级管理人员的聘用，因为国资委不直接干预公司内部管理，通常会尊重董事会的推荐和建议。因此，在委托代理关系中，董事会经过作为国有资本出资人代表的国资委授权，显然处在了代理人的中心地位。可见，解决该类代理人问题的关键就是要解决董事的代理问题。根据《实施意见》，间接授权的国有资本投资运营公司中的执行董事和外部董事都由国资委委派，董事长和副董事长在董事会成员中由国资委直接指定。剩下的职工董事则通过职工代表大会选举产生。由此可见，公司董事会中的大部分董事都由国资委负责委派。然而，国资委作为委托代理链条中的一个委托代理人，承担了国有资本出资人代表的职责，同时也是一个行政主体。如果说国资委在选任委派执行董事和外部董事时体现更多的行政意志，而不是从全民股东的利益出发，最终董事直接向上负责的股东又是国资委的话，其偏离全民意志的可能性也就非常大。相反，如果执行董事和外部董事不是通过国资委所谓的行政任命，而是由全民股东选任产生，董事的行为代表的是全民的意志，而不是体现行政意志，这样就将层层授权的委托代理关系缩到了最短。当然，即使代表全民股东的董事不是真正的全民，但至少因存在多重委托代理关系而产生的代理问题就有了有效的解决办法，公司治理结构也会有实质性的改进。其实，代理问题在很多国家的国有企业中都有存在，但其在董事会的成员构成上基本上都会控制政府董事的比例。比如法国和瑞典的非政府董事在董事会成员比例中比政府董事要高，而像丹麦、挪威、荷兰等国家的国有企业中甚至不设置政府董事。即便是我国学术界和实务界一直以来提倡学习借鉴的淡马锡公司，其董事会成员也从政府公务机构、下属企业、民间人士三个来源产生。[1] 而恰恰是这些国家的董事会治理模式取得了很大的成效。可见，董事会成员的构成改变政府董事单一属性，充分体现董事的全民性，能够改进公司的治理结构。

（二）社会化董事的形成

既然外部董事中需要一定比例的非政府董事构成，那么可以对外部董事中的独立董事进行社会化改革，使其成为社会化董事。社会化董事是国家股东授权给国有资本出资人代表国资委，并由其委派到国有资本投资运营公司董事会中的独立董事的"社会化"，从本质上说就是以体现"全民"性质的董事取代通过行政任命的董事。[2] 国有资本投资运营公司最上层的股东是全体人民，那么作为代理人的社会化董事肩负着全民股东的委托，代表全民股东的意志，参与公司治理中。但是这就涉及两个问题：一是选任哪些人，二是怎么去选。首先，由于社会化董事是由独立董事构成，既然代表全民股东的意志，那么其主要是行使监督权。加之独立董事制度的成熟运用，该类公司的社会化董事应当涵盖各行业、产业和领域，不受民族、性别、职业、家庭出身、宗教信仰、财产状况等的限制，具有一定的广泛性，但是其往往还是具有一定教育程度的专业人士。其次就是关于社会化董事选举程序的设计。其实早在2009年国务院国资委就发布了《董事会试点中央企业专职外部董事管理办法（试行）》（已失效），虽然这一办法仅针对中央企业，但是其对国有企业外部董事的选拔和聘用程序做了专门规定。然而仔细对照相关程序，发现基本上是一种行政主导的单方选拔程序。因

---

〔1〕 王建文：《论淡马锡董事会制度在我国商业类国有公司改革中的运用》，载《当代法学》2018年第3期。

〔2〕 蒋建湘：《委托代理视角下国企公司治理的改进》，载《法律科学（西北政法大学学报）》2014年第6期。

此，这种方式作为社会化董事的选任方式不可取。如果是由国资委或者内部董事来提名社会化董事会带来一些潜在问题，从而降低社会化董事的独立性。如果是由国资委和内部董事选任的话，往往会倾向于提名支持顺从自身意志的董事，这从源头上就削弱了社会化董事的独立性。而且一旦被提名的社会化董事知道自己的选任是由国资委和内部董事决定，持有回报之心的董事们就会在自己行使监督职权或者表达反对意见时人为带有倾向性的顾虑，这可能会影响其做出决策的公正性。因此，在选任时就应当以自荐或者社会组织他荐的方式，由专门的评审机构进行鉴定和遴选。当然在整个选拔的环节中，国资委作为组织者理应当参与其中并对全程进行监督。在全国范围选拔后，组建独立董事人才库。但不论是中央层面还是地方层面的国有资本投资运营公司，其股东都是全民股东，所以公司内部的社会化董事都可以在这个人才库中选任。

（三）社会化董事的管理

社会化董事一旦被选任并被委派到国有资本投资运营公司董事会中担任外部董事，从就职那刻起就应当接受董事会的统一管理。而其中就涉及社会化董事的激励、约束和监督。

通常社会化董事作为独立董事的属性，一方面决定了其独立于公司的高管团队，另一方面也表明其难以利用自己的职权在公司谋利。但是为了充分发挥该类董事的积极性，依靠什么去激发他们进行监督并提供相关咨询的动力呢？可考虑从以下三个方面实现公司社会化董事履行忠实义务和勤勉义务：第一，以激励机制调动积极性。报酬激励是社会化董事开展工作的前提，通过约定的报酬促使其积极主动地了解公司信息，参与公司董事会会议并进行决策等。但是也要防止过度的报酬激励相反会损害这类董事的独立性。第二，以法律法规来约束社会化董事的行为。在法律的制度框架下，其必须要遵纪守法，同时也要忠实勤勉地履行自身的法定义务。第三，以声誉机制形成激励与约束的合力。被选为社会化董事的人通常是在各自领域取得一定成就的精英人士，他们更加注重自己的成就和荣誉受关注的程度，因此可以促使他们在工作中独立、客观地履行社会化董事的职责。尤其是社会化董事本身就是从专门的人才库里选出的，如果其声誉不好就很可能会被除名，基于这样的形势，其势必会尽职尽责地完成相关工作。

尽管社会化董事作为外部董事，主要行使的是独立董事的职权，但同样要接受国家股东的监督。国资委作为国有资本的出资人代表，即国有资本投资运营公司的股东有权对其进行监督。如果国资委认为社会化董事的工作存在懈怠，或者发现其有失职行为，最后给公司造成重大损失的，可对社会化董事提出质询，甚至可以直接撤销其社会化董事的资格。而且如果出现导致国有资本流失等严重行为，国资委还可对其提起诉讼，要求其承担相应的法律责任。因此，在日常工作中，主要是考核社会化董事在其职位上的能力表现和业绩，可借鉴《董事会试点中央企业专职外部董事管理办法（试行）》第22条中的相关规定。比如，在年度评价或任期评价结果为不称职者，或者连续两个年度评价结果为基本称职者，或者履职过程中对国资委或任职公司有不诚信行为者，或者因董事会决策失误导致公司利益受到重大损失而本人未投反对票者等，可由国资委直接取消其董事资格并予以更换。

三、政府董事与社会化董事的制衡

董事会是一个公司的核心组成部分，董事会成员的构成对于董事会在公司治理中作用的发挥至关重要。按照《实施意见》的规定，在间接授权模式下的国有资本投资运营公司中，公司董事会的执行董事和外部董事都由国资委直接委派，并在董事会成员中指定正副董事长。鉴于国有资本投资运营公司性质和功能的特殊性，实行政府董事制度是出于降低国有资本运营风险及安全的考虑。而作为国有独资公司，国资委是公司的唯一股东，并基于授权将部分股东会权利授予董事会。同时，执行董事和外部董事又占据了董事会成员的绝大多数，出资人对董事会核心人选和主要人选就具有了很大的自主决定性，可能会使董事会的董事更多地代表行政意志，甚至成为国资委控制的代言人。这实际上是延长了委托代理链条，最终在公司的日常运营管理中难以体现出全民意志。因此，为了缩短国有资本的委托代理链条，进行社会化董事改革能够减少行政干预，提高决策效率，而政府董事基于国家股东的利益在行使职权时亦能倾向防范国有资本的运营风险，监督公司管理层的职权行使。当两者同时存在于董事会中时，基于不同的目的在行权时或多或少会产生冲突，这时就需要在政府董事与社会化董事之间构建制衡机制，权衡两者的关系。

政府董事是指通过国家授权后，代表国家履行国有资本出资人职责的国资委依据法律法规和公司章程，委派特定的自然人代表到国家出资的国有公司中担任的董事，这类董事将代表国家股东行使经营管理的决策权和执行权。有学者认为政府董事一般包括执行董事和外部董事。从法律角度看，政府董事虽由具有股东身份的国资委委派，但其是私法意义上国有股权的代表和经过股东授权的公司董事会的董事，不具有任何行政属性，也不列为政府官员。政府董事的行为受《公司法》和公司章程的约束。而社会化董事是国有股东委派到国有企业董事会的董事的"社会化"，通常社会化董事的对象主要指外部董事，也就是董事会中的独立董事。社会化董事制度对外部董事选择管理的法律依据是《关于国有独资公司董事会建设的指导意见（试行）》第 13 条和《董事会试点中央企业董事会规范运作暂行办法》第 26 条对外部董事资格的规定。那么国有资本投资运营公司的外部董事则应当在具有企业经营管理决策、财务会计、金融、法律、人力资源管理以及宏观经济等专业知识和实践经验的专家人士组成的专职外部董事库中遴选，以增强外部董事的全民性。借鉴淡马锡公司的董事会架构，公司董事会 12 名成员除正副董事长和执行董事外，外部董事人数达到 9 名并且全部来自各私营企业的高级管理者及相关行业领域的专家和精英人士，而且董事会中的专门委员会的主席由独立董事担任。[1] 除政府派出的股东董事代表国有资本所有者外，其他来自民间的高级管理和专业领域的人才则分别站在企业利益本身和企业管理专业技术的立场，各董事之间形成有效的监督与制衡。[2] 也就是要控制政府董事在董事会成员中的比例，同时要加大社会化董事的比例。

　　既然是授权，如果国有资本投资运营公司的董事都由国资委委派和任命，成为其意志的执行者，那么此时的授权就失去了意义。因此，鉴于公司的特殊定位，国有资本投资运营公司董事会的构架在上述政府董事与社会化董事之间的博弈中应当采取两者结合、各司其职的形式。即董事会中的正副董事长和执行董事仍由股东也就是国资委直接指定或委派，而外部董事则应通过社会化董事制度的

---

〔1〕 潘泽清：《完善国有资本投资运营公司治理结构的建议——基于对淡马锡模式的分析》，载《财政科学》2022 年第 12 期。

〔2〕 王建文：《论淡马锡董事会制度在我国商业类国有公司改革中的运用》，载《当代法学》2018 年第 3 期。

选拔。并通过建立"技能矩阵"[1] 的方式实现董事会外部董事的多样化，最终构建外部董事的最优组合。按照"技能矩阵"的要求，可以根据董事会外部董事的工作经验、教育背景、专业和擅长领域等特点与国有资本投资运营公司资本运作等业务及战略规划进行比对，通过比对后突出外部董事成员所欠缺的部分，最后根据公司业务所需确定哪种人才来担任外部董事。只有这样，才能在国有资本投资运营公司治理中控制过度的行政性干预。政府董事与社会化董事相互制衡有利于完善董事会治理，可以保障国有资本投资运营公司以其自治意思追求经济效益，实现国有资本的保值增值。

---

〔1〕 "技能矩阵"（Skill Matrix）是管理学上关于团队建设的一种工具，其作用是为确保公司正常有效地运营将管理层成员看成一个完整的团队，根据管理层成员岗位所需的知识和能力等要求，计算成员的实际水平与需求之间的差距并提出今后该团队成员所需的发展建议和人员配置建议，最终构建管理层成员的最优组合。

第四章

国有资本投资运营公司经理层治理

经理层是公司的重要机构之一，也是公司治理结构中的一个组成要素。经理层对内管理公司的日常事务，对外以公司代理人的身份从事民商事法律行为。[1] 经理层主要是指公司的高级管理人员，其在董事会的授权范围内对公司业务行使经营权、管理权和执行权以及公司的代理权，并负有对公司的忠实义务和注意义务。国有资本投资运营公司的经理层一般由董事会聘任，经理层人员根据董事会的授权负责公司的日常运营管理。作为国有独资的有限责任公司，国有资本投资运营公司经理层的具体职权包括公司日常业务的执行权、公司经营事项方案的拟订或制定权、人事任免权以及公司对外业务的代表权。然而在经理层人员的任命上，《实施意见》规定了国有资本投资运营公司的领导班子及其成员由中央管理或者按照干部管理权限确定，这与《公司法》第174条"国有独资公司的经理由董事会聘任或者解聘"似乎存在冲突。经理层管理人员由政府或党委进行任命管理，行政属性较强，因此经理层人员不拥有剩余索取权，所以其在公司的日常运营管理活动中可能会采取事不关己的态度，这容易导致公司运营管理混乱和低效。由于"党管干

---

〔1〕 赵万一、华德波：《公司治理问题的法学思考：对中国公司治理法律问题研究的回顾与展望》，载《河北法学》2010年第9期。

部"原则是党组织参与公司治理，发挥领导核心作用的重要体现。因此公司在经理层选拔和管理上应当找到党管干部原则与市场化选人机制的平衡点。

第一节　经理层契约化治理面临的问题

国有资本投资运营公司作为市场化运营国有资本的专业化公司，为了更好地运作国有资本、防范和规避投资风险，按照国家对国有企业引进职业经理人以及经理层人员契约化管理的相关规定，更应当开展契约化治理。经理层是指在所有权与经营权相分离的现代公司制度下，实际掌握公司经营权的人。虽然公司董事会在整个治理结构中承担了主要的经营决策权，但是实际运营过程中具体的运营事务还是通过经理层去进行的，因此管理层具体的经营权和执行权就落到了经理层。然而，我国国有企业并未形成一个相当完善的职业经理人市场，或者有完善的契约化管理措施，经理层人员的自由流动和自身价值的实现存在一些问题，进而影响公司治理水平和效率。

一、经理人身份双重属性的异化

目前，我国国有企业中的经理人选任多数是通过其在国有企业中干部职务进行的权利对等的身份转换。但从实际情况看，很多国企干部进行身份转换的意愿不强。原因在于干部身份属于行政职务，相对来说比起企业的管理者更加舒适，尤其是不需要承担直接运营国有资本而面临的投资风险，所以其身份转换的积极性不高，尤其是市场化薪酬激励欠缺，很难直接从企业内部选拔产生经理层成员。而通过市场化选聘的方式在国内职业经理人市场选聘专业人才来担任经理层的职务也面临着难题。本身国内职业经理人市场并不成熟，暂时也难保证有充足的符合任职资格的人选来补位。即使当前正在推广任期制契约化管理和职业经理人制度改革，也很难在短时间内形成有效的替代性供给，所以难以选拔到专业性强且能运营国有资本的专门人才。当前我国国有企业整体都在进行市场化改革，但是以往行政化色彩仍然贯穿在公司治理中，这样导致通过市场化选聘的职业经理人一时难以适应，即使有过硬的专业能力和管理水平，也会出现水土不服的现象。

2017 年发布的《中共中央、国务院关于营造企业家健康成长环境弘扬优秀企业家精神更好发挥企业家作用的意见》单独以专门文件的形式首次提出了"国有企业家"的概念，并要求国有企业家要更好地肩负起经营管理国有资产、实现保值增值的重要责任，做强做优做大国有企业，不断提高企业核心竞争力。虽然目前我国国有企业的高层管理者们在现代公司治理规则下通过市场化改革逐渐体现出冒险、创新的企业家特质，但是也保有深谙中国国情的行政官员的本质。可以说，在市场经济与现有体制机制的相互作用下，两种话语体系的矛盾并存。实际上，在现有体制框架内解决这种内在冲突，以实现两者之间的平衡，需要依靠经理层人员的信仰。上述两种话语体系交织意味着要通过行政任命可靠的干部担任国企重要职务以增强党在国有企业中的影响力，同时这些干部应以专业主义实现市场化管理绩效。不应忽视的是，企业家精神不是单纯的企业管理问题，企业管理者未必是企业家，也不一定具有企业家精神。党的十八届三中全会提出"建立职业经理人制度，更好发挥企业家作用"，明确地将企业家与"企业经营管理者""企业领导人员"等称谓区别开来，这是因为真正的企业家要能够承担商业风险，其决策承担着政治声誉、社会声誉及职业声誉等巨大压力。[1]
因此，面对行政权力和市场经济的合体，集"经济人"和"政治
人"于一身的国有资本投资运营公司的经理层管理人员，需要配置
和运作国有资本。因为具有多重专用性的资本品必须以特定方式组
合配置才能实现资本效率最优，而这个决策者就来自公司的经理
层，但是需要明确的是国有资本的运作不单单是获取收益，它还承
载着国家的特定战略定位和发展目标。然而如果需要公司经理层人
员增强企业家精神，在很大程度上仍取决于政府减少行政干预，也
就是简政放权以减少官僚主义束缚。但就目前来看，公司经理层高
管身份属性往往包含了行政属性和市场属性，这种双重属性身份的
异化容易导致降低国有资本经营效率。当然上述情况主要是从内部
选拔的经理层人员中产生。而通过市场化选聘的高管在公司经理层
的任职，可能会因由上而下的行政化氛围和国资委带有行政属性的
监管，在专业化经营国有资本时受阻。

二、市场化薪酬激励机制难以实现

目前，国有资本投资运营公司的经理层成员很多带有行政级
别，甚至在政府机构和其他国有企业交叉任职。比如，作为国有资
本运营公司的诚通集团，该公司的几位副总经理除了在诚通集团任
职高管外，基本都是正处级以上的干部，有的还兼任了其他国有企
业的经理或者专职监事。上述身份体现了经理层成员与公司之间的
薪酬契约带有行政色彩，因此也就容易割裂绩效与薪酬之间的关
系。正因为经理层高管身份的特殊性，其在履行职责时只有将政治
任务放在首位，才会考虑公司的经济效益。而其中，经理层高管因

---

〔1〕 王仲兵：《深化国有企业改革与国有资本出资人制度研究》，经济科学出版社
2018年版，第96页。

为国有资本投资运营公司通过资本运作获取超额收益而得到丰厚的薪酬。如果按照市场化薪酬机制的本质看，国资委作为国有资本投资运营公司的出资人有权对经理层人员进行薪酬激励，而经理层人员的选任通常由公司董事会代表国资委进行市场化选任。然而在现行公司中经理层高管虽被赋予经理人的职权，但其同时还要履行组织安排的行政职务，实则是非完全的职业化经理人，甚至有的经理人还是公司党委班子的成员。这种非职业化的特性导致公司经理层高管缺乏长期激励机制。而且对于带有政府官职的经理层人员按照市场化薪酬机制来管理往往也有失公平，这也是我国针对国企高管不合理高收入通过限薪和减薪方式进行规范的原因。同时也由于公司经理层成员并非完全按照市场化选聘的职业经理人制度选聘，所以不能适用市场薪酬激励机制，有时甚至容易造成国有资本的流失。

三、经理层权责缺乏明确界定

一般来说，公司对职业经理人进行任期制和契约化管理是通过劳动合同确立劳动关系，并在合同中明确了职权和业绩考核目标，同时也应包含与业绩考核紧密挂钩的激励约束和引进退出机制。然而在实际中，经理层往往会出现经营管理权限界定不明的情况。按照《公司法》针对经理层的职权规定，国有资本投资运营公司同样适用该条款，但是基于其国有独资公司的特性，公司经理层的职权并未结合上述特性做出更加准确的规定。当按照契约化管理的经理人通过市场化选聘入职后，其有时难以独立自主地开展经营管理工作。因为在公司治理结构中，党组织要发挥把方向、管大局、保落实的领导作用，董事会是经营管理的决策机构，经理层是执行机构。国有资本投资运营公司经理层的权责应当从战略定位、经营管理、财务投资和组织人事四个方面厘清。具体来说，经理层需要执行董事会决议，并向董事会汇报工作，执行董事会批准的战略方案，管理控制战略实施进度、过程；制订年度经营计划，并报董事会审批，在实施年度经营计划、战略的过程中，有效配置国有资本；提出公司预算、决算方案，执行董事会预决算决议，负责日常财务管理、汇总财务报表，在董事会授权范围内决定对内、对外投资等；拟订公司内部机构调整方案，提出副总经理、财务负责人人选，聘任、解聘其他员工，制定员工报酬制度以及员工奖惩考核制度等。但在现实中，因为经理层在公司的任期目标和年度经营技术指标最终能否如期按质完成，除了与经理层自身管理水平和执行能力有关外，可能在更大程度上还取决于公司董事会的经营决策能力、外部宏观环境或市场垄断程度。所以有很多经理层人员因为担心担责而把本应自己决策执行的事项也提交给董事会或党组织决策。这充分体现出经理层怕担责、不履职的问题，但更多是因为董事会与经理层权责划分不清而导致的。

第二节　经理层契约化治理的市场化向度

经理层契约化治理主要是指国有企业经理层人员任期制和契约化管理，是在构建中国特色现代企业制度中的一种新型经营责任制度。在《国企改革三年行动方案（2020—2022 年）》中，该项制度被认为是国企改革的重要举措之一，也是充分贯彻落实党的二十大提出的"深化国资国企改革"和"完善中国特色现代企业制度"要求的重要抓手，具有重要意义。因此，在国有资本投资运营公司经理层进行治理时，对经理层人员实施任期制和契约化管理，作为推行职业经理人制度的基础性制度，有利于激发公司的内生活力，推动建立健全市场化经营机制，最终提高治理效率。

一、契约化治理的变革历程

国有资本投资运营公司经理层进行契约化治理，其内容是以任期制和契约化管理为主，具体来说就是对公司经理层成员实行的，以固定任期和契约关系为基础，根据合同或协议约定开展年度和任期考核，并以考核结果分配薪酬以及实施聘任（或解聘）的管理方式。目前主要经历了开始试点、制度构建、全面推进三个阶段。[1] 当前三个阶段逐渐呈现出相关政策框架日趋翔实完善，推行力度也以点带面全面推进的特点。

（一）开始试点阶段（2013—2015 年）

2013 年，党的十八届三中全会通过的《中共中央关于全面深化改革若干重大问题的决定》提出要建立职业经理人制度。为贯彻落实党的十八届三中全会和习近平总书记系列重要讲话精神，为了充分保证职业经理人制度在国有企业进一步建立、落实和开展，地方政府开展先行试点工作。2013 年中共上海市委、上海市人民政府出台了《关于进一步深化上海国资改革促进企业发展的意见》，率先全面推行国有企业领导人员任期制契约化管理，同时要求明确责任、权利、义务，严格任期管理和目标考核。依据上述文件，上海市国资委出资的国有企业从 2014 年下半年开始，全面启动任期制契约化管理的推广和建设，具体工作就是将经理层的任期考核结果与其职务任免激励约束相挂钩，建立了国有企业经理层人员"基本薪酬+绩效薪酬+任期激励"的薪酬激励制度和通过财务审计、信息披露的约束机制。通过试点工作的开展，检验职业经理人制度

---

〔1〕 武鹏：《国有企业任期制契约化管理改革的推进历程与完善建议》，载《理论学刊》2022 年第 6 期。

和经理人任期制契约化管理的实施情况。

（二）制度构建阶段（2015—2020 年）

2015 年印发的《中共中央、国务院关于深化国有企业改革的指导意见》作为新时代国企改革的纲领性文件，提出要"推行企业经理层成员任期制和契约化管理，明确责任、权利、义务，严格任期管理和目标考核"。这也是继在上海进行试点工作后，将地方实践提升到全国层面并加以推行。2015 年出台的《国务院关于国有企业发展混合所有制经济的意见》中提出"职业经理人实行任期制和契约化管理，按照市场化原则决定薪酬，可以采取多种方式探索中长期激励机制"，基本明确了先在混合所有制企业中推进任期制和契约化管理的改革。2017 年出台的《国务院办公厅关于进一步完善国有企业法人治理结构的指导意见》中明确表示，"国有独资公司经理层逐步实行任期制和契约化管理"。这也意味着任期制和契约化管理的实行范围在政策层面开始向国有独资公司扩展。2018 年国企改革"双百行动"正式启动，再次强调国有企业推进任期制和契约化管理改革的重要性，提出"双百企业"要"全面推行企业经理层成员任期制和契约化管理……激发和保护企业家精神，更好发挥企业家作用"。通过前期的试点改革及取得的成果和经验上，国有企业经理层任期制和契约化管理改革工作开始向纵深推进，并形成系统的制度。2019 年印发的《国务院国有企业改革领导小组办公室关于支持鼓励"双百企业"进一步加大改革创新力度有关事项的通知》，进一步要求"各中央企业和地方国资委要指导推动'双百企业'全面推行经理层成员任期制和契约化管理"。这表明作为国有资本监督管理机构的国资委被明确赋予推进其出资企业进行经理层任期制和契约化管理改革的职责。2020 年国务院国有企业改革领导小组办公室印发了《"双百企业"推行经理层成员任期制和契约化管理操作指引》和《"双百企业"推行职业经理人制度操作指引》，目的在于有效激发市场主体活力。两个操作指引的出台标志着国有企业经理层任期制契约化管理和职业经理人制度的相关政策体系趋于完善，也为国有企业推动经理层治理改革提供了制度支撑和流程指引。

（三）全面推进阶段（2020 年至今）

2020 年 6 月，《国企改革三年行动方案（2020—2022 年）》明确要求三年内国企改革要落实完成八项重点工作，其中之一便是国有企业子企业经理层成员全面实行任期管理，签订聘任协议和业绩合同，按照约定严格考核、实施聘任或解聘、兑现薪酬，相关工作到 2022 年须全部完成。至此，任期制和契约化管理改革以及职业经理人改革进入到全面推进阶段，不仅初步形成了明确的时间表和路线图，而且成为所有国有企业改革的必选项。2021 年，国务院国有企业改革领导小组办公室印发《关于加大力度推行经理层成员任期制和契约化管理有关事项的通知》，针对实践中出现的签约主体不明确、目标设定不科学、考核结果在薪酬挂钩和岗位调整方面应用不刚性等问题提出了十点具体要求，并督促各中央企业和各地国资监管机构加大督查督办和考核评估力度，同时将全面推行任期制和契约化管理的时间要求提前至 2022 年 6 月底。国务院国资委召开国有企业经理层成员任期制和契约化管理专题推进会，要求各中央企业和地方国资委按照相关规定进一步落实和开展在国有企业经理层进行任期制契约化管理和以市场化选聘职业经理人的具体工作。

二、契约化治理的制度支撑

（一）政策性文件的规范和强化

党的二十大报告就明确提出要"完善中国特色现代企业制度，

弘扬企业家精神"。企业家是经济活动的主要参与者，对市场主体活力的激发至关重要，有利于建设高水平的社会主义市场经济，能够积极推进新时代中国式现代化的发展。其实关于国有企业经理层进行契约化治理的改革并不是党的二十大之后才被列为重点改革事项，早在党的十八届三中全会上就已经提出了改革路径。该会议报告提出，国有企业要"建立职业经理人制度，更好地发挥企业家作用"。2015 年，中共中央办公厅印发《关于在深化国有企业改革中坚持党的领导加强党的建设的若干意见》指出："进一步完善坚持党管干部原则与市场化选聘、建立职业经理人制度相结合的有效途径，推进职业经理人队伍建设。推行经理层成员任期制和契约化管理。"2017 年印发的《国务院办公厅关于进一步完善国有企业法人治理结构的指导意见》提出要建立规范的经理层授权管理制度，国有独资公司经理层逐步实行任期制和契约化管理。2020 年，国务院印发《"双百企业"推行职业经理人制度操作指引》和《"双百企业"推行经理层成员任期制和契约化管理操作指引》针对国有企业中推行职业经理人制度及契约化管理提出了具体规定，目的就是要改变以前国有企业管理经理层时，没有契约或者契约规范不具体、执行不严格等原因导致的治理问题的出现。虽然该操作指引主要针对双百企业，但对于有条件推行的国有企业来说同样适用。国有资本投资运营公司作为专门运营国有资本的市场化平台公司，其经理层人员往往都是专业进行资本运作的企业高管，只有通过契约来约束与激励他们才能保障国有资本的高效运营。而目前已有的政策性文件也为其提供了具体的操作方案。2021 年，国务院出台了《关于加大力度推行经理层成员任期制和契约化管理有关事项的通知》，其强调通过契约化管理构建基于中国特色现代企业制度的新型经营责任制来做强做大国有资本，进一步说明了经理层进行任期制和契约化管理是今后国有公司经理层治理的重要方向。

（二）法律法规及规范性文件的方向指引

2022 年发布的《公司法（修订草案二次审议稿）》，对 2018 年《公司法》第 1 条做了修改，即在立法目的中新增了"完善中国特色现代企业制度，弘扬企业家精神"这一内容。虽然该条内容只是宏观叙述，但是从方向上指明了我国国有资本投资运营公司在公司治理方面的改革目标。

三、行政性高管向企业家型高管转变

国有资本投资运营公司作为特殊的国有独资公司，其公司行为同样受到《公司法》及其他相关法律法规的约束。《公司法》第 174 条规定国有独资公司的经理由董事会聘任或者解聘。而《实施意见》治理结构部分对经理层的规定，间接授权的国有资本投资运营公司属于中管企业的，其领导班子及其成员的管理按照干部管理权限确定；直接授权的国有资本投资运营公司的领导班子及其成员由中央党委管理。按照上述对经理由中央管理，属于非中管的中央企业的，其领导班子层的规定实际操作起来可能会产生一定的冲突。因为经理层管理人员若由政府或党委进行直接任命管理，行政属性较强，并且属于中管干部序列，不拥有公司的剩余索取权，就很可能会采取事不关己的态度，容易导致公司日常运营管理的混乱低效。究其原因是按《公司法》规定的市场化选人用人原则与《实施意见》中要求党管干部原则的运用失衡。而这两个原则的平衡点主要体现在两个方面：首先，市场化的职业经理人体系应当与我国国企的人才和干部体系进行合理转换。因为中国特色现代国有企业制度是把现代企业制度和我国特殊国情相结合形成的，在公司治理机构中要想以市场化方式建立职业经理人制度必须实现国有企业人才体系从行政化向市场化的转变。其次，在坚持党管干部原则下进行市场化选人用人，具有市场化、专业化和职业化身份属性的职业经理人必须通过合同形式的契约管理实现。市场经济的法治精神主要体现为契约精神。国有资本投资运营公司虽然是国有独资公司，但其是以市场化运作国有资本的商事公司来参与市场经济活动的。在市场经济活动中，往往交易风险越高，就越需要契约来保障。在公司自上而下的多层授权关系中，不论是行政授权还是民事授权，委托人与代理人之间的授权关系都充分体现出契约关系。

因此，国有资本投资运营公司经理层的契约治理既是我国建立现代企业制度的客观需要，也是国有企业探索市场化道路的必然选择。这种契约治理主要是以一种刚性约束力和较强的激励机制来进行经理层治理。具体包括，依据《民法典》合同编等相关法律法规和公司章程，按照法律程序，采用契约合同的形式约定公司经营管理者的任期以及任期内的工作目标和奖惩措施等内容，明确契约双方的权利、责任和义务，并规范其管理行为，对其进行有效监督。当然，党管干部原则是党组织领导作用在国有资本投资运营公司治理中的落实和体现。经理层的契约治理可以嵌入党委对经理层高管的日常监督管理和考核评价等流程。但是在层层授权的契约关系下，经理层中基于行政任命的公务员型高管应当逐步向基于市场化选聘的企业家型高管转变。这种转变的实现路径主要集中在内部转化和外部选拔两方面。内部转化的关键是将具有行政级别并担任公司经理层高管的干部直接转化为职业经理人或者是从干部中培养出职业经理人，同时要淡化之前已有的行政级别和干部身份。而外部选拔则完全是以市场化选聘方式面向全社会公开招聘，或者按普通商事公司的选人方式，由猎头公司代为选拔。

第三节 契约治理下企业家型高管约束与激励机制的调适

一、企业家型高管的约束机制

当现代公司要求所有权与经营权分离时，作为公司经营管理的执行者——经理层被赋予了更多的自由裁量权。而在信息不对称的基础上，经理层在公司日常经营管理中行使直接执行权，这就极大可能让其在自身管理行为中为了牟取私利而进行利益寻租。此时，为了避免经理层权力滥用，作为委托人的股东会必须采取有效措施来约束经理层的"过激行为"，并通过董事会对其形成制衡，从而防止治理风险的出现。作为专门运营和管理国有资本的国有独资公司，为了防止国有资本流失或恶意侵占，可在现有的公司治理制度中构建企业家型高管约束机制。

（一）企业家型高管约束机制构建的正当性

目前，国有资本投资运营公司是市场化运营国有资本的公司制企业，虽然学术界关于这类公司是否应单独立法而不适用公司法规制存在争议，但是就《公司法》来看，立法者暂未有将国有独资公司从《公司法》中剥离之意。因此，国有资本投资运营公司的日常经营管理仍应按照《公司法》中的相关规定来执行，同时辅以《企业国有资产法》和其他规范性文件、政策性文件的约束。

1. 法律法规对经理层权责的规范

《公司法》对经理层在公司中的基本权利进行了规定，但同时也对其应承担的责任做出了约束。比如，《公司法》第 180 条规定公司高级管理人员对公司负有忠实义务和勤勉义务，第 188 条规定高级管理人员执行公司职务时因违法违规给公司造成损失的，应承担赔偿责任。但是从上述条款来看，公司法针对经理层高级管理人员仅作出原则性规定，没有规定具体应承担的责任，操作细节也不完善。比如说赔偿责任的条件、范围等是非常不明确的。于是《企业国有资产法》与《公司法》进行了衔接，尤其是国有独资公司前续按照公司法的相关规定进行了权责框架的基本搭建，同时通过专门法规予以补充说明。在《企业国有资产法》中，国家出资企业的高级管理人员对企业负有忠实义务和勤勉义务，不得利用职权收受贿赂或者取得其他非法收入和不当利益，不得侵占、挪用企业资产，不得超越职权或者违反程序决定企业重大事项，不得有其他侵害国有资产出资人权益的行为。而对经理层高管责任的追究和承担也进行了规定。尤其是提出要对高管进行年度考核和任期考核，并根据其制定奖惩规则和薪酬标准，而且还要接受专门的审计。但由于国有资本投资运营公司建立企业家型高管，需要剥离之前行政化的公务员身份，除了公司法和企业国有资产法外，还应当有相应的特别法律来规制。

2. 公司章程对经理层权责规范的补强

通常，公司章程作为公司的"宪法"，它规定了国有资本投资运营公司职业经理人在公司履行职责时必须遵守的基本准则。这是《公司法》赋予公司开展内部自治的权力。《公司法》第 5 条规定："设立公司必须依法制定章程。公司章程对公司、股东、董事、监事、高级管理人员具有约束力。"因此，除了《公司法》的基本约束以外，经理层在公司内部治理中的行权还须遵守本公司章程中细化的规则，而不能滥用被赋予的经营自主权。同时，公司章程还会根据公司特征制定专门约束经理层的责任，可以说在一定程度上公司章程对经理层权责的规范起到了补强作用。

（二）企业家型高管约束机制的构建

1. 构建企业家型高管制衡机制与公司治理相衔接的控制系统

国有资本投资运营公司治理的目标是实现国有资本保值增值和防止国有资本流失。如果对公司经理层高管进行有效制衡，且与公司治理结构各主体有机衔接，能够强化公司内部风险的控制。也就是说，在现有公司治理框架中从上到下形成全面控制与激励系统，基于授权委托关系，将公司股东的决定和指令真实、准确地传达到经营管理的各层级并执行。通过授权经营机制与责任追究机制的结合，既授予经理层高管公司法和公司章程等规定的自主权，同时也对因职务违法行为或未尽注意义务造成经营损失须承担的法律责任予以规定。通过系统化的控制，形成内部约束。即公司董事会作为国资委的代理人，代表国资委对公司重大事项进行决策并监督执行机构。其有权任免经理层高管，对职业经理人的工作有决定权和质询权及评价的权力。监事会则有权监督职业经理人执行经营决策的情况，可对其损害公司利益的行为予以纠正。党委会也有权监督和检查职业经理人遵守党规党纪，执行党的方针政策的情况。由此可见，上述内部约束机制的形成主要针对经理层高管在行使执行权、决策权的行为是否合法合规，是否损害公司利益，从而制止经理层高管在行权、决策中出现机会主义，防范内部人控制。

2. 加强和完善企业家型高管的经济责任审计制度

沿用现代公司两权分离理论，国有资本投资运营公司的财产所有权与经营控制权也是相分离的，这容易使公司中实际管理者忽略国家股东的利益。针对上述情况，可以引入经济责任审计制度作为专门针对经理层高管的监督和纠偏纠错的有效形式。为了预防或避免国有资本的投资经营风险，加强对经理层高管的绩效考核，强化其责任意识，通过对经理层高管建立财务审计、内部审计和外部审计的监督机制，从而加强对其的约束。但关于经理层高管在公司重大事项决策、执行的审计主要以外部审计为主，然而《公司法》中关于上述内容缺乏相关规定。而内部审计一般都是由董事会下设的审计委员会来行使，但其客观性和权威性暂时难以得到应有的保证。因此可以考虑，内部审计的范围不应仅仅停留在财务真实性的审计上，而应进一步扩大到经理层高管的决策和执行上。同时将上述审计与经理层高管的任免和薪酬挂钩，一旦发现违法、违规和违纪行为应当及时将情况上报给董事会，从而防止经理层高管在经营管理中进行权力寻租，造成国有资本的流失或侵占，损害国家股东的利益。

二、企业家型高管的激励机制

（一）企业家型高管激励的缘起

在两权分离的现代公司制企业中，不占有或者仅少量占有公司股份的经理人掌握了公司的经营权，形成股东会与经理层之间的委托代理关系。作为以自身效用最大化为目标的理性人，经理人完全有可能凭借其掌握的公司经营权，利用具有信息优势的有利地位，以损害股东利益的方式追求个人利益，导致出现严重的代理问题。股东会与经理层之间的代理问题是公司治理问题的重要表现，现实中，经理人对公司的内部人控制甚至成为公司治理亟待解决的问题之一。有研究表明，在英美等股权充分分散的资本市场中，经理人不但掌握了公司经营权，还能够控制股东会、董事会等公司治理机制的运作，甚至公司支付给经理人的薪酬在很大程度上都是他们自行决定的。上述情形是普通商事公司中出现的典型治理问题。虽然国有资本投资运营公司属于国有独资公司的特质性不会赋予和放任经理层权力扩充，因为其极大可能在进行市场化选聘经理人时就已经限缩了经理层的职权，或者通过党组织和董事会进行了双重监督，但是经理层出现的治理问题仍不可避免地会出现。事实上，改善公司治理，监督和激励二者缺一不可。在某种程度上，有效激励的作用甚至会超过严格的监督。一个很重要的原因在于，在高速发展的现代社会中，监督所依赖的规则和制度永远是落后于实践的。面对快速变化的内外部环境，对经理人行为的过分约束可能导致经理人在经营管理中畏首畏尾，错失公司发展机会，损害企业价值。此外，监督只能保证"合规"，而未必能够实现"卓越"。要想实现国有资本保值增值目标，必须充分调动经理人的积极性，充分发挥其主观能动性。而按照管理学中的相关学术观点，经理人充分发挥主观能动性对公司价值的创造和提升作用可能要远远超过经理人在严格监督下谨小慎微、一切按制度决策的情况。所以，如果能够设计一套完美的激励机制，使得经理人利益与国家股东利益保持高度一致，经理人就能够自发、主动、完全地以国有资本的保值增值作为目标行事。

（二）经理层激励机制的域外比较

1. 英美模式下的经理层激励

该模式主要以英国和美国等国家为主。在英美模式下，公司治理的主要问题是股东与经理人之间的代理问题，一般采取市场主导型的公司治理模式，依靠高效运行的资本市场、控制权市场和经理人市场，对经理人进行有效监督和激励。尽管以高昂的薪酬水平闻名于世，英美模式的经理人激励通常以股票期权为主，固定工资在经理人激励中占比较低，经理人实际薪酬高低与公司股价表现直接相关。当公司股价上扬时，经理人可以行使股票期权，利用行权价与实际股价的价差获益。对于不努力的经理人，股东通常很难直接干预，而是采取"用脚投票"的方式卖出公司股票，寄希望于市场机制对经理人施加约束。

2. 德日模式下的经理层激励

采用该模式的典型国家有德国和日本等国家。这些国家既重视银行对企业的资金支持，也强调企业间紧密合作，在文化上倾向于统治权集中，强调共同主义。在德日模式下，商业银行是公司的主要股东，股权向法人集中，股东采用主动的、积极的模式参与公司治理，采用"用手投票"的方式对经理人进行监督。德国对经理人的激励主要采取经济手段，向经理人提供高额薪酬、优厚的退休金和抚恤金，薪酬与利润挂钩。而日本公司的经理人薪酬则相对较低，而且通常采用逐年递增的年功工资制，对经理人主要采取事业型激励，包括职务晋升、终身雇佣、荣誉称号等。

（三）企业家型高管激励机制的构建

国有资本投资运营公司作为专门运作国有资本的市场化专业平台，应以现代商事公司的标准结合国有独资公司自身的特点来构建国有企业家型高管的激励机制。

首先，国有企业家中长期激励机制的建立。公司通过经理层高管打破传统经营管理办法而采用创新手段获取的收益一般具有滞后性，很可能出现该高管在任期制的契约化管理中，劳动合同已经到期，但其之前对公司大刀阔斧地改革而产生的结构性收益无法在短期内显现，这将导致高管们的积极性和创新性受到打击。而国有资本的运作本身就存在较高风险，相反也能给公司带来庞大的收益。建立中长期激励机制，有利于高管们更好地履行职责。所以将国有资本投资运营公司的战略目标分为短期和中长期，再将这些不同阶段的战略发展目标与高管们的业绩考核挂钩，进一步细化为年度业绩考核、三年战略指标考核、五年任期考核等不同时期的考核目标。这样才能充分发挥企业家型高管的创新意识，强化其经营管理职责，使公司能够持续稳定地发展。

其次，国有企业家精神激励机制的构建。[1] 一般来说，企业家本身能承担投资等商业风险，同时其在经营管理中做出的决策还须考虑政治声誉、社会声誉和职业声誉。国有资本投资运营公司通过契约化管理或者市场化选聘的职业经理人一般会从专家库中选出，并由作为国有资本出资人的国资委把关。因此可考虑建立类似诚信档案的职业生涯信息电子化档案，其中专门记录了其在公司的任职情况和具体的奖惩情况等。而且上述信息应在相关系统平台中披露公开，加强激励效果，进而促使公司企业家型高管们极具使命感、归属感和荣誉感。通过这种区别薪酬激励的方式，公司经理层的高管既能保持一定的政治意识，明晰公司在国资国企改革中的重要作用，也能促使其改变墨守成规的心态而持有创新精神，并在百年未有之大变局下时刻以国有资本保值增值以及国有资本做强做大为核心目标。

---

〔1〕 姜付秀、王莹、李欣哲：《论国有企业的企业家精神》，载《中国人民大学学报》2021 年第 5 期。

第 五 章

党组织有机融入公司治理的
特殊范式与制度进路

党的二十大报告指出"推进国有企业、金融企业在完善公司治理中加强党的领导",以及 2022 年中央经济工作会议强调"提高国企核心竞争力""完善中国特色国有企业现代公司治理",都充分表明了新一轮国资国企改革的目标和价值取向。强化党的全面领导与国有公司治理有机融合,正是习近平总书记以中国式现代化持续深化国资国企改革重要论述的体现,是新时代全面加强党对国企领导的根本要求,是完善中国特色现代国企制度的必由之路。2023 年修订后的《公司法》实现了党建进法律,凸显了其在立法层面的方向性,但在国有资本投资运营公司内部党委会与董事会、经理层之间仍未充分实现有效融合。因此,加强党的全面领导与公司治理的有机融合,正确处理加强党的建设与完善国企法人治理结构的关系是新时代开展新一轮国资国企改革的主要面向。在公司法律制度供给与国企兼具公共性和营利性的特殊制度需求的错配下,将权力治理为核心的政治结构和政治关系的制度安排与商事法律制度实现协同与融合,可弥补现行商事法律规制的不足,但也面临公司治理权力重新分配与制衡的问题。如何实现党的领导与公司治理的有机融合既是加强国企党建与探索建立中国特色现代国企制度的新场域,也是新一轮国资国企改革亟待解决的理论和实践问题。

第一节 党组织融入公司治理的基本面向与现实困境

一、党组织融入公司治理的基本面向

(一) 党组织融入公司治理的权责定位

1. 决策权——"三重一大"和"党管干部"

"三重一大"是指重大决策、重要人事任免、重大项目安排和大额度资金运作事项。而参与重大问题决策是《中国共产党章程》赋予国有企业党组织的重要职责,也是党组织发挥政治核心作用的基本途径。国有资本投资运营公司是独立的法人,并不是政府某个职能部门的延伸。因此,党组织对公司治理中的重大问题参与决策不是要代替董事会的职能,而是提建议、提意见,这是在更高层面上对公司经营发展的重大问题进行宏观驾驭。因此,公司党组织参与重大问题决策,首先要支持和维护董事会在公司治理机构中对公司内部重大问题统一决策的权利,同时又要保证自己的意见和建议在这些重大问题决策中受到尊重和充分体现。党组织参与公司重大问题决策的主要内容包括企业的发展战略和规划、生产经营管理、财务预算决算、资本运作、人事安排调整等几大方面。在参与重大问题决策的过程中,党组织遵循"党委决定、程序表达、依法决策、体现主张"的方针,主要途径就是实行"双向进入、交叉任职"的领导体制。尤其是对于"三重一大"事项还需要坚持领导层的集体决策原则,明确该类事项的决策规则和程序。

"党管干部"的原则,是中国共产党长期坚持的一项重要原则,是党的组织路线为政治路线服务的一项有力保障。在国有资本投资运营公司治理中,党组织坚持"党管干部"原则是实现党对该类公

司政治领导的重要组织保证，是加强国有资本投资运营公司党员干部队伍建设的一条重要原则。同时，国有资本投资运营公司也是我国经济建设的主战场，从某种程度上说，其改革发展状况直接影响和决定着我国社会主义现代化的建设进程，关系到整个国民经济的发展。而且一个企业的兴衰成败，在很大程度上取决于企业的经营管理者。然而"党管干部"的原则首先必须在宪法和法律的范围内实施，符合法律的要求，不与法律冲突。《公司法》及公司章程中都明确规定了股东会、董事会以及经理的任免权，并赋予了法律效力。党组织必须尊重和维护法律赋予他们的权利。因此，党组织在公司治理中的选人用人机制既要坚持"党管干部"原则，又要依照《公司法》及公司章程中的有关规定，与董事会选聘经营管理者以及经营管理者依法行使用人权相结合，把组织考察推荐与市场化选聘经营管理者相结合，使企业经营管理人员选拔任用制度化、规范化、程序化，最终切实发挥党组织在干部选拔任用中的主导和把关作用。

2. 管理权——双向进入、交叉任职

党组织是按照"双向进入、交叉任职"的原则融入公司治理的各个环节，是已经被国企在公司治理实践中检验过的可行的制度安排。[1] 国有资本投资运营公司也应基于"双向进入、交叉任职"的原则，完善公司党委会人员的配置。但由于国有资本投资运营公司的董事会主要由外部董事组成，董事会中只有董事长和执行董事与党委会成员存在交叉任职的可能性。董事长和党委书记由同一人担任已是各政策文件规定和提倡的模式，而党委会与经理层之间的"双向进入、交叉任职"也可以使党组织更直接地在公司重大决策

---

〔1〕　王新红、武欣玲：《论党组织参与国有公司治理的法律原则》，载《中南大学学报（社会科学版）》2017 年第 5 期。

和日常经营管理中发挥领导作用。笔者统计了 36 家国有资本投资运营公司董事会和经理层与党委会"双向进入、交叉任职"的情况，其中 21 家中央投资运营公司和 15 家省级投资运营公司作为此次统计样本（见表 5-1）。笔者将根据这 36 个样本进行实证研究，并对国有资本投资运营公司党组织参与公司治理程度进行分析。

表 5-1　党委（党组）进入董事会和经理层情况

序号	部分试点公司名称	董事会总人数	董事会进入党委(党组)人数	占董事会总人数比重/%	经理层总人数	经理层进入党委(党组)人数	占经理层总人数比重/%	党委(党组)总人数	ROA/%
1	国投公司	7	1	14.29	5	5	100.00	8	7.43
2	中粮集团	7	2	28.57	7	7	100.00	8	4.23
3	国家能源	7	2	28.57	7	7	100.00	9	4.50
4	宝武集团	7	2	28.57	4	1	25.00	5	0.40
5	中国五矿	7	2	28.57	8	8	100.00	9	3.17
6	招商局集团	10	2	20.00	4	4	100.00	4	5.78
7	中交集团	7	3	42.86	6	6	100.00	6	4.50
8	保利集团	11	3	27.27	10	7	70.00	7	4.46
9	诚通集团	6	1	16.67	6	5	83.33	7	1.50
10	国新公司	9	3	33.33	4	4	100.00	7	3.78
11	国家电投	8	3	37.50	5	5	100.00	8	3.22
12	航空工业	7	1	14.29	4	4	100.00	8	2.88
13	中铝集团	7	2	28.57	7	7	100.00	4	3.50

续表

序号	部分试点公司名称	董事会总人数	董事会进入党委（党组）人数	占董事会总人数比重/%	经理层总人数	经理层进入党委（党组）人数	占经理层总人数比重/%	党委（党组）总人数	ROA/%
14	通用技术	9	3	33.33	7	6	85.71	9	9.14
15	华润集团	8	0	0.00	6	0	0.00	0	10.54
16	新兴际华	10	3	30.00	8	4	50.00	7	6.70
17	中国建材	9	4	44.44	4	3	75.00	8	6.41
18	中远洋海运	6	2	33.33	5	5	100.00	8	1.80
19	中广核集团	8	2	25.00	6	6	100.00	6	4.56
20	国机集团	7	2	28.57	4	4	100.00	7	7.01
21	南光集团	6	0	0.00	4	0	0.00	0	4.70
22	上海国际	4	3	75.00	4	1	25.00	3	1.90
23	重庆渝富	4	2	50.00	4	3	75.00	8	2.92
24	山东国投	7	4	57.14	7	1	14.29	6	6.72
25	山西国投	4	3	75.00	6	2	33.33	4	0.24
26	湖南兴湘	3	2	66.67	8	4	50.00	7	1.25
27	广东恒健	5	3	60.00	5	5	100.00	8	3.17
28	北控集团	5	5	100.00	8	7	87.50	15	1.27
29	山东鲁信	8	3	37.50	3	0	0.00	5	6.82
30	陕西投资	8	3	37.50	6	3	50.00	7	2.78
31	江苏国信	6	2	33.33	5	5	100.00	9	5.63
32	四川发展	8	5	62.50	7	4	57.14	7	0.68

序号	部分试点公司名称	董事会总人数	董事会进入党委(党组)人数	占董事会总人数比重/%	经理层总人数	经理层进入党委(党组)人数	占经理层总人数比重/%	党委(党组)总人数	ROA/%
33	河北国控	6	4	66.67	7	3	42.86	9	0.37
34	广西宏桂	6	3	50.00	4	1	25.00	3	1.59
35	浙江国运	6	2	33.33	2	2	100.00	2	1.03
36	上海国盛	3	1	33.33	3	1	33.33	3	1.20

来源：笔者根据各公司官网公布信息整理。

（1）党组织参与公司治理情况。从表 5-2 可知，在 36 个试点的国有资本投资运营公司样本中，董事会总人数最多的有 11 人，而最少的只有 3 人。根据均值和中位数来看，样本公司中董事会人数一般在 7 人左右。党委（党组）与董事会重合的人数在 3 人左右，一般在这 3 人中至少包含了党委（党组）正、副书记。相较于董事会与党委（党组）的关联度，经理层与党委（党组）关联度的情况有所不同。在表 5-3 中，经理层人员进入党委（党组）的平均人数在 4 人左右，占经理层总人数比例的均值超过 60%，这说明公司经理层与党委（党组）的关联度更大，大部分公司的总经理还兼任了党委（党组）副书记。

表 5-2　董事会与党委（党组）关联度描述性统计

名称	样本量	最小值	最大值	平均值	标准差	中位数
董事会总人数	36	3	11	6.889	1.924	7

名称	样本量	最小值	最大值	平均值	标准差	中位数
董事会进入党委（党组）人数	36	0	5	2.583	1.131	3
进入党委（党组）人数占总人数比重	36	0	1	0.4	0.204	0.333
董事会中党委（党组）正、副书记人数	36	0	3	2.139	0.833	2

来源：笔者整理。

表 5-3　经理层与党委（党组）关联度描述性统计

名称	样本量	最小值	最大值	平均值	标准差	中位数
经理层总人数	36	2	8	5.389	1.573	5.5
经理层进入党委（党组）人数	36	0	7	3.611	2.195	4
进入党委（党组）人数占总人数比重	36	0	1	0.667	0.369	0.845
经理层中党委（党组）副书记人数	36	0	2	0.833	0.507	1

来源：笔者整理。

（2）党组织与董事会和经理层人员"双向进入、交叉任职"程度。在国有资本投资运营公司中，笔者认为党组织参与该类公司治理的水平可以通过"双向进入、交叉任职"的程度来考察衡量。那么董事会进入党委（党组）人数占董事会总人数比和经理层进入党委（党组）人数占经理层总人数比可以作为衡量"双向进入"程度的考察指标，而董事会中党委（党组）正、副书记人数和经理层中党委（党组）副书记人数则可以作为衡量"交叉任职"的考察指标。首先，通过表5-4对"双向进入"两个考察指标的描述性统计，可知董事会进入党委（党组）人数占董事会总人数比的众数为0.333，均值为0.4，经理层进入党委（党组）人数占经理层总人数比的众数为1，均值为0.667。由此得出经理层与党委（党组）的"双向进入"程度更高，有的试点公司经理层甚至全部进入了公司的党委（党组）。其次，通过表5-5对"交叉任职"两个考察指标的描述性统计，可知董事会中党委（党组）正、副书记人数的均值和众数为2，大部分公司的董事会都有1名党委（党组）书记和副书记的人员配置，甚至有的公司董事出现了有2名副书记的情况。而大部分公司的经理层中党委（党组）副书记人数只有1人，且一般由总经理兼任。由此可见，董事会和经理层与党委（党组）的"交叉任职"情况良好，除华润集团和南光集团没有公布公司党委会信息外，中交集团和山东鲁信等几个公司的经理层没有人员兼任党委（党组）副书记的职务。

表5-4　公司党委（党组）与董事会和经理层"双向进入"情况

"双向进入"考察指标							
名称	样本量	最小值	最大值	平均值	标准差	中位数	众数
董事会党委（党组）人数占董事会总人数比重	36	0	1	0.4	0.204	0.333	0.333
经理层党委（党组）人数占经理层总人数比重	36	0	1	0.667	0.369	0.845	1

来源：笔者整理。

表5-5 公司党委（党组）与董事会和经理层"交叉任职"情况

"交叉任职"考察指标							
名称	样本量	最小值	最大值	平均值	标准差	中位数	众数
董事会中党委（党组）正、副书记人数	36	0	3	2.139	0.833	2	2
经理层中党委（党组）副书记人数	36	0	2	0.833	0.507	1	1

来源：笔者整理。

另外，从表5-6可知，利用相关分析方法去研究党委（党组）总人数分别与董事会进入党委（党组）人数占董事会总人数比重和经理层进入党委（党组）人数占经理层总人数比重之间的相关关系，并使用 Pearson 相关系数来表示它们之间相关关系的强弱情况。具体来说，党委（党组）总人数和董事会进入党委（党组）人数占董事会总人数比之间的相关系数值为0.446，并且呈现出0.01水平的显著性，因而说明党委（党组）总人数和董事会进入党委（党组）人数占董事会总人数比之间有着显著的正相关关系。而党委（党组）总人数和经理层进入党委（党组）人数占经理层总人数比之间的相关系数值为0.636，并且呈现出0.01水平的显著性，因而也说明了党委（党组）总人数和经理层进入党委（党组）人数占经理层总人数比之间有着显著的正相关关系。可见，国有资本投资运营公司党委会成员与董事会和经理层成员的耦合度较高。

表 5-6　董事会和经理层中党委（党组）成员的比例

与党委（党组）总人数的相关性

Pearson 相关		
		党委（党组）总人数
董事会党委（党组）成员占董事会总人数比重	相关系数	0.446 **
	p 值	0.006
经理层党委（党组）成员占经理层总人数比重	相关系数	0.636 **
	p 值	0
* p<0.05　 ** p<0.01		

来源：笔者整理。

通过上述实证分析可知，国有资本投资运营公司董事会和经理层与党委（党组）之间"双向进入、交叉任职"的程度越高，越能提高党组织在其公司治理中的参与度。而根据《实施意见》对董事会成员的设置要求，因外部董事须占董事会成员的大多数，董事会进入党委（党组）并兼任职务的人数不会有很大波动。所以在经理层人员的配置上，国有资本投资运营公司应将经理层与党委（党组）的"双向进入"程度进一步扩大，这样不仅能保证党组织对公司治理的领导作用在决策层得到充分发挥，在执行层也能得到有效实现，还能从一开始就对公司的重大经营决策进行监督，防止公司内部人控制的出现和国有资产的流失。因此党组织对公司经营管理层的监督范围相较于普通国有企业来说得到进一步扩大，这也有利于从源头上加强对国有资本投资运营的全面监督。

3. 监督权——纪检监察监督

国有资本投资运营公司的党组织，是公司内部各监督主体的政治核心。党组织监督主要是依靠纪委监委行使监督权来实现的。其监督范围主要包括对公司主要负责人和关键岗位的监督，对企业领导层决策和用人的监督，对企业投资、财务管理、企业改组改制和产权变更交易等权力运作重要环节的监督等。党组织参与公司治理中，对企业生产经营管理的全过程进行监督，既能有效防止"内部人控制"，又能在其他外部监管不力时提供一定的保障。在我国国有资本投资运营公司中，党组织参与公司治理有助于制约经理人行为，抑制内部人控制问题所产生的代理成本，这种作用随着党委会参与公司治理程度的深入而逐渐加大。因此，切实发挥党组织对国企改革发展的监督保障功能，就是要把党组织的纪检监察监督与审计委员会的监督、职代会监督等结合起来，健全内外监督体系，形成监督合力，有效控制权力寻租、贪污腐败现象的出现，从而防止国有资本流失。

（二）党组织融入公司治理的历史演进

纵观我国国有企业的发展历程，从计划经济时期开始，党组织就已经参与国企的公司治理中。随着经济管理体制改革，国有企业改革也不断得到深化和推进。在计划经济到市场经济的转变过程中，最初党政不分、政企不分的"一元化"领导体制抑制了国有企业的经营活力，随着厂长负责制、股份制改革的推进，国有企业对政企分开、所有权与经营权相分离的模式不断进行摸索和改进，党组织对国有企业的集权领导方式也有所改变。随着现代企业制度的深化改革，党组织参与国企公司治理从内容到形式发生了巨大的转变，具体表现为党组织从参与经营决策的主体地位向确保政治方向的核心地位变化。从历史的进程看，党组织在国有企业公司治理中占有一定的法律地位，并主要经历了以下五个阶段的变化：

1. 开始阶段（1984 年以前）

新中国成立后，我国基本复制了苏联的计划经济运行模式，形成并逐步固化了国有国营的企业制度。事实上在这种企业制度下，国营企业并不是一个独立生产、自主经营、自负盈亏的真正意义上的企业。1984 年以前，党组织参与国有企业公司治理的模式主要是党委直接领导下的厂长分工负责制。这种体制产生了很多弊端，导致企业党政不分，部门设置重叠，管理效率低下，使得整个经济管理体制不合理，进而导致经济结构不合理，最终导致经济效益上不去，国民经济发展缓慢、停滞不前。1978 年党的十一届三中全会全面推动了我国经济管理体制的改革，同时也为党领导经济工作指明了改革方向。为了增强国有企业的活力，打破高度集权的国有国营体制，国家开始调整与企业的权责和利益关系，并考虑到需要解决党政不分、政企不分的问题。因此这次改革从一开始就采取了自下而上的探索方式，国民经济呈现出恢复性的增长趋势。

2. 探索阶段（1984—1992 年）

1984 年 10 月 20 日党的十二届三中全会通过的《中共中央关于经济体制改革的决定》规定了改革的方向、性质、任务和各项基本方针政策，是指导我国经济体制改革的纲领性文件。文件中明确提出实行政企职责分开，正确发挥政府机构管理经济的职能，同时也强调了加强党的领导，保证改革的顺利进行。1986 年中共中央、国务院颁发的三个条例确定了厂长的责任和权限，对国有企业实行厂长负责制，企业的法定代表人为厂长，厂长依法行使职权并对本企业的生产指挥和经营管理工作统一领导，全面负责。而保证和监督则是企业党委的重要职责，并且需要把保证和监督的职责贯穿于国有企业经济活动的整个过程。1988 年通过的《全民所有制工业企业法》从法律层面正式明确了我国全民所有制企业实行厂长（经理）负责制，企业党组织对党和国家的方针、政策在本企业的贯彻执行实行保证监督。厂长（经理）负责制的实行，是我国国有企业领导体制的一次重大改革。从之前的党委直接领导到党委的保证监督，这是党组织在国有企业公司治理中法律地位的一次转变。

3. 确立阶段（1993—2001 年）

1993 年党的十四届三中全会通过的《中共中央关于建立社会主义市场经济体制若干问题的决定》明确提出国有企业改革的方向是建立现代企业制度，并且要实现所有权与财产权的分离，而且第一次强调党组织要在企业中发挥政治核心作用。建立"产权清晰、权责明确、政企分开、管理科学"的现代企业制度是发展社会化大生产和市场经济的必然要求，也是党组织参与国企公司治理体制的一次重大改革。虽然党组织参与企业经营管理决策的主体地位转变成发挥政治核心作用的地位，但是对国企的重大事项仍然只拥有参与决策的权力，尤其是国有独资及控股公司的党委负责人可以通过法定程序进入董事会、监事会，进而参与公司的治理。

4. 强化阶段（2002—2015 年）

2002 年召开的党的十六大揭开了国企改革的新篇章，此后国有企业公司治理的问题开始成为党和国家关注的热点，并不断采取相关措施完善和改进。2004 年又明确了党组织参与国有企业重大问题决策的有关内容，同时提出了坚持和完善党组织参与决策时"双向进入、交叉任职"的领导体制。自 2002 年以来，党和国家一直强调党组织要在国有企业中发挥政治核心作用，并不断适应现代企业制度，尤其是适应公司法人治理结构的要求。党组织的政治核心作用主要涵盖六个方面的内容：即保证作用、监督作用、领导作用、协调整合作用、支持作用、参与决策作用。从内容和形式上来说，实际上是加强和巩固了党组织在国有企业中的地位。尤其是2015 年《中共中央、国务院关于深化国有企业改革的指导意见》的出台，进一步加强了党对国有企业的领导，并明确了国有企业党组织在公司法人治理结构中的法定地位，更重要的是第一次明确提出了将党建工作的总体要求纳入国有企业的章程，从而保证了党组织能够有效融入国企公司治理的各个环节。此阶段，国有资本投资运营公司的概念被提出并开始试点。

5. 完善阶段（2016年至今）

在本阶段，国有企业进入全面深化改革时期。2016年10月，习近平总书记在全国国有企业党的建设工作会议中提出了两个"一以贯之"原则，强调"加强和完善党对国有企业的领导、加强和改进国有企业党的建设"，"把党的领导融入公司治理各环节，把企业党组织内嵌到公司治理结构之中，明确和落实党组织在公司法人治理结构中的法定地位，做到组织落实、干部到位、职责明确、监督严格"。而且落实党组织研究讨论是董事会、经理层决策重大问题的前置程序，进一步完善了"三重一大"事项的决策内容、规则和程序。2017年5月，《国务院办公厅关于进一步完善国有企业法人治理结构的指导意见》中要求将党建工作总体要求纳入国有企业章程，明确党组织在国有企业中的领导核心和政治核心地位。同年10月，修正后的《中国共产党章程》就明确指出"国有企业党委（党组）发挥领导作用，把方向、管大局、保落实，依照规定讨论和决定企业重大事项"。这也意味着对国有企业党组织的定位重新进行了规范。2019年12月印发的《中国共产党国有企业基层组织工作条例（试行）》重申了将党建工作要求写入公司章程的必要性，并强调应从程序上保障党组织对公司重大决策事项进行前置性研究和讨论。

二、党组织融入公司治理的现实困境

国有资本投资运营公司党组织发挥领导作用和政治作用与公司

治理之间需要建立一个科学有效的有机结合点，才能真正有机融入公司治理结构。近几年来一直不断完善但仍未找到这个结合点，究其原因在于两方面：一是本身国有资本投资运营公司治理机制有问题，二是党组织的定位及融入途径存在问题。

（一）党组织在治理结构中的权责定位不清晰

党组织通常是以"双向进入、交叉任职"的方式来参与公司决策的，而实际上大多数公司党委（党组）书记往往与董事长重合。这种重合任职方式的目的是直接控制董事会行使决策管理权，还是仅仅行使建议权，在重大事项进行决策时将意见提供给董事会参考，又或是以此方式对整个公司进行监督，并未具体规定，从而导致党组织在公司治理结构中身份尴尬。在党的十九大之前，党组织在国有企业中发挥的作用经历了政治核心—领导核心和政治核心—领导核心，党的十九大后确定了党组织在国有企业中发挥领导作用。《公司法》第18条规定，在公司中，根据《中国共产党章程》的规定，设立中国共产党的组织，开展党的活动。公司应当为党组织的活动提供必要条件。从上述规定看，国有资本投资运营公司党组织在公司活动中发挥政治核心作用，充分体现了党组织在公司中的政治核心和领导核心作用。同时，其他政策性文件还规定党组织更多的是行使监督权以及开展关于基层党建的活动，而参与重大决策的把关作用似乎被放在了次要位置。由此可见，党组织在公司治理中的定位与公司法的规定存在冲突。实际上，由于国有资本投资运营公司是通过改组和新设组成的，部分公司的党委党（党组）习惯运用以前党政联席会（即领导班子会）的方式参与决策。联席会成员由董事、监事、经理层人员、党委（党组）成员组成，并以集体讨论和表决为决策方式。显然，这与法人治理结构的设计和作用是冲突的，同时也不符合党委（党组）的会议规则，也难体现党委

（党组）的独特作用。另外，党组织通过"双向进入、交叉任职"的方式对公司进行监督，交叉任职董事会、经理层的党委（党组）成员可能会出现职务不相容、不独立的问题。具体来说，就是自己监督自己导致党组织的监督缺乏独立性。而且，进入监事会的党委（党组）成员与进入董事会、经理层的党委（党组）成员之间可能存在上下级关系，容易导致监事会独立性的缺失，从而影响党委（党组）或纪委通过监事会发挥监督作用。造成上述情形出现的原因主要是职责定位不明确所致。

（二）党组织在治理结构中与其他治理主体关系模糊

党组织真正有机融入公司法人治理结构的前提是其与各治理主体之间的关系界定清晰。但在实际中，党组织与其他治理主体之间的关系界定存在争议。主要体现在并列关系、领导与被领导关系、监督与被监督关系。假如被界定为并列关系，则面临重复决策的问题。在中央和地方层面的国有资本投资运营公司中，很多公司认为党委（党组）与董事会、监事会和经理层是并列关系。按照"各司其职、各负其责、协调运转、有效制衡"的要求明确各治理主体的权责边界却在现实中面临困境。很多公司在修订章程时，关于党组织职权的写入希望上级能有更明确的规定。虽然《公司法》明确在公司设立党组织并开展党的活动，但是并未进一步阐明党组织在公司内部的权责范围，这就导致党组织在公司中行使决策权时，到底应作为单独治理主体集中嵌入与其他两会一层并列，还是分散嵌入后分别界定党组织成员与董事会、监事会和经理层交叉任职后的权利与义务存在争议。上述两难的问题恰恰是当前很多公司所面临并亟待解决的。

（三）党组织在治理结构中的行权途径缺乏保障

目前，从统计数据可观察到国有资本投资运营公司党委（党组）在公司治理中行使职权的途径主要是通过党委（党组）成员与董事会、监事会和经理层的"双向进入、交叉任职"实现的。即有的公司是董事长或副董事长兼任党委书记，总经理或副总经理兼任党委副书记，还有部分公司党委书记或纪委书记兼任了监事会主席，明显可见公司高级管理成员与党委（党组）成员的重合度较高。但通常这种交叉任职的形式首先考虑的是干部人员配置，而不是党委（党组）如何履行职责。就目前党委（党组）在公司中的权力有决策权、管理权和监督权，上述权利在行使时可能会面临不相容的问题。比如党委（党组）成员在行使决策权时，由于其成员分散在各个治理主体中，如果涉及监督权的行使，则容易出现职责相互掣肘的局面。党委（党组）在治理结构中的职责不明确、不具体，选择发挥作用的途径就可能出现多样化，容易因人而异，从而导致党委（党组）的作用被虚化、弱化，甚至个人化。

第二节　党组织有机融入公司治理的逻辑与理据

一、党组织有机融入公司治理的内在逻辑

党的领导与国有资本投资运营公司治理的协同融合，是加强党的领导作用、提高党的执政能力以及确保公司正确经营发展方向、提高国有资本效率和防止国有资本流失的客观要求。通过研究党组织有机融入公司治理的政治逻辑与经济逻辑来解决党的领导与公司治理"两张皮"问题。其中，政治逻辑主要是指在公司治理中坚持党的领导，而经济逻辑则是实现国有资本的保值增值。党组织有机融入公司治理可以促进政治逻辑与经济逻辑的协调。

（一）政治干预与公司治理的实然场景

在国有企业全面深化改革阶段，2016 年 10 月，习近平总书记

在全国国有企业党的建设工作会议上提出"两个一以贯之"原则，即坚持党对国有企业的领导是重大政治原则，必须一以贯之；建立现代企业制度是国有企业改革的方向，也必须一以贯之。因此，加强党的领导与公司治理的有机融合，是习近平总书记对中国特色社会主义现代企业制度的重要完善。国有资本投资运营公司是国有独资公司，而国资委因其全民股东的出资人代表身份成为该类公司的现实股东。鉴于国资委的行政属性，授权给公司董事会进行公司的日常运营管理决策。为了保障全民股东利益不被损害，党组织作为广大人民利益的代表参与公司治理，行使监督权，能有效防止内部人控制。从上述关系的本质可以看出，国资委作为出资人代表成为国有资本投资运营公司的股东，虽然解决了所有者缺位的问题，但是其自身的行政属性如果干预公司治理，势必会造成政企不分的局面，这也是现代公司制度下国有企业治理不彰的原因。因此，既然国资委不能过度参与公司治理，就需要其他形式的治理主体在公司内部充分行使监督权。

同时，由于国有资本投资运营公司是专门运作国有资本的平台公司，其掌握了巨额的国有资本，且关系到国民经济命脉和国有经济的整体发展，倘若任由公司内部董事会和经理层经营，容易造成国有资本的流失。有研究表明，以 A 股国有上市公司为样本，党组织在公益类国有公司的决策嵌入和执行嵌入水平越高，企业绩效越好，商业类公司监督嵌入水平越高，企业绩效越好[1]。党委会参与国有公司治理能够显著提高公司治理水平[2]。通过构建"正确

---

[1] 郝云宏、马帅：《分类改革背景下国有企业党组织治理效果研究——兼论国有企业党组织嵌入公司治理模式选择》，载《当代财经》2018 年第 6 期。

[2] 余汉、宋增基、宋慈筊：《国有企业党委参与公司治理综合评价及有效性检验》，载《中国软科学》2021 年第 10 期。

行使否决权，充分运用建议权，强化追责问责"的"讨论前置"机制，加强国企党组织的内部干预，以达到赋予企业自主经营权和遏制内部人控制的双重目标。[1] 同时，党组织通过影响董事会异议参与治理，进而发挥了提升企业绩效的作用，丰富了党组织治理的微观决策过程和作用机制,[2] 有助于优化国企创新资源投入结构、提高创新绩效。[3] 由此可见，党组织参与公司治理这种政治干预并不会影响治理效果。但是党组织不能过度干预，其融入公司治理的范围和权力边界应当有所克制。

（二）保障国有资本保值增值的应然要求

行政化治理是国有企业的本质使然，其实在西方国家的国有企业中同样存在行政化治理的现象。比如美国对本国国有企业的管控，比我国更加严格。可以说，公司治理是政治结构的"反射"。[4] 当然，不论是在我国还是域外其他国家，一个政党参与国有企业内部治理，更多的是从公共性的角度出发，维护社会稳定，防止国有资本流失，同时通过控制经营管理层，而使公司内部难以形成利益集团。但是不能忽视国有企业属于公司，尤其是国有资本投资运营公司在没有专门法规范前，仍然受《公司法》约束。既然国有资本投资运营公司是典型的公司制企业，就不能忽视其营利性的特征。因为公司是以营利为目的的企业法人，所以国有资本投资

〔1〕　强舸：《"国有企业党委（党组）发挥领导作用"如何改变国有企业公司治理结构？——从"个人嵌入"到"组织嵌入"》，载《经济社会体制比较》2019年第6期。

〔2〕　柳学信、孔晓旭、王凯：《国有企业党组织治理与董事会异议——基于上市公司董事会决议投票的证据》，载《管理世界》2020年第5期。

〔3〕　李明辉、程海艳：《党组织参与治理与企业创新——来自国有上市公司的经验证据》，载《系统管理学报》2021年第3期。

〔4〕　蒋大兴：《国企为何需要行政化的治理——一种被忽略的效率性解释》，载《现代法学》2014年第5期。

运营公司也不能例外。尤其是该公司是专门进行资本运作的公司，必然会追求因投资而产生的收益。而且国有资本投资运营公司改组设立的初衷是为了减少国资委对国家出资企业的行政管控，而以资本股东身份成为国家出资企业的股东，同时还肩负着保障国有资本保值增值的使命。国有资本保值增值对应的就是经济效益，这也是国有资本投资运营公司治理不断优化改进的应然要求。当然，通过目前的实证研究结果来看，党组织参与公司治理不一定会影响公司经济效益的增加。虽然政治干预是为了实现一定的政治目标和社会目标，但是国有资本投资运营公司经济效益的增加和减少，与其并没有必然的联系。值得注意的是，二者确实具有协同融合的可能性。[1]

二、党组织有机融入公司治理的法理依据

（一）党组织有机融入公司治理的法律与文本依据

党组织参与国有企业公司治理具有坚实的制度基础及法律依据。《宪法》《公司法》《中国共产党章程》以及其他规范性文本中的规定保障了党组织参与国有企业公司治理的主体地位。[2]

1. 《宪法》从根本上奠定了党在公司治理中的领导核心地位

《宪法》作为我国的根本大法，是其他部门法律的上位法。新中国成立以来，即使 1982 年《宪法》经历了五次修正，但其中关于中国共产党对社会主义事业的领导地位从未改变。2018 年《宪法修正案》在《宪法》第 1 条第 2 款中增加规定了中国共产党领导

---

〔1〕 楼秋然：《国有企业公司治理改革：政治逻辑与经济逻辑的协调融合之道》，载《华中科技大学学报（社会科学版）》2021 年第 2 期。

〔2〕 荣刚、李一：《国有资本投资运营公司中的党组织参与治理研究》，载《理论学刊》2016 年第 3 期。

是中国特色社会主义最本质的特征。党的领导也从《宪法》的"序言"部分进入到"正文"部分，并以清晰的法律条文落实序言提出的根本原则，充分实现了党的领导在立法内容和立法方式上的历史性发展。而国有资本投资运营公司治理作为国家治理体系的重要组成部分，党组织有机融入公司治理结构，充分体现出党对国有企业的领导。这也是我国《宪法》赋予的权力与职责。

2. 《公司法》明确了党组织有机融入公司治理的法定地位

《公司法》在1993年发布时就规定公司中中国共产党基层组织的活动要依照《中国共产党章程》办理。这是首次通过《公司法》明确党组织在国有企业中开展党建活动的法律依据。2005年《公司法》修改时，在其内容中规定公司根据《中国共产党章程》规定，设立中国共产党的组织，开展党的活动，表明了公司要为党组织的活动提供必要条件，这也进一步强调了党组织在国有企业中的法定地位。《公司法》在2018年修正后，第19条中明确规定在公司中，根据《中国共产党章程》的规定，设立中国共产党的组织，开展党的活动。公司应当为党组织的活动提供必要条件。该条款为党组织有机融入国有资本投资运营公司治理提供了法律支撑。2023年《公司法》第170条作为新增加的条款，明确要求国家出资公司中中国共产党的组织，按照《中国共产党章程》的规定发挥领导作用，研究讨论公司重大经营管理事项，支持股东会、董事会、监事会、高级管理人员依法行使职权。该条款充分体现了2016年10月10日习近平总书记在全国国有企业党的建设工作会议上的讲话中提出的"坚持党对国有企业的领导是重大政治原则，必须一以贯之"的讲话精神，要求国家出资公司的党委（党组）务必发挥好新时代国有企业党委（党组）的重要作用，切实履行好"把方向、管大局、保落实"的重大职责，让国家出资公司更好地为社会主义经济建设服务。

3. 党内法规界定了党组织参与国有企业治理的范围和方式

纵观各个时期,《中国共产党章程》都规定了基层党组织在国有企业中的地位、职责和作用。而党的十九大修改《中国共产党章程》后,明确了党组织参与国有企业公司治理的范围和方式,指出:"国有企业党委(党组)发挥领导作用,把方向、管大局、保落实,依照规定讨论和决定企业重大事项"。2019 年 12 月发布的《中国共产党国有企业基层组织工作条例(试行)》是中国共产党关于国有企业的第一部重要党内法规,也是一部体现党对国有企业全面领导的基础性、主干性党内法规。该文件首次以党内法规的形式对党组织融入国有企业公司治理结构提出的制度性安排,为党组织有机融入国有企业公司治理提供了党内制度路径。《中国共产党国有企业基层组织工作条例(试行)》对党建工作进章程、"双向进入、交叉任职"的领导机制、党委(党组)前置研究重大经营管理事项等方面进行了更加具体明确的细化,进一步厘清了党的领导与国有企业公司治理的关系。

4. 规范性文件明确了党组织有机融入公司治理的制度路径

在国有资本投资运营公司治理中,《中国共产党章程》与《公司法》对于党组织参与公司治理进行了系统性描述,但是具体操作还是要从相关规范性文件中予以专项规定。其实,从 20 世纪 80 年代开始,关于党组织参与国有企业公司治理就有了规定,而且经历了政治核心—领导核心和政治核心—领导核心的历程。

表 5-7　关于党组织参与国有企业公司治理的规范性文件

时间	制定机关	相关规定	内容
1986.9	中共中央国务院	《中国共产党全民所有制工业企业基层组织工作条例》	规定党委对厂长在企业生产经营重大问题上的决策，应当积极支持，保证实现。对厂长的决策，党委有不同意见，应当及时提出，必要时应当报告上级主管机关或上级党组织。
	国务院	《全民所有制工业企业厂长工作条例》（已失效）	
	中共中央国务院	《全民所有制工业企业职工代表大会条例》	
1992.7	国务院	《全民所有制工业企业转换经营机制条例》（已失效）	第5条规定，企业中的党组织和工会、共青团等组织以及全体职工都应当为实现企业转换经营机制的目标和《企业法》规定的企业根本任务开展工作。社会各有关方面都应当为企业转换经营机制创造条件。
1993.11	中共中央	《中共中央关于建立社会主义市场经济体制若干问题的决定》	提出了出资者所有权与企业法人财产权的分离，建立现代企业制度是我国国有企业改革的方向，并强调企业中的党组织要发挥政治核心作用，保证监督党和国家方针政策的贯彻执行。
1994.4	中共中央组织部	《中共中央组织部关于加强股份制企业中党的工作的几点意见》	提出在国有企业中进行股份制试点工作，并指出在试点股份制改造企业中要充分重视基层党组织作用的发挥。

时间	制定机关	相关规定	内容
1999.9	中共中央	《中共中央关于国有企业改革和发展若干重大问题的决定》	指出加强和改善党的领导是加快国有企业改革和发展的根本保证。要搞好国有企业，必须建立符合市场经济规律和我国国情的国有企业领导体制与组织管理制度，加强企业领导班子建设，发挥企业党组织的政治核心作用，明确了国有独资和国有控股公司的党委负责人可以通过法定程序进入董事会、监事会。
2002.11	中国共产党第十六次全国代表大会	《中国共产党章程》（2002年修改）	规定国有企业和集体企业中党的基层组织，发挥政治核心作用，支持股东会、董事会、监事会和经理（厂长）依法行使职权。
2003.5	国务院	《企业国有资产监督管理暂行条例》（已被修改）	第43条第1款规定，国有及国有控股企业、国有参股企业中中国共产党基层组织建设、社会主义精神文明建设和党风廉政建设，依照《中国共产党章程》和有关规定执行。

时间	制定机关	相关规定	内容
2003.10	中共中央	《中共中央关于完善社会主义市场经济体制若干问题的决定》	提出企业党组织要发挥政治核心作用，并适应公司法人治理结构的要求，改进发挥作用的方式，支持股东会、董事会、监事会和经营管理者依法行使职权，参与企业重大问题的决策。要坚持党管干部原则，并同市场化选聘企业经营管理者的机制相结合。中央和地方党委要加强和改进对国有重要骨干企业领导班子的管理。
2004.9	中共十六届四中全会	《中共中央关于加强党的执政能力建设的决定》	提出国有企业党组织要适应建立现代企业制度的要求，完善工作机制，充分发挥政治核心作用。
2004.10	中共中央办公厅	《中央组织部、国务院国资委党委关于加强和改进中央企业党建工作的意见》	进一步提出党组织主要参与企业重大问题决策的观点，提出要建立健全企业党组织发挥政治核心作用、参与企业重大问题决策的体制机制，明确了党组织参与国有企业重大问题决策的有关内容，提出了坚持和完善党组织参与决策时的"双向进入、交叉任职"的企业领导体制，还规定了中央企业党委会对股东会、董事会层面决策的问题。

时间	制定机关	相关规定	内容
2007.1	中国共产党第十七次全国代表大会	《中国共产党章程》（2007年修改）	第32条第2款中规定，"国有企业和集体企业中党的基层组织，发挥政治核心作用，围绕企业生产经营开展工作"；"支持股东会、董事会、监事会和经理（厂长）依法行使职权"；"参与企业重大问题的决策"。
2009.9	中共中央	《中共中央关于加强和改进新形势下党的建设若干重大问题的决定》	明确指出国有企业党组织参与决策、带头执行、有效监督。
2015.8	中共中央国务院	《中共中央、国务院关于深化国有企业改革的指导意见》	提出加强和改进党对国有企业的领导，将党建工作总体要求纳入国有企业章程，明确国有企业党组织在公司法人治理结构中的法定地位，创新国有企业党组织发挥政治核心作用的途径和方式。坚持党管干部原则与董事会依法产生、董事会依法选择经营管理者、经营管理者依法行使用人权相结合。
2015.9	中共中央办公厅	《关于在深化国有企业改革中坚持党的领导加强党的建设的若干意见》	坚持党的建设与国有企业改革同步谋划；坚持党管干部原则，从严选拔国有企业领导人员；明确国有企业党组织在公司法人治理结构中的法定地位；强化对国有企业领导人员特别是主要领导履职行权的监督；加强对国有资本投资、运营公司的领导。

时间	制定机关	相关规定	内容
2015.12	国务院国资委	《关于全面推进法治央企建设的意见》	提出把加强党的领导和完善公司治理统一起来，明确党组织在公司治理结构中的法定地位，将党建工作总体要求纳入公司章程。

来源：笔者整理。

（二）党组织有机融入公司治理的法理演绎

在我国，党组织参与国有公司治理是与我国政治制度、社会环境和文化传统等相适应的具有中国特色的公司治理模式，也是将公司法的普遍要素与共产主义政党组织相结合的国企公司治理的中国范式。作为专业运作国有资本的特殊公司制法人，国有资本投资运营公司掌握着大量关系国计民生和发展国有经济的国有资本，因此更应当将党组织嵌入公司法人治理结构，充分发挥党组织的领导核心作用。这充分说明党组织参与公司治理的合理性和必要性，同时其还具备了法理上的正当性。

1. 所有权理论与党组织有机融入公司治理的本质

党组织参与国有资本投资运营公司治理，实质上是控制公司所有权行使、保障全民权益不被破坏的一种宏观政治安排和微观监督方式的结合。[1] 国有资本投资运营公司是国有独资公司，其股东为国有资本出资人代表的国资委。但国资委作为代理人，实际上是受国家股东的委托，即全民股东作为最初的委托人。2023 年 5 月财政部印发的《中央党政机关和事业单位所属企业国有资本产权登记

---

〔1〕 王贵：《党组织内嵌国有企业治理的法治逻辑：理据与进路》，载《天府新论》2018 年第 1 期。

管理暂行办法》定义国有资本为国家及其授权投资主体直接或间接对企业出资所形成的资本和应享有的权益。由于我国国有经济又被称为"全民所有制经济"，是社会主义公有制经济的重要组成部分，那么国有资本的终极所有者应为全体人民。但因"全体人民"概念的虚化，从法律意义上说国有资本的所有者应该是国家，国家是国有资本的出资人。国家虽然是一个抽象概念，但其是政治实体，有时会通过行政手段来干预市场活动，尤其是当国家成为国有资本投资运营公司的所有权人时。因为该类公司是我国国有资本的主要运营载体，其经济功能充分体现了国有资本的公共服务和社会管理的要求，所以从宏观层面上讲，在我国市场经济活动中，国家利用国有资本调控经济，比如通过国有资本的运营，可以有效地维护市场的稳定和平衡发展。从微观层面上讲，国有资本既能解决市场失灵问题又能弥补市场不足，但从终极目标来说还是要服务于全体人民的利益和维护社会的稳定。因此，在所有权制度下，国家才是法律意义上的国有资本所有者，而全体人民只能算是国有资本事实上的所有者。但由于作为权利主体的国家是一个抽象或集合的概念，其对国有资本的占有、使用、收益和处分等权利的行使不可能像自然人一样亲力亲为，而必须要借助国家的公权力，通过国家或政府机构的活动才能实现。从公权属性看，国家所有权具有一定的政治性，而从私权属性看，基于占有、使用、收益和处分的权利，可以被理解为一种特殊的财产权。

国有资本投资运营公司作为国有独资公司，是典型的全民所有制企业。尽管目前其适用《公司法》的约束与规范，体现的是其财产性，但由于行政色彩又体现出一定的政治性。尤其是该类公司涉及国有资本的运营管理，关系到国民经济的发展和安全，在适度情况下必然会要求公共权力的介入。党组织参与国有资本投资运营公司治理，其本质是控制国家所有权的行使，保证全民股东的利益不被侵犯。因为《中国共产党章程》明确表示中国共产党代表中国最广大人民的利益，党组织参与公司治理，一方面对公司经营中的重大决策进行前置审查，另一方面代表全民对该类公司的治理主体进行监督。上述两方面主要体现在"把方向"和"管大局"上，[1]既确保国有资本投资运营公司按照国资国企改革要求的方向去发展，同时对于公司的战略发展和经营管理中的重大事项加以把关。虽然在公司治理中仍然存在内部人控制或者权力寻租行为，导致国有资本的流失，但是党组织始终保持对国有资本所有权的控制力，并且能够积极主动地进行纠偏。另外针对法律在公司治理上的缺位或者执行不力等情况，党组织有机融入公司治理还能在一定程度上弥补法律规制的不足，从而有效降低投资风险，防范国有资本的流失。

2. 利益相关者共同治理理论与党组织有机融入公司治理的作用

一般来说，持利益相关者共同治理理论的学者认为，公司的存在既要实现股东的投资价值，又要为社会公共利益做出贡献。在该理论下，公司治理应当是各利益相关主体之间的共同治理。其打破了公司以股东利益最大化为目标，而去追求所有利益相关主体的平衡。利益相关者共同治理理论通常要求董事会和监事会的组成人员中应当配置除股东以外的利益相关者，比如职工代表、职业经理人等。而在国有资本投资运营公司中，由于不设股东会，部分公司甚至已经取消了监事会，那么治理结构中常设的机构主要是董事会和经理层。但是党组织通过"双向进入、交叉任职"的方式进入到公司治理结构，一方面党组织成员中有董事会和经理层成员的交叉任

---

〔1〕　郑寰、祝军：《也论党的领导与国有企业公司治理的完善——中国国有企业公司治理的政治维度》，载《经济社会体制比较》2018 年第 2 期。

职，另一方面通过基层党建促使职工党员积极行使监督职责。加上党组织本身与各级政府之间的密切联系，以及代表广大人民利益的属性会更自觉地重视社会公共利益。因此，党组织在国有资本投资运营公司治理中扮演着多方利益协调者的角色，引导国有资本投资运营公司在实现国有资本保值增值的同时，实现政治目标、经济目标和社会目标的协调统一。可见，党组织有机融入国有资本投资运营公司治理结构，在公司决策、执行和监督等环节，通过"三重一大""双向进入、交叉任职"以及党管干部的选人用人机制，充分发挥党的领导核心作用，同时与董事会和经理层之间形成有效制衡，防止公司高管滥用权力，损害公司利益。另外，党组织在公司中还起到管理层与职工之间的桥梁作用，协调公司职工、管理层和国家股东三者之间的关系。

第三节　党的领导与公司治理协同融合的运行机理

一、协同融合原则的确立

党的领导与国有资本投资运营公司治理的协同融合原则主要是指党组织有机融入公司治理的法律原则。法律原则是法律规则的基础和本源。党组织参与公司治理的具体法律规则的制定、实践、落实和解释，都应在相对应的法律原则下进行。具体来说，党组织有机融入国有资本投资运营公司治理的法律原则包括四个方面，即合法性原则、民主性原则、高效性原则和谦抑性原则。

（一）合法性原则

从合法性的法律意义看，党组织有机融入国有资本投资运营公司治理的合法性原则应遵从形式上和实质上的合法性原则两个方面。合法性原则在形式意义上是指党组织有机融入公司治理中的行为、活动及规范都应当符合宪法与法律的规定。在全面推进依法治国过程中，党组织融入公司治理不能违背宪法和法律的规定。《公司法》第18条明确规定了公司要根据《中国共产党章程》的规定，设立党组织，并开展党的活动，同时公司应为党组织活动提供必要条件。上述规定表明党组织在公司中的合法地位有了法律依据。而合法性原则在实质意义上主要是指正当性和合规律性。国有资本投资运营公司的股东是全民股东，但鉴于全民股东的抽象性，该类公司出资人由国资委作为代表。不可否认的全民股东身份表明党组织融入公司治理具有正当性，因为中国共产党代表全体广大人民的根本利益，所以当全民股东不能进入公司行使监督权时可委托党组织行使。同时国资委作为直接股东，本身在其内部就有党组织。这就强化了党组织融入公司治理的正当性。不过，这种正当性也要符合科学规律，也就是说党组织融入公司治理在既有正当性的背景下，不能违背公司治理的一般规律，即不能过度干预公司的经营决策，架空董事会和经理层。由于既有的《公司法》等法律并没有明确党组织在公司治理中的权责，基于公司自治的要求和国有资本投资运营公司兼有较强公共属性的特点，党组织应有机融入公司治理。

（二）民主性原则

所谓民主性原则是按照《中国共产党章程》的要求，而确定党组织活动的基本原则。具体到党组织融入国有资本投资运营公司治理，主要是指党组织在公司治理中应当民主参与和民主决策。首先，国有资本投资运营公司作为国有独资公司，其所有权股东具有全民性，根据利益相关者理论，全体人民有权监督该类公司在经营管理过程中出现的违法违纪行为，尤其是党员有权向党组织检举损害公司利益的不良行为。此外，融入公司治理的主体是党组织全部，而不是仅指党委（党组）书记或个别党员。由于党组织进入公司治理结构的途径之一是"双向进入、交叉任职"，董事会和经理层的高管们通常都与党组织进行了交叉任职，这时应注意党委（党组）书记等党组织的干部应按照党组织的整体要求履行职责，根据党组织的决定来发表建议等，要防止个别领导干部代替党组织进行决策，并以个人意志代替或者凌驾于党组织意志之上。同时也不能忽视董事会和经理层在公司治理结构中的法定地位，公司的重大事项决策等仍需通过董事会等讨论、决议和实施，而不能通过党组织直接做出相关决定。其次，民主决策要求党组织融入公司治理后，所做的决策不能直接简单等同于公司的决策。党组织的决策不是公司的决策，如果党组织的决议要转化为公司最终的决议，应当按照《公司法》的相关规定，由董事会进行表决。而且根据目前相关规定，党组织在公司治理中，参与重大决策主要进行的是前置讨论，而重大决策最后是由公司决策机构进行决议。

（三）高效性原则

高效性原则主要是指党组织融入国有资本投资运营公司治理，应当促进国有资本保值增值的效率的提高。国有资本投资运营公司虽然是国有独资公司，但是其作为专门运作国有资本的市场化专业化平台公司，除了公共性以外，营利性仍然是其作为公司制企业的主要属性。即使该类公司肩负着做强做优做大国有资本、发展壮大国有经济的重任，也不能改变其营利性的本质属性。因此，党组织融入公司治理需遵守高效性原则。2016 年 10 月 10 日，习近平总书记在全国国有企业党的建设工作会议上的讲话中指出："坚持党的领导、加强党的建设，是我国国有企业的光荣传统，是国有企业的'根'和'魂'，是我国国有企业的独特优势。"这充分表明了党组织融入公司治理有利于促进公司治理效率的提高。如果党组织融入公司治理不能带来良好的效果，甚至影响公司治理，则容易让党组织融入公司治理的正当性遭到质疑。其实党组织有机融入国有资本投资运营公司治理，是建立中国特色现代国有企业制度的独特之处，其融入的目的除了代表全民股东行使监督权之外，更多的是对公司内部人控制形成一种制约。尤其在管理学界，针对党组织参与国有企业公司治理效率的研究颇多。有研究以 A 股国有上市公司为样本，公益类公司决策嵌入和执行嵌入水平越高，企业绩效越好，商业类公司监督嵌入水平越高，企业绩效越好。可见，党组织有机融入国有资本投资运营公司治理应达到赋予企业自主经营权和遏制内部人控制的双重目标，公司治理效率也就相应会提高。

（四）谦抑性原则

谦抑性原则是指党组织融入国有资本投资运营公司治理，应当准确把握其权责边界，做到不越位、不缺位、不错位。也就是说，党组织有机融入公司治理的前提是要通过法律法规来明确其参与公司治理的方式、范围和权限等。在现有《公司法》及公司章程的规定下，党组织不能越权行使董事会、监事会和经理层高管的职权。目前，国有企业党组织融入公司治理后所形成的"越位"和"缺位"问题比较常见，原因在于党组织融入公司治理没有具体明确权责边界、确权路径和行权方式。在参与"三重一大"事项决策时，党组织主要行使前置讨论职责，而不是直接代替董事会进行决策。对于党组织本身被赋予的权利应当及时履行，同时又要充分厘清党组织与公司决策管理层之间的关系，明确党组织参与公司治理的职能、权责边界等内容，才能合理地对国有资本投资运营公司肩负的政治目标和社会性目标予以明晰和界定。从宏观上来说，党组织融入公司治理，充分发挥党的领导核心作用，但在职权行使上不越俎代庖。从微观上来说，党组织在行权和控权时不能缺位失位，但也不能越位错位。

二、协同融合方式的确定

党组织作为国有资本投资运营公司的治理主体之一，其有机融入法人治理结构，充分体现了党的领导与公司治理之间协同融合的方式主要是以组织性参与公司治理。纵观党组织与国有企业治理的前世今生，目前主要有两种方式：即分散融入和集中融入。具体来说，分散融入是指党组织成员分散融入公司治理主体和治理环节，在公司内部治理结构中分散地行使党组织对公司的领导，主要体现为"双向进入、交叉任职"的参与形式。而集中融入是指党组织本身以一个独立主体身份参与公司内部治理中，区别于董事会、监事会和经理层这些传统的法定治理主体，并对公司内部治理事项进行监督、决策。

如果按照分散融入的原则，党组织成员分散到国有资本投资运营公司的治理结构，以交叉任职的方式融入董事会、监事会和经理层，以个体形式行使党组织对公司的领导。该方式的优点在于党委（党组）成员与公司高管高度融合，缩短了内部决策的链条，有利于公司治理效率的提高。但值得商榷的是分散融入使得党组织的成员进入各个治理主体，可能未必能居于"多数地位"，反而影响党组织领导作用的发挥。[1] 如果按照集中融入的原则，党组织以党委会或党组的形式融入公司治理，根据《中国共产党章程》规定，党组织应是"把方向、管大局、保落实"。因此，党委（党组）只能对董事会的经营决策把关定向，并不能做出可执行的最终决策，因为最终决策权仍然由董事会行使。也就是说，党组织在公司治理

---

〔1〕 蒋大兴：《走向"政治性公司法"——党组织如何参与公司治理》，载《中南大学学报（社会科学版）》2017 年第 3 期。

中面对重大事项的决策主要通过三个环节开展。首先，以前置程序进行研究讨论的形式在党委会对董事会和经理层将要决策的重大问题先行讨论，提出意见和建议。其次，由在董事会和经理层交叉任职的党委（党组）成员传达党委会的意见和建议。最后，虽然大部分国有资本投资运营公司的党委书记与董事长一肩挑，或者党委副书记与经理交叉任职，但是交叉任职的董事会和经理层的党委（党组）成员仍须将董事会、经理层决策情况及时报告党组织。因此，与分散融入相比，集中融入的方式更加适合。

三、讨论前置实践难点与程序优化

（一）党组织讨论前置的实践难点

目前，部分国有资本投资运营公司在设计党组织讨论前置程序的实践中，因对制度和相关文件的理解出现偏差而陷入困境，导致讨论前置程序运用的效果不佳。具体来说主要表现在以下两方面：

1. 人员的高度重合是否影响决策效率

按照"双向进入、交叉任职"的方式，党委会或党组与公司董事会、经理层的人员会出现交叉任职的情况，而且党委（党组）和管理层人员会高度重合。在实践中，如果按照"讨论前置"程序的要求，首先由党委（党组）成员先行讨论，然后再提交到董事会或经理层，有人认为这属于同一批人把同样的事项讨论了多次，会影响决策效率。然而事实却是党组织与董事会和经理层各自的决策规则有差异。一般来说，民主集中制是中国共产党的组织原则，该原则会要求公司党组织在研究讨论时必须采用"一人一票"的决策规则。然而董事会和经理层中并不是所有成员都是党委（党组）成员，在面对重大事项决策进行决议时，投票的结果并不一定与党委会或党组的结果一致。从保证经营管理层的决策效率的角度来看，讨论前置可能会变成争权夺利、不断内耗的导火索。[1]

2. 人员的高度重合是否导致职权混淆

当党委（党组）成员与董事会和经理层人员交叉任职，并在人员构成上出现高度重合时，有人会认为一人身兼两职在工作中容易混淆不同职务的权利，从而做出越权行为。尤其是在讨论前置环节，两个不同治理主体的职权更容易混淆，从而影响决策。其实不然，党组织在重大事项决策中行使前置讨论，并不是直接取代或者干预经营管理层的基本权利。2016 年 10 月 10 日，习近平总书记在全国国有企业党的建设工作会议上的讲话中指出，要处理好党组织和其他治理主体的关系，明确权责边界，做到无缝衔接，形成各司其职、各负其责、协调运转、有效制衡的公司治理机制。因此，讨论前置的关键环节不是人员的重合，而是明确决策程序，划清各自权责范围。党组织前置程序的研究讨论主要是把方向，对该决策的政治影响进行权衡和评估，而该决策最终执行后能否产生经济收益则由董事会和经理层去考虑。可见，两个治理主体的职权不一样，考虑的目标也有侧重点，所以只要不越位，即便人员构成上有重合，也不会导致党委（党组）成员与董事会、经理层人员的职权混淆。

（二）党组织讨论前置的程序优化

国有企业党委会参与公司治理的核心是在经营管理层参与重大问题决策的研究讨论时，对董事会和经理层行使监督职权。而国有资本投资运营公司的特殊法人性质要求党组织必须更加严格把关，才能防止国有资本流失，保证国有资本的保值增值。《实施意见》指出"对于重大经营管理事项，党组织研究讨论是董事会、经理层

---

〔1〕 强舸：《国有企业党组织如何内嵌公司治理结构？——基于"讨论前置"决策机制的实证研究》，载《经济社会体制比较》2018 年第 4 期。

决策的前置程序"，但是对如何前置赋予了很大的自由发挥权。党委会的前置审议程序作为融入治理环节的方式十分必要，因此针对国有资本投资运营公司的特殊性，设计了党委会在对"三重一大"事项前置董事会和经理层进行审议的流程（见图5-1），并总结了党委会前置审议事项的范围（见表5-8）。具体来说，党委研究讨论"三重一大"事项的前置审议程序的展开，首先，在董事会和经理层针对重要事项召开决策会议时，党委会要先于决策会议进行研究讨论。在此期间，党委会对这些需要决策的重大事项深入调查研究，并广泛征求各方意见，通过民主集中有效意见而形成党委会的意见和建议。其次，党委会的意见和建议进一步落实到经理层的行政审议和董事会的决策审批的程序中。但值得强调的是，要充分加强党委与董事会、经理层的沟通。兼任党委书记的董事长应对进入董事会的党委领导班子成员和党员充分说明党委的意图；而进入董事会和经理层的党委领导班子成员在会上发表意见时，要根据党委决定使党委意见得到决策主体的重视和体现。最后，参与决策的党委成员还要将意见和建议的落实情况向党委会进行报告。比如中粮集团将党委研究讨论作为董事会和经理班子决策重大问题的前置程序，包括涉及机构设置、人员编制、人事任免的事项都由党委会研究决定。而诚通集团则专门制定了《党委研究讨论重大问题前置程序的实施细则》，在前置程序上充分考虑与其他公司治理主体的关系。[1]

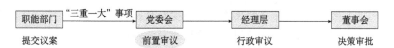

图5-1　国有资本投资运营公司党委会前置审议流程

---

〔1〕　国务院国资委改革办编：《国企改革探索与实践——中央企业集团15例》，中国经济出版社2018年版，第166~221页。

表 5-8　国有资本投资运营公司党委会前置审议事项的范围

		事项描述	审议和决策方式
党建事项	党组织建设党风廉政建设	党的路线、方针、政策的落实；党组织思想、作风建设；党风廉政建设。	公司党委（党组）直接决策并领导实施。
"三重一大"事项	重要干部任免	经营管理层的任免、选聘、考核及薪酬制定；向控股和参股企业委派股东代表；推荐董事会、监事会成员、经理和财务负责人，以及其他重要人事任免事项等。	党委（党组）的研究讨论程序前置于董事会和经理层，对"三重一大"事项进行把关并提出建议，再由经理层和董事会进行最终审议及决策。
	重大问题决策	公司章程的制定和调整；企业发展战略规划；破产、改制、兼并重组、产权转让等方面的决策；对外投融资计划、利益分配、年度预决算管理的决策；公司组织机构调整的决策等。	
	重大项目投资决策	投资融资；产业培育；资本运作；股权运作；基金投资；培育孵化等项目的决策。	
	大额资金使用	年度预算内大额度资金调动和使用；超预算的资金调动和使用；其他大额度资金运作事项。	

第四节　党组织有机融入公司治理的进路

在全面推进依法治国的背景下，将党的领导与国有资本投资运营公司治理协同融合置于一种更为规范化和法治化的进路来考察，即党组织有机融入公司治理的各个环节，有利于化解治理过程中所面临的困境。

一、党内法规与公司法规的衔接融通

加强党组织有机融入国有资本投资运营公司治理，首先就是要使党内法规与公司法律衔接融通。具体表现在以下几个方面：

（一）完善法律法规明确党组织融入公司治理的权责边界

目前，我国关于党组织融入国有企业公司治理的具体规定，主要体现在党内法规及政策性文件的规范上。在党内法规方面，2022年10月修正的《中国共产党章程》第33条第2款规定："国有企业党委（党组）发挥领导作用，把方向、管大局、保落实，依照规定讨论和决定企业重大事项。"该规定明确了党组织在国有企业公司治理中的核心功能，即"把方向、管大局、保落实"。2019年12月印发的《中国共产党国有企业基层组织工作条例（试行）》强调，要遵循坚持加强党的领导和完善公司治理相统一，把党的领导融入公司治理各环节的原则，重申了将党建工作进入公司章程的必要性，并且明确党组织在国有企业公司参与治理中的职责权限、运行机制等事项，从程序上确定了党组织参与重大决策问题的前置讨论，从而落实了党组织在公司治理结构中的法定地位。在政策性文件方面，关于国企改革的纲领性文件《中共中央、国务院关于深化国有企业改革的指导意见》和《关于在深化国有企业改革中坚持党

的领导加强党的建设的若干意见》等，也充分强调了党组织在国企公司治理中的法定地位。而在 2020 年 12 月印发的《国有企业公司章程制定管理办法》与《中国共产党章程》《公司法》等法律法规衔接，明确"党组织"与"三会一层"并列作为国有企业公司章程的主要内容。2023 年修订后的《公司法》第 170 条首次明确党组织研究讨论公司重大经营管理事项的职权。可见，党内法规和政策性文件关于党组织融入国有企业治理的规定仍在不断完善，只有能与公司法规衔接融通，良性互动，党组织才能做到有机融入，最终达到内在统一于中国特色社会主义法治体系的状态。但就目前来说有关规定还是缺乏进一步的细化，比如《公司法》第 18 条提到的必要条件，这个"必要条件"是什么，应当怎样来提供等问题都需要明确和细化。因此，根据当前学术界的观点，可从两方面进行分析：

1. 通过修法明确党组织融入治理的权责边界

《公司法》修改是深化国有企业改革，进一步完善中国特色现代企业制度的需要。为了与党内法规充分衔接，目前《公司法》第 170 条明确了党对国有企业的领导，保证党组织把方向、管大局、保落实的领导作用，相比第 18 条，第一次在《公司法》中专门针对国家出资公司提出了细化规则，具体内容为："国家出资公司中中国共产党的组织，按照中国共产党章程的规定发挥领导作用，研究讨论公司重大经营管理事项，支持公司的组织机构依法行使职权。"国有资本投资运营公司作为典型的国家出资的国有独资公司，如果该条款通过则可适用。但是从上述内容可知，该条款主要强调了党组织参与重大经营管理事项的前置研究讨论，且不干涉"三会一层"的职权。虽然党内法规和其他政策性文件已经明确了党组织的权责，但在这次《公司法》的修订中党组织的权责仍未被具体确定。因此，在这方面的欠缺只能寄希望于在公司章程中作进一步的细化。

2. 通过立法明确党组织融入治理的权责边界

根据国有资本投资运营公司的特殊性，单独制定国有资本投资运营公司的特别法，其法律适用独立于一般公司法，在特别法中详细规定党组织融入公司治理的法律问题。目前学术界关于国有企业从公司法的规制中剥离出来的声音明显增多，虽然《公司法》关于国有独资公司专节的规定为国家出资公司设立专章，但持"剥离"观点的学者认为在授权经营体制下，应对国有资本投资运营公司进行有限剥离，[1] 对其进行特别立法。鉴于国有资本投资运营公司较于普通国有企业的特殊性，如果为其单独立法，则可在特别法中规范党组织在该类公司治理中的确权路径，突出党组织的领导核心地位。

(二) 公司章程以专章确定党组织融入治理路径

公司章程是公司赖以实现公司自治，具有契约属性的基本规则，公司自治主要是通过公司章程来实现的。虽然国有资本投资运营公司是国有独资公司，但其仍然是公司制企业，公司内部治理除了法律法规的规范外，还需要公司章程加以约束。同时公司章程界定了党组织参与的边界，充分体现了党组织融入公司治理的正当性。因此，国有资本投资运营公司章程应当以专章作为必要记载事项，[2] 明确党组织的核心地位、在公司治理中的职责权限和决策运行机制。《国有企业公司章程制定管理办法》规定国家出资并由

〔1〕 王鹤翔：《国有企业走出公司法的新路径：以〈国有资本投资运营公司法〉建构为核心》，载《财经法学》2022 年第 6 期。

〔2〕 吴凌畅：《党组织参与国有企业公司治理进章程——基于央企旗下 287 家上市公司章程的实证研究》，载《理论与改革》2019 年第 3 期。

履行出资人职责的机构监管的国有独资公司适用本办法，这也意味着国有资本投资运营公司应当按照该办法要求，明确党组织研究讨论是董事会、经理层决策重大问题的前置程序。

首先，通过公司章程确定党组织参与治理的权力边界。从现行法律法规和政策性文件中可以归纳出党组织在公司治理中的权力边界主要体现在三个方面：即参与重大事项决策权、监督权和重大人事决定权。其一，党组织参与经营管理中的重大事项决策，并不是直接干预董事会的决策权，而是对重大事项决策的政治性、合法性、政策性把关，经党组织研究讨论后再由董事会做出决议。其二，党组织在公司治理中行使监督权主要体现为党组织对其他治理主体落实党和国家的方针、政策情况进行监督以及对公司各治理主体进行日常经营管理活动的监督。其三，党组织的重大人事决定权主要是指党组织根据政审情况和业务能力选拔、推荐、任用高级管理人员，以及对董事会依法选聘的经营管理者表示同意或提出反对意见。[1] 其次，通过公司章程明确党组织参与公司治理的程序和方式。目前，党组织参与公司治理的程度和方式主要是依照规定前置研究讨论、决定公司重大事项，通过"双向进入、交叉任职"进一步落实党组织成员与公司管理层人员的融合。同时还要设立党委会或党组织围绕公司经营管理活动开展工作，充分发挥党组织的领导核心作用。

二、党组织参与重大决策确权路径的构建

我国《公司法》明确规定，党组织活动应按照《中国共产党章程》进行。上文在阐述党内法规与国家法律的衔接融通时，要求

---

〔1〕 蒋建湘、李依伦：《论公司章程在党组织参与国企治理中的作用》，载《中南大学学报（社会科学版）》2017年第3期。

法律在其内容中对党组织的主要职能进行列举式明确。[1] 因此，党组织参与公司治理须在制度授权之内行使自己的权力，那么参与重大事项决策作为党组织参与公司治理的核心权力，应当对其行权路径进行确定，使其在权力边界内充分发挥作用。上文已经对前置讨论程序进行了优化，为了保障党组织在国有资本投资运营公司经营管理的重大决策事项中履行把关定向的职责，党组织在前置讨论中的权力仍应予以明确，因此需在党组织参与决策中建立决定权、建议权和问责权的确权路径。

根据前置研究讨论程序，目前国有资本投资运营公司的前置把关根据审批决策的等级具体分为两种模式：一种模式是公司党委会前置于经理层。具体来说就是对一部分由经理层进行决策的重要事项和所有由董事会进行决策的事项进行前置把关。在该模式下，将党委会直接前置于经理层和董事会，在下级职能部门提交议案时就进行把关，然后再由经理层审批决策，或者经理层只做审议，最后再交给董事会审批决策。另一种模式是将公司党委会前置于董事会，只对董事会进行的重大决策事项进行前置把关讨论。在该模式下，先由下级职能部门提交议案，先通过经理层审议，然后由党委会把关，最后由董事会进行审批决策。但无论采用哪种模式，都充分体现了党委会在公司治理中对重大决策事项的前置讨论。

（一）决定权的行使

2019 年 12 月发布的《中国共产党国有企业基层组织工作条例（试行）》第 11 条中规定："国有企业党委（党组）发挥领导作用，把方向、管大局、保落实，依照规定讨论和决定企业重大事

---

〔1〕　孙晋、徐则林：《国有企业党委会和董事会的冲突与协调》，载《法学》2019年第 1 期。

项。"该规定表明了国有资本投资运营公司党委会对于公司重大事
项具有讨论和决定的权力。但需明确的是党委会的决定权并非取代
董事会的决策权,两者是有区别的。党委会的决定权基于前置的研
究讨论进行,其行权的原则是把方向、管大局。也就是说在公司经
营管理活动中,党委会主要针对重大事项所反映的政治性、政策性
和合法性进行研究讨论并行使决定权。具体包括以下标准:是否符
合党的路线、方针和政策;是否符合国家法律法规;是否符合宏观
调控政策导向;是否对环境、政治和社会稳定等方面产生消极影
响;是否存在廉政风险等。如果进入讨论的重大事项出现上述情
形,公司党委会应当在深入研究后,在会上讨论并决定不予审议通
过,并将结果反馈给董事会。党委会被赋予前置讨论重大事项的决
定权,有利于减少因国资委事后监管的滞后而导致风险增加的情
况。虽然国资委是国有资本投资运营公司的股东,但因公司不设股
东会,且部分股东会的职权都授权给了董事会,所以此时国资委更
多的是行使国有资本监管的职能,而这种监管属于事后监管。然而
公司经营往往是"黑箱",虽然可以事后介入,但此时损失已经造
成。因此党组织在对经营管理中的重大事项前置研究讨论时,拥有
决定权就可以提前进行筛选并作出决定。

(二) 建议权的运用

公司党委会对重大事项决策的前置讨论并不是要替代董事会的
决策权,而是为董事会和经理层提供建议,因此不具备强制性。而
且相较于董事会的最终决策权的刚性要求,只要不涉及行使决定权
的事项,党委会的建议权始终是柔性的,通常建议权的运用与充分
沟通是紧密关联的。那么,对属于公司党委会参与研究讨论的重大
事项,党委会在全面研究审核的基础上,应当给出审议的意见或建
议,并交给董事会和经理层参照后做出决策。关于党委会运用建议

权的程序具体如下：首先，进入前置讨论程序后，党委会先重点考察下级职能部门提交的议案或决策事项是否符合党的路线方针政策，是否契合党和国家战略部署，是否有利于提高企业效益、增强企业竞争实力、实现国有资产保值增值，是否能够维护社会公众利益和职工群众的合法权益等。其次，通过深入研究论证，将形成的意见或建议提交给董事会或经理层。同时在提交前，还需要与董事会和经理层交叉任职的党委会成员充分沟通。最后，由其在董事会和经理层进行决策的讨论中充分表达党委会给出的意见或建议。

（三）问责权的强化

问责机制一直是国有企业优化治理结构的重要议题之一。其实，我国很早就在国有企业中建立了追责问责机制，然而在该制度的约束下，公司治理并没有取得预想的效果，原因在于责任追究的范围、标准、程序和方式都不是很清晰。于是我国在 2016 年 8 月发布了《国务院办公厅关于建立国有企业违规经营投资责任追究制度的意见》，目的是要完善国有资产监管、落实国有资本保值增值责任、防止国有资产流失，因此也确定了问责的责任范围，即国有企业经营管理有关人员违反国家法律法规和企业内部管理规定，因某些情形未履行或未正确履行职责造成国有资产损失以及其他严重不良后果的，应当追究责任。问责对象显然就包括企业中的经营管理者和有关负责人。党组织参与公司治理，增加了前置讨论的环节，党组织的把关定向进一步强化了问责权的行使。在前置讨论程序建立之前，很多国有企业基本采用党政联席会作为重大事项的决策平台，如果进行问责时，却需要区分到底是党委会"一人一票"规则还是管理层"首长负责制"规则做出的决策来定责，这样对于权力行使对象难以甄别，最终导致追责问责流于形式。[1] 而国有资本投资运营公司作为专门运营国有资本的市场化平台，面临的投资风险更大，鉴于对国有资本的保护，问责机制相较于其他国有企业来说应当更加完善。因此，党组织在前置讨论程序的把关中，可以强化问责权，充分发挥基于问责机制而生成的约束作用。如果重大决策事项出现政治性、政策性和合法性问题，党委会应当立即进行问责，并及时找出相关责任人；如果因董事会、经理层和高级管理人员未能履行忠实义务和勤勉义务导致出现经营管理上的问题，给公司造成损失的，应对相应责任人进行问责，造成损失的还应承担相应的赔偿责任。

三、党管干部原则与市场化机制的有机结合

党管干部原则是党组织在国有资本投资运营公司中发挥领导核心作用的重要途径。党组织在公司内部治理中的人事管理权，并不是过度干预公司自治要求的市场化选聘和契约化管理，而是为了实现国有资本保值增值的目的，防止公司内部形成利益集团，导致国有资本流失。但是由于公司自治的特征，为了保证其他治理主体的选人用人权，应当将党管干部原则与市场化选聘、契约化管理机制有机结合，培养公司经营管理者的企业家精神。

（一）公司经营管理者应具备的资格

按照国有资本投资运营公司改革试点的实施意见内容，公司的执行董事和外部董事由国资委委派，董事长和副董事长的人选也由国资委指定。由于国资委是国有资本投资运营公司的唯一股东，根据《公司法》规定，董事由股东会选举产生，董事长则由董事会选

---

〔1〕 强舸：《国有企业党组织如何内嵌公司治理结构？——基于"讨论前置"决策机制的实证研究》，载《经济社会体制比较》2018 年第 4 期。

举产生。可见,国有资本投资运营公司的董事长、副董事长由国资委直接指定,难免带有行政色彩。而且根据《实施意见》的规定,中管企业改组组建的国有资本投资运营公司领导班子及其成员由中央管理,非中管公司的央企改组或新设的公司则按照干部管理权限确定。上述规定为党管干部原则的实施与落实提供了正当性保障。由于国有资本投资运营公司的特殊性,公司的经营管理者既肩负着资本投资运营,同时又要保证其资产保值增值,所以其既要具备对党忠诚、清正廉洁的政治本色,又要能基于专业知识和素质对公司进行有为治理。这就需要党组织既要在选人上严格把关,又要结合市场规律选人。

(二) 党组织配置和市场化选择相结合

党管干部与市场化选人用人机制的有机结合,本质上就是把党组织配置的"严"和市场选择的"活"有机结合起来,在公司管理人才的选聘、任用上充分发挥党组织领导把关和市场优化配置作用。[1] 具体来说,就是国有资本投资运营公司党委会对高级管理人员的选任和聘用从标准和程序上严格把关,同时对其职业道德进行考察。而市场化机制主要是检验经营业绩,是否履行忠实义务和勤勉义务,并通过契约化管理兑现薪酬,加强职业经理人市场建设,向市场化的企业家型高管转变。可见,党组织配置和市场化选择的有机结合,能够保证国有资本投资运营公司在选聘和任用管理人才时,严格筛选到既善决策、懂经营、通管理,又能讲政治、精政策、守纪律的企业家型人才。[2]

---

〔1〕 姚焕:《完善党的领导和国有公司治理有机融合》,载《红旗文稿》2022 年第 18 期。

〔2〕 汪显东:《国有企业党建工作融入公司治理体系研究》,载《社会科学家》2021 年第 4 期。

四、合规性监督与纪检监察监督的协同

国有资本投资运营公司的治理层次是按照授权—代理—监督三个环节开展的。在国有资本授权链条中，监督成为最后一道防火墙。根据国有资本的授权模式和流动路径可知，监督的对象主要是授予权利落实和执行的过程及结果。党组织与监事会融合对重大经营事项决策的作出与执行进行监督，纪检监察机构则对公司领导班子成员和管理层高管进行监督，从而形成合规性监督与纪检监察监督的协同机制。

（一）党组织与监事会融合进行合规性监督

我国《公司法》第18条和《中国共产党章程》第33条规定明确赋予了国有企业党委会参与公司治理的主体资格。那么党组织参与国有资本投资运营公司治理，行使监督权利，本质上就是公司党组织对董事会和经理层作出重要事项决策及其执行的监督，即所谓"管事"的监督。虽然《实施意见》明确了党组织研究讨论是董事会和经理层决策的前置程序，但具体如何操作赋予了党组织很大的自由权。首先，该前置程序是对"三重一大"重要事项进行研究讨论，具体涉及公司中长期重要战略规划的决策、公司重大人事任免的决策、公司重大项目投资决策以及大额资金投资运作事项。其次，党组织前置讨论程序是前置审议而不是越权作前置审批。在董事会和经理层召开决策会议之前，公司党委会先行研究讨论董事会和经理层拟决定的重大事项，并形成党委的意见和建议，而最后参与决策的党委成员还须向党委会报告意见和建议的落实情况。党组织"管事"的监督就是对公司"三重一大"事项决策的做出与执行进行监督。公司党委会行使的监督职责与监事会的监督职责存在高度契合的情况，这也增加了两个治理主体的监督融合的妥适

性。可考虑通过交叉任职使党委会成员与监事会成员融合，设立独立于董事会和经理层的党员监事，并对其经营管理行为行使合规性监督的职责。[1]

（二）党组织与纪检监察的监督合力

纪检监察机构主要是行使"管人"的监督职责，即通过对国有资本投资运营公司派驻纪检监察机构来实现，其主要职责就是对公司管理层和党员干部行使监察权。《监察法》第 15 条为纪检监察机构对国有资本投资运营公司的管理层进行监察监督提供了法律依据。国家监察委的监察权是一种独立的宪法性权力，可对国有资本投资运营公司的纪检监察机构授予一定的监察监督和调查处置的权利。这也将原来国有企业的巡视监察制度转换为持续、稳定的法律制度。[2] 纪检监察机构主要是对公司管理层日常运营管理行为进行监督、对职务违法犯罪行为和违反公司章程行为进行调查处置，发现重大违纪问题及时向上级监察委汇报，充分弥补国家监察委对国有资本投资运营公司高管的监察缺位。并与公司党委会开展的监督形成合力，经外部监督与内部监督的耦合，针对公司高管的廉政建设和履行职责存在的问题，[3] 从"管人"的层面加强对国有资本投资运营公司的监督，进而避免因公司管理层人员权力寻租、贪污腐败等行为造成国有资本流失。

〔1〕 杨大可：《论党组织与国企监督机制的融合》，载《当代法学》2020 年第 2 期。

〔2〕 陈晓华：《国有企业法律规制与政治规制：从竞争到融合》，载《法学评论》2019 年第 6 期。

〔3〕 秦前红、李世豪：《监察合规：企业合规的反腐败之维》，载《华东政法大学学报》2023 年第 1 期。

第六章

国有资本投资运营公司外部
监督机制创新与制度保障

以"管资本"为主，加强对国有资产的监管，就是在国有资本投资运营公司治理过程中，除实现公司内部有效治理以外，还需公司各外部监督主体加强对公司运营管理行为的监督，并协同内部监督形成合力，构建高效协调的国有资本投资运营公司监督机制。建立对国有资本投资运营公司全面协同监督机制的目的在于提高公司治理效率，减少国有资本运营风险，防止国有资本流失，维护国家利益和社会公共利益。监督的本质是对参与治理的权利主体行为进行制衡和约束，内部监督主要是指公司内部治理主体——股东、党组织、董事会和监事会对公司管理层的监督，而外部监督则是指国家公权力机构包括人大、行政机构、司法机构、监察机构等和社会力量对公司内部及管理层进行的监督。在公司治理时，外部监督不仅能弥补内部监督的短板和不足，还能以最全面、最直接以及最有效的方式改善公司业绩，提高盈利能力，[1] 因此外部监督在公司治理环节显得尤为关键。鉴于国有资本投资运营公司的功能定位和特殊治理机制，应当着重加强人大监督、行政监督、司法监督、监察监督以及社会监督等监督机制的完善和创新，使外部监督与公司

---

〔1〕 盛丹、刘灿雷：《外部监管能够改善国企经营绩效与改制成效吗?》，载《经济研究》2016 年第 10 期。

内部监督协同并形成监督合力以促进投资运营公司治理的有效实现。纵观国有资产监督向国有资本监督的演进历程，对国有资本的监督经历了由政府行政监管思维为主逐渐向以市场价值规律和市场机制为主的思维转变过程。[1] 因此，从国有资本监管理论出发，针对国有资本监管过程中存在的问题，分析投资运营公司外部监管的法律体系构成，最后设计出适合投资运营公司的监督机制。

第一节 我国国有资市监管制度变迁与理论逻辑

由于国有资本属于国有资产的范畴，随着国有企业深化改革的推进，我国经历了由国有资产监管向国有资本监管的转变，因此研究国有资本监管理论应从国有资产的范畴来开展。监管在国有企业公司治理中通常会体现出两面性：一是政府以公权力对国有资本投资运营公司进行监督管理，称为"规制性监管"；二是私权主体之间的监督管理，称为"合意性监管"。[2] 那么对国有资本的监管就包含了国家或政府机构通过公权力进行的外部监管和国有企业内部治理主体之间通过私权利进行的内部监督。

一、国有资本监管的制度变迁

改革开放是国有资产监管制度真正意义上开始探索有效模式和转变的起点。从新中国成立到改革开放，在计划经济体制下，国有资产的所有权、经营权和监管权是"三权合一"的，即全部由政府

---

〔1〕 刘霄鹏：《国资监管与国企监督机制的新维度思考——以中国现行企业立法为分析视角》，载《大连海事大学学报（社会科学版）》2018 年第 1 期。
〔2〕 王强：《构建现代国资监管制度的依据及路径》，载《经济社会体制比较》2010 年第 6 期。

来行使以上权利，是典型的一元监督模式。随着经济的发展，这种单一监管模式使国有企业缺乏经营自主权，难以实现自负盈亏，并使社会资源配置的效率大大降低。[1] 而在改革开放后的四十多年中，我国国有资产监管体制发生了翻天覆地的变化，这对国有企业的影响更加深远。因此，本书研究国有资本监管制度历史变迁的时间节点主要从改革开放时期开始。

（一）内部监督形成阶段（1978—1992 年）

改革开放初期，针对计划经济体制带来的弊端，党的十一届三中全会提出关于扩大企业经营管理自主权的政策，以及调整国家与国有企业之间的责权利关系的政策。1979 年颁布的《国务院关于扩大国营工业企业经营管理自主权的若干规定》（已失效），其目的在于解决计划经济时期国企所遗留下来的政企不分问题。1984 年党的十二届三中全会首次提出所有权与经营权分离的概念。同时在全国实行了两次"利改税"政策，通过对国企的放权让利，企业的经营自主权得到扩大，企业内部生产经营的积极性也被充分激发出来。1986 年国有企业全面推行厂长（经理）负责制，并形成了党委保证监督、经理全面负责以及职工代表大会民主管理的内部治理机制。1988 年设立国家国有资产管理局，成为财政部下辖管理的国有资产监管机构，专门行使国家赋予的国有资产的监督管理权，并着重加强对企业经营行为和业绩的监管。"放权让利"的本质是政府将权利较多地归还给国有企业，通过强化激励来使其产生积极性，并赋予其更多的经营自主权。但是放权让利政策的推行并没有明确国家所有权的主体，尤其是推行承包经营这种所有权与经营权分离的形式。这种过度分权反而使得所有权主体缺位，导致企

---

[1] 白金亚：《我国国有资产监管体制的历史演进与发展研究》，载《行政与法》2016 年第 7 期。

业在一定程度上处于无人监管的状态，国有资产部分流失。为了解决这一现象，根据不同的行业，政府选择由各部委对所管行业内的国企行使国家所有权代表的职责，而不是将所有权统一代表，因此各行政部门作为国有产权的主体，代表国家行使所有权又导致了新的政企不分问题。改革开放后至建立现代企业制度前的这个阶段，国有资产监管制度虽然从一元监督向国有企业内部治理结构监督过渡，但是因为国有产权不明晰，很难从行政监督模式中脱离。当然与改革开放之前的计划经济时期相比仍然是进步的，因为政府通过设立专职机构加强对国有资产的行政监管，同时开始探索以市场监督的形式来构建有效的国有资产监管制度。

（二）内外部监管并存阶段（1993—2002 年）

1993 年党的十四届三中全会提出国企改革应当建立"产权清晰、权责明确、政企分开、管理科学"的现代企业制度。从此我国国企改革进入以产权改革为核心的新阶段。产权清晰就是要求构建行使国家所有权的完整独立主体，进而使所有权和经营权实现分离。在这个阶段，国家开始将国有资产所有者职能与政府的社会管理职能分开，并以公司制度为核心，寻找现代企业制度在国企改革中的实现路径。在国有资产监管上，一方面形成了董事会、监事会与党委会、职工代表大会等主体实施的内部监督制度；另一方面又出现了政府机构、外派监事会、审计机构等多部门的外部监督形式。国有资产的内部监督主要是在公司治理结构中基于委托代理关系，由委托人对代理人进行的监督和约束。而对国有资产的外部监督主要是指国有企业的利益相关者，比如政府的行政监管机构、外派监事会等，加强对国有资产的运营情况的监督。因此，探索建立以公司制度为核心内容的现代企业制度，逐渐形成"新三会"和"老三会"共同治理的局面，同时分离国有资产所有者职能与社会公共管理职能，最终形成了内部监督和外部监督并存的多元监督主体。[1] 但是从监督效果看，一方面因出资人缺位造成的出资人监管的缺位使得国有资产流失问题日益显现，另一方面整个国有资产监管体制并没有真正走出"管企业"的老路，政府机构对国有企业的行政干预依旧存在，其仍然缺乏较多的经营自主权。

（三）国有资产监管制度深化改革阶段（2003—2012 年）

党的十六大提出建立"管资产和管人、管事"相结合的国有资产管理体制，同时在坚持国家所有的前提下，中央政府和地方政府分级代表国家对国有资产履行出资人职责，并对国有资产进行分级监督。2003 年国务院成立了国有资产监督管理委员会，首次在中央层面设立代表国家履行国有资产出资人职责的国务院直属特设机构。同年颁发的《企业国有资产监督管理暂行条例》以法规形式明确对国有资产实行监管的基本制度。国资委成立后，我国建立了"国资委—国有资本投资经营公司—国家出资企业"的三层国有资产管理体制。国有资产经营公司作为产权运营和投资运作国有资产的专业化公司，开启了探索国有资产所有权与经营权分离的新阶段。2005 年修订的《公司法》对国有资产监督管理机构的地位从法律层面进行了明确规定。2008 年出台的《企业国有资产法》从法律的角度正式确立了我国国有资产监管体制的框架，比较全面地规范了履行出资人职责的机构及其职能、权利与义务，国家出资企业，国有资产的权益分配，国有资本经营预算，国有资产监督等内容。国有资产监管制度深化改革阶段是整个国企改革时期的重要里程碑。在该阶段，国资委的成立既解决了之前国有企业出资人缺位的问题，又以专门监管国有资产的行政机构身份解决了政府机构对

---

〔1〕 薛有志、马程程：《国企监督制度的"困境"摆脱与创新》，载《改革》2018年第 3 期。

国有资产的多头管理问题，并形成了管资产和管人、管事相结合的监管模式，监督效率有很大的提高。但是国有资产规模不断扩大、国有企业经营业务范围扩张，同时国资委以出资人和监管者的双重身份参与国有企业的公司治理，逐渐出现了国有资产监管的越位、缺位和错位，而且监管机制的不健全也导致了国有资产流失，政企不分和政资不分问题仍然没有得到彻底解决。更重要的是，国资委与国有企业之间的权利界定不清晰，而且其既是"裁判员"又是"运动员"的身份使得国有资产监管的效率不高。

（四）由管资产到管资本为主的监管阶段（2013年至今）

在党的十八届三中全会上，《中共中央关于全面深化改革若干重大问题的决定》提出"以管资本为主加强国有资产监管"，拉开了国有企业全面深化改革的序幕。2015年出台的《中共中央、国务院关于深化国有企业改革的指导意见》作为国企改革"1+N"政策体系的顶层文件，提出改组组建国有资本投资运营公司，并通过管资本为主的全新形式来加强对国有资产的监管。随后出台的《国务院关于改革和完善国有资产管理体制的若干意见》则进一步明确国有资产监管机构通过职责定位、监管重点以及监管方式和手段的改进来推动国有资产监管机构的职能转变。《国务院办公厅关于加强和改进企业国有资产监督防止国有资产流失的意见》《企业国有资产交易监督管理办法》《国务院办公厅关于建立国有企业违规经营投资责任追究制度的意见》等"1+N"政策体系中的配套文件，旨在创新国有资产监管的方式和机制。在该阶段，设立国有资本投资运营公司代表国资委行使国有资本出资人权利，在"国资委—国有资本投资运营公司—国家出资企业"的三层架构中，将国资委的出资人监管职能剥离出来，不再对企业进行直接监管，同时将经营权下放给出资企业，做到真正的政企分开和政资分开。国资委对出资企业只履行行政监管的职责。在外部监督层面，通过国务院向全国人大报告国有资产管理情况制度、成立国家监察委员会和颁布《监察法》对国有企业管理人员进行监察监督，并创新负面清单监管形式加大授权和放权力度；在内部监督层面，党组织嵌入国企内部治理结构，加强对重大事项决策的监督和企业内部党员干部的监督，从而形成了以外部监督为主的国有资本监管体系，既提高了监管效率，又防止了"内部人控制"和"权力寻租"现象的出现。

二、国有资本监管的理论逻辑

生产力的加速发展促进了社会化大生产的实现，具体表现在生产规模的扩大、生产程度的不断专业化和复杂化以及生产分工的不断细化。这种形势使得亲力亲为的委托人不得不通过寻找代理人来代表其利益参与到生产中来，于是便产生了委托代理关系。在委托代理关系中主要研究的代理问题是所谓的代理成本和对代理人的激励约束问题。鉴于信息不对称而导致委托人与代理人之间的博弈，委托人为了确保代理人履行代理义务并使其为了委托人的利益而不是自身利益行事，必然会对代理人行为进行监督，由此将产生高额的监督成本。而公司所有者与经营者之间的委托代理关系本身就是一种基于契约的关系，旨在通过契约合同解决代理问题，降低代理成本。[1]

国有资本全民所有的性质决定了其投资运营必须通过某种政治性的代理机构来实现。[2] 全国人民代表大会代表全体人民以法律

〔1〕 李晓慧、敖小波：《国有资产监管：演变历程、理论逻辑与改革方向》，载《扬州大学学报（人文社会科学版）》2018年第4期。

〔2〕 耿建新、崔宏：《国有资本监管理论与实务创新》，载《财经科学》2005年第2期。

的形式将国有资本的出资人职责委托给国务院并交由中央或地方政府，政府再将国有资本出资人代表的职责委托给国资委行使，最后国有资本投资运营公司通过授权和委托的方式对出资企业履行出资人职责，行使股东权利。因此，国有资本的投资运营形成了"全体人民—全国人大（或地方人大）—国务院（或地方政府）—国资委—国有资本投资运营公司—国家出资企业"的多层委托代理链条。无论是国有资本的终极所有权人还是通过委托授权行使国有资本的所有权人都会以不同的方式对国有资本的营利性和安全性进行监管。但是在这种多层委托代理关系中，作为终极委托人的全体人民与作为终极代理人的所出资企业经营者之间的委托代理层级过于延长，导致其对终极代理人的约束能力不断弱化，代理成本增加，监督的有效性也会不断减弱。国资委作为国有资本投资运营公司的出资人即委托人，通过授权赋予其出资人权利。作为代理人的国有资本投资运营公司既要维护国家出资人的利益，又要防止因国有资本经营者追求自身利益而出现"内部人控制"的风险。而在强调两权分离的国有资本所有者与经营者的委托代理关系中，经营者既要保证所有者投入国有资本的安全，又要确保投入的国有资本能够为所有者带来收益，同时通过契约约定经营者在法律法规和公司章程的规范中进行经营活动。基于国有资本的多层委托代理关系，公司治理结构通过分配剩余索取权和控制权来解决公司内部的代理问题，并且作为委托人的全民、全国人大、政府行政机构等还可以通过外部监督的方式对国有资本进行监督。因此，委托代理理论是研究国有资本监管理论的逻辑起点，也是国有资产监管从管资产向管资本转变的理论逻辑。

第二节　国有资本投资运营公司外部监督机制的法律因应

国有资本投资运营公司的监督方式包括内部监督和外部监督两种。内部监督往往通过改进公司治理机构加以完善，但是外部监督则需公司以外的各监督主体来全面协调实现。相较于内部监督，外部监督应当是更全面、更直接和更有效的，以高效协同的外部监督机制来强化对国有资本的监督是国有资本投资运营公司治理的关键。

一、国有资本投资运营公司外部监督的定义

何为外部监督？外部监督是相对于内部监督来说的概念，具体是指除公司治理结构主体以外的其他主体对公司进行的监督。通常情况下，对公司进行外部监督的主体与公司治理结构中的内部主体之间没有必然的关联关系。其存在的目的在于弥补公司内部监督的不足，从而对公司及公司经营管理者形成全面监督。国有资本投资运营公司外部监督的主体和形式一般分为两类：一类是国家公权力对公司治理结构内部各主体进行监督，具体包括全国人民代表大会、具有监管职责的政府行政机构、监察纪检机构、司法机关等依据公法行使监督权的监督主体；另一类是指社会机构或社会人士对公司进行监督，一般是指媒体、公众、委托人委托的中介审计机构等。但目前存在争议的是国有资本投资运营公司的出资人监督是否归属于外部监督的范畴。国有资本投资运营公司是国有独资公司，其出资人是政府或国资委，并且出资人即为公司的唯一股东，既然政府或国资委是公司股东，那么出资人监督实则为股东监督，属于内部监督，不应归为外部监督。国资委出资人和监管者的双重身份使得出资人监督被视为外部监督。因此，在笔者的研究中认为国有

资本投资运营公司的外部监督包含了国家机关以公权力行使的监督和社会舆论、中介组织等进行的社会监督。

二、国有资本投资运营公司监督机制的实施原则

(一) 法治原则

从本质上看，社会主义市场经济是法治经济的充分体现。而国有资本投资运营公司作为专门进行国有资本运作的市场化平台，公司按照市场化经营管理时必须按照法律法规和公司章程进行。因此，不论是内部监管还是外部监管，公司监管主体都应采用法治化和市场化相结合的监管模式。所谓法治原则实际上就是实现公司的政企分开和政资分开。尤其是政府机构进行的行政监督，更要改变过去用行政权力直接干预的形式，通过法治手段进行监督，做到监督有法可依。国资委也应当区分出资人监管和行政监管，通过授权和放权减少行政审批事项。而对于作为权力机关的人大来说，加强人大对国有资本的监督，可以通过立法或者修改现行法律的形式保证其对公司行使外部监督权的规范性和合法性。因此，建立公司外部监督制度必须按照法治原则，运用法律思维来加强外部监督主体对国有资本投资运营公司的监督，使外部监督权利在法律的规定下行使。

(二) 统一监督原则

由于我国国有资产监管一直存在监管主体较多但监管范围重叠的问题，统一外部监督，明确各监督主体的监督权利和监督范围，有利于提高监督效率。因此，统一监督原则是指将现有的外部监督力量进行整合，形成全方位、大口径的外部监督体系，使不同的监督主体充分利用自身权力，实现有效监督。一方面，可以通过信息共享机制来进一步提高信息透明度，避免重复工作，减少信息不对称。比如纪检监察监督与政府部门的行政监督以及审计署的审计监督

等实现信息共享，减少监督成本。另一方面，则应从立法监督、行政监督、纪检监察监督、司法监督、社会监督等方面整合各监督主体，配合内部监督主体一起，形成全面覆盖式的监督方式。对国有资本投资运营公司进行监督时，既要避免过度监督，又要防止监督不到位。

（三）分类监管原则

分类监管原则是指根据国有资本投资运营公司的不同分类来合理合法地分配不同监管主体的原则。首先，根据国有资本投资运营公司出资人的不同和授权模式不同进行分类监管。具体是指直接授权并由政府即财政部直接出资的国有资本投资运营公司和间接授权由国资委出资的国有资本投资运营公司进行分类监管。从本质上看，外部监督主体对政府直接行使出资人权利的政策类公司和国资委通过授权行使出资人权利的商业类公司进行监督，公司性质不同自然监督方向和重点也有所不同。其次，根据中央和地方国有资本投资运营公司的不同情况，应该进行分类监管。对中央国有资本投资运营公司进行监管的依据主要是全国人大和国务院等制定的法律法规规章。而地方国有资本投资运营公司的监管虽然要以中央层面的制度为准则，但还是要根据地方经济特点和发展情况制定适合地方政府对其进行有效监督的法规规章。因此，对于中央和地方层面的 143 家国有资本投资运营公司只能进行分类监管。

三、国有资本投资运营公司实施监督的法律依据

本文研究的国有资本投资运营公司是由国资委代表国家直接出资的国有独资公司，并且是专业化和市场化运营国有资本的平台。因此，加强对国有资本投资运营公司的监督必须在法律规定的维度内进行，实施监督行为也应以法律为依据。而公司外部监督的法律依据主要分为两类：一是国家制定的法律法规；二是政府等行政机

构颁布的规章及规范性文件（见表6-1）。

表6-1　国有资本投资运营公司外部监督的法理依据

	法律法规依据	规章及规范性文件依据	
《企业国有资产监督管理暂行条例》	规定了国有资产监督管理机构对国有资产的监督职责，尤其是对国有独资公司派出监事会进行监督以及对其财务进行监督。	《中共中央、国务院关于深化国有企业改革的指导意见》	明确建立健全高效协同的外部监督机制。强化出资人监督；加强和改进外派监事会制度；加强纪检监察监督和巡视工作，强化对企业领导人员廉洁从业、行使权力等的监督；实施信息公开加强社会监督。
《企业国有资产法》	第七章对国有资产监督规定包括各级人民代表大会常务委员会审议本级政府履行出资人职责情况和国有资产监管情况并行使监督权；国务院和地方政府可对授权的国有资本出资人进行监督；审计机关对国家出资企业进行审计监督；社会公众对国有资产监管情况的监督以及会计师事务根据出资人机构的委托对财务报告进行的审计监督等。	《国务院关于改革和完善国有资产管理体制的若干意见》	规定必须改进国有资产监管方式和手段。具体包括建立监管权力清单和责任清单，优化监管流程，提高监管效率。建立出资人监管信息化工作平台，推进监管工作协同，实现信息共享和动态监管。完善国有资产和国有企业信息公开制度等。

	法律法规依据	规章及规范性文件依据	
《民法典》	第 259 条规定履行国有财产管理、监督职责的机构及其工作人员，应当依法加强对国有财产的管理和监督。	《国务院办公厅关于加强和改进企业国有资产监督防止国有资产流失的意见》	提出完善国有资产监管机构监督，加强和改进外派监事会监督，健全国有企业审计监督体系，增强纪检监察和巡视的监督作用。同时实施国有资产监管重大信息公开制度，发挥媒体监督和中介监督作用。
《审计法》	第 22 条规定审计机关对国有企业、国有金融机构和国有资本占控股地位或者主导地位的企业、金融机构的资产、负债、损益以及其他财务收支情况，进行审计监督。遇有涉及国家财政金融重大利益情形，为维护国家经济安全，经国务院批准，审计署可以对前款规定以外的金融机构进行专项审计调查或者审计。	《国务院办公厅关于建立国有企业违规经营投资责任追究制度的意见》	主要针对国有企业经营管理人员因违规经营投资造成国有资产损失的追究问责，加强对国有资产经营的事后监督。

法律法规依据	规章及规范性文件依据	
《监察法》	第12条规定向国有企业派驻或派出监察机构和监察专员。同时第15条规定将国有企业管理人员列入监察对象范围。	《中共中央关于建立国务院向全国人大常委会报告国有资产管理情况制度的意见》	全国人大常委会依照监督法、预算法、企业国有资产法等有关法律规定，把国务院关于国有资产管理情况报告纳入年度监督工作计划，精心组织审议，推进公开透明，实行全方位监督。县级以上地方要根据本地实际情况，建立政府向本级人大常委会报告国有资产管理情况制度。
		《国务院关于推进国有资本投资、运营公司改革试点的实施意见》	明确整合出资人监管和审计、纪检监察、巡视等监督力量，按照事前规范制度、事中加强监控、事后强化问责的原则，加强对国有资本投资运营公司的统筹监督。

来源：笔者整理。

四、国有资本投资运营公司外部监督主体与方式

目前，我国国有资本投资运营公司外部监督涉及的各监督主体比较广泛。根据国际经验和本国的政治、经济和文化体制的特点，基于我国独有的国有资本多层委托授权关系，公司外部监督主体主要分为来自国家公权力的监督主体和来自社会力量的监督主体两大类。因此外部监督方式也可以分为国家公权力监督和社会监督

两类。

(一) 来自国家公权力的监督主体与方式

从"全体人民—全国人大 (或地方人大) —国务院 (或地方政府) —国资委—国有资本投资运营公司—国家出资企业"的国有资本委托代理链条看,国有资本所有权的层层授权使得委托代理链条中的国家公权力机关不得不对国有资本行使监督权。只不过因为自身所承担的职责不同,对国有资本进行监督的方式也存在差异。在委托代理链条之外,鉴于国有资本投资运营公司的国有独资性质和专业化运营国有资本的市场化主体的定位,纪检监察机关和司法机关也被赋予了对公司的监督权。

1. 权力机关的人大监督

全国人民代表大会是由全体人民选举产生的人民代表组成的国家权力机关,拥有最高的立法权、监督权、决定权和任免权。我国《宪法》和《民法典》规定国家所有即全民所有,全国人民代表大会代表全体人民,应当成为法律意义上国有资本的所有者。因此,全国人民代表大会有权代表人民对国有资本投资运营公司行使监督权。具体包括通过立法行使监督权;通过对国有资产管理情况以及国有资本的预决算进行审议和提出质询行使监督权;通过对涉及国有资本的违法行为和相关案件进行监督等。

2. 行政机关的行政监督

行政机关是依据《宪法》和组织法等设立的,代表国家依法行使行政权力,组织和管理国家行政事务的机关。在我国,行政机关通常被认为是国家权力机关的执行机关。那么我国行政机关对国有资本进行监督,从广义上讲就是指政府及其相关部门行使监督权。在对国有资本投资运营公司的监督上,行使监督权的行政机关通常是指国资委和其他相关的政府机构。涉及国有资本的行政监督通常包括审计机关对国有资本投资运营的审计监督以及作为公司出资人的国资委除出资人监督以外所进行的行政监督。

3. 纪检监察机关的监察监督

根据《监察法》的规定，纪检监察机关的主要职责是对国家公职人员进行监察监督。并且该法将国有企业的高层管理人员也列入了监察范围。因此，纪检监察机关对国有资本投资运营公司进行监督主要是通过派驻纪检监察机构对公司管理层和党员干部行使监察权来实现的，目的在于防止"内部人控制"和"权力寻租"，并通过监督和调查等权力的行使来严防腐败行为的出现。

4. 司法机关的司法监督

对国有资本行使监督权的司法机关主要是指人民法院和人民检察院，即国家审判机关和国家检察机关。我国司法机关对国有资本进行监督是对涉及国有资本投资运营公司的案件行使检察权和审判权，通过司法的介入防止国有资本流失，维护国有资本安全。可以说司法监督是对国有资本进行监督的最后一道防线。

（二）社会监督的主体及其方式

除了国家公权力机关的监督外，国有资本所有权的全民属性也使得国有资本投资运营公司还必须接受来自社会公众和机构组织的监督，因而又形成了社会监督。国有资本投资运营公司的社会监督主体是指依法对公司日常经营管理行为和公司高管的行为进行监督的社会公众和机构组织等。这类监督的主体包括社会公众、媒体、社会组织或机构等，并形成了社会公众监督、社会组织监督、媒体监督和舆论监督的格局。社会监督区别于国家公权力监督，且无直接的法律效力，但其积极性、广泛性和主动性往往会影响国家公权力监督的运行，弥补国家公权力监督的不足。随着我国民主和法治发展的程度越来越高，公民意识越来越强，社会监督的作用越来明显。

第三节　国有资本投资运营公司外部监督机制存在问题

在"全体人民—全国人大（或地方人大）—国务院（或地方政府）—国资委—国有资本投资运营公司—国家出资企业"的国有资本委托代理链条中，除全民这个终极所有权人外，委托代理关系中的其他人既是国有资本监管的主体又是监管的客体。而监管主客体的一体化极易使国有资本监管制度出现问题。同时，一般对国有资本进行监管主要是对国有资本的运营载体进行监管。委托代理链条中的多层委托授权关系形成了对国有资本投资运营公司的多元监督机制，正因为多元监督主体权责不清晰以及监管权的滥用抑或不用，加之相关法律法规的约束也没有及时跟进和完善，反而成为掣肘公司国有资本外部监管的主要症结。[1]

一、国有资本出资人监督与行政监督的模糊

《企业国有资产监督管理暂行条例》将国资委定位为代表政府对国有资产进行监督管理的特设机构，同时又是国有资产的出资人代表。总之就是国资委既没有被划入政府机构的行政序列，也不具有公司的属性。而在实践中却是另一番情形：国资委在行使其监管职能时往往将国有资本的出资人监管职能和行政监管职能合二为一，此时国有资本监管机构和国有资本出资人机构的身份也具有同一性。国资委行使的出资人监督权是以国有股东的身份行使的权

---

〔1〕　国务院国有资产监督管理委员会研究局编：《探索与研究——国有资产监管和国有企业改革研究报告（2014—2015）》（上册），中国经济出版社 2017 年版，第 61~62 页。

利。在国有资本的委托代理链条中，为了实现所有权和经营权的分离，国资委必须以国有资本投资运营公司的出资人身份履行出资人职责，行使国有资本的出资监督权。从《公司法》的规定来看，这种只以出资人身份进行的监督应当属于私法范畴。而国资委行使的行政监督权则是基于社会公共利益目标通过制定与国有资本相关的法规和对国有资本进行管理等行政手段干预国有资本的运营，充分体现了政府行政机构的强制性监管原则。从法理上来看，国资委的行政监督以行政法规为依据，属于公法范畴。可见，国资委的出资人监督权与行政监督权是完全不同的两种监督权，但是却由同一个主体来行使。由此便出现这样的问题：国资委有时是站在国有公司的角度以股东身份追求国有资本的投资回报，强调资本的安全和保值增值；有时又从政府机构的角度行权，维护的是社会公共利益。因此出资人监督与行政监督模糊不清的后果就是政企不分和政资不分。国资委也因两种监督权的混淆，其对国有资本的监管被称为"老板加婆婆"的自己监管自己的方式。从本质上说，国资委进行出资人监督是在公司治理的范围内实施的，而行政监督是在行政管理体系中实现的，之所以两种不同监督方式陷于这种尴尬局面，是因为国资委在一开始就没有把国有资本出资人的职责与社会公共管理者的职责进行区别对待，自然在实践中就产生了各种问题。

二、国有资本监管的相关法律法规有待改进和完善

目前我国专门针对国有资本监管比较明确的法律法规仅有《企业国有资产法》和《企业国有资产监督管理暂行条例》。首先，《企业国有资产监督管理暂行条例》从行政法规的层面明确了国资委代表国家作为国有资产出资人的定位，同时还赋予了国资委对国有资产进行监管的职责。虽然在《企业国有资产监督管理暂行条例》中"企业国有资产监督"一章突出强调国资委是以出资人身份对国有资产进行监督，但是在现实中国资委从一开始就被赋予了出资人监管者和作为政府特设机构的行政监管者的双重身份。其次，从《企业国有资产法》第二章规定的整个内容看，刻意强调了国资委作为履行出资人职责机构的身份，而淡化甚至剥离了国资委作为政府特设的国有资产监督管理机构应当行使的监管职能。在"国有资产监督"一章强调了对国有资产进行监督的主体主要包括各级人民代表大会常务委员会、国务院和地方政府、履行出资人职责的机构、审计机关、负责监管的其他部门以及社会公众和社会机构，并提出监督方式包括人大监督、行政监督（包含审计监督）和社会监督。但是从该法第63条至第67条的规定中来看，上述监督主体的具体监管职能，以及各主体之间职责的划分并不清晰，在后续的相关法规规章中也没有详细的补充，这种情况导致的结果就是碰到有的问题"大家都管又或是大家都不管"，[1] 这样容易造成监督重叠或是监督真空。虽然《企业国有资产监督管理暂行条例》明确了国资委的行政监管职责，但《企业国有资产法》淡化了这项职责并突出了其作为出资人代表的职责。实践中国资委的行政监督职能是事实存在的，而且还出现了与其他政府部门交叉重叠的现象。国资委虽然是特设机构，但已经被列入政府序列。为了将两种职权分开，应该以法律的形式将国资委出资人监管的职责和行政监管的职责进行明确规定和分离。另外，在整个国有资产监管的演变过程中，国有资产监管的立法层次不高、出台的法律法规也不全面，除上述讨论的两部法律法规外，其他依据的法律规范多半属于行政法规和部门规章。即使《公司法》对国有独资公司作了额外的强调，

---

〔1〕 丁宇飞：《企业国有资产管理体制的法律探索》，华东政法大学2010年博士学位论文。

但也是在对普通商事公司的规定中附带进行的说明。[1] 因此，在强调整个国有资本以"管资本"为主的监管体制下，是否应当对国有资本的投资运营进行专门的立法，如《企业国有资本监管法》，或者是修改现行法规进行补充都是值得商榷的，但可以肯定的是对于国有资本的监管必须予以细则规范和法律保障才能提高监督效率。

三、监督力量分散与重复交叉

我国国有资产监管制度由一元监督向多元监督演变，形成了多元监督主体并存和多种监督机制共同发挥作用的多元监督体系。虽然相较于计划经济时期党政一体的一元监督机制，多元监督模式的构建在一定程度上说是一种进步，但是在实践中，各监督主体根据自身职权实施监督并没有形成协同监督的局面。监督主体的增加在实际上导致监督的分散，倘若无法整合各类监督资源，所谓的多元监督只是多头监督，最终也难以实现有效监督。具体原因在于：首先，多元监督主体的监督权限不明晰。多元监督机制一般包括人大监督、行政监督、纪检监察监督、司法监督和社会监督。可见多元监督主要是依靠国家公权力机关实现的，但是各级人大常委会、各级政府的行政机关、各级监察机关以及各级司法机关并没有对各自的监管权限进行明确说明，同时各监督主体的监督动机也不一致，很容易造成监管真空、重复监督甚至过度监督的情况出现。[2] 其次，多元监督机制中监督层次增多导致的监督力量分散。比如，中央巡视组与国资委派出的巡视组之间的关系，外派监事会和派驻的

〔1〕　陈雄根：《国有资产监管法律制度研究》，中南大学 2008 年博士学位论文。
〔2〕　郑国洪：《国有资产管理体制问题研究》，中国检察出版社 2010 年版，第232~233 页。

纪检监察机构之间的关系，企业内部纪检机构与外部监督机构之间的关系等。[1] 在上述多层监督关系中，各监督主体之间容易出现交叉监督和重复监督，从而造成监督资源的浪费。而我国对国有资产的监管权主要集中在立项权、人事权、财产权、稽核权、经营指导权和政策法规制定权等方面。[2] 一方面，这些监管权主要由人大以及相对应的政府行政机构（如审计机关）等多个监督主体来行使，因此必然存在监管权交叉重叠的问题，一旦需要对监督主体进行追责，难免会出现权责难以明晰的现象。另一方面，上述监管权体现出的主要是行政监督权力，行政权力的扩张必然会压缩人大、监察机关和司法机关的监督权力，有可能会弱化其他机构对国有资产的监督权。

四、信息公开不全面与监督意识缺乏导致社会监督不充分

我国《宪法》赋予了公民知情权和对国家机关及其工作人员的监督权，因此，社会公众对国有资产的运营情况同样拥有知情权和监督权。国有资产的全民所有属性使全体人民作为国有资产的终极所有权人有权对国有资产进行监督。而且社会公众对国有资产进行监督也是直接维护自身作为国有资本所有者的合法权益的途径。但实际情况却是国有资产的社会监督较为薄弱，原因在于：一方面，社会公众的监督权利意识不强以及其权利诉求的表达途径不通畅。由于社会公众本身缺乏监督意识和维权意识，对国有资产运营中出

---

〔1〕 杨秋波：《我国央企监督机制之反思与重构》，载《苏州大学学报（哲学社会科学版）》2018 年第 3 期。

〔2〕 刘现伟：《加快完善国资监管权力分配与制衡机制》，载《经济参考报》2018 年 7 月 16 日，第 7 版。

现的问题关注和警惕程度不高，加之其监督权行使的渠道较窄，[1]监督效果不明显。另一方面，由于监督信息透明度不高造成信息不对称，[2] 社会公众包括社会团体、新闻舆论、公民等无法参与到监督中来，弱化了其对国有资产监督权利的行使。相对于淡马锡公司和挪威全球养老基金向社会公开财务报告的制度，我国国有资本投资运营公司暂时还比较缺乏这种硬性规定的制约，公司的财务报告或是年报成了公司的涉密文件，目前也仅有小部分公司在其官网上进行了公布，而且还缺乏时效性。

第四节　域外国有资本投资运营公司监督方式比较与启示

基于委托代理理论，国有资本投资运营机构作为国家出资人与国有企业之间的市场化国有资本投资运营主体，成为世界各国运作国有资本的首选方式。由于不同国家政治、经济、文化等体制的差异，各国国有资本投资运营机构存在不同的特点。在国有资本监管方面，各国无一例外都采用了严格的监管方式，尽管方式不一，但目的都在于防止本国国有资本的流失，从而保证国有资本的保值增值。目前国外比较成熟的专门运营国有资本的公司或企业大致分为三类：一是综合型国有资本投资运营公司；二是以投资实体产业为主的大型国有企业集团；三是市场化基金投资平台机构。[3] 以上三种类型的国有资本投资运营机构与我国国有资本投资运营公司存

---

〔1〕 丁传斌：《地方国有资本运营法制探索》，北京大学出版社 2017 年版，第 187 页。

〔2〕 齐鹏、王泽旭：《改善我国国有资产监管制度的三个角度》，载《人文杂志》2013 年第 6 期。

〔3〕 马骏、张文魁等：《国有资本管理体制改革研究》，中国发展出版社 2015 年版，第 128～133 页。

在许多相似之处，通过借鉴这些公司的有效监督方式，可以帮助改进我国国有资本投资运营公司的监督方式。

一、域外国有资本投资运营公司监督方式之比较

第一，综合型国有资本投资运营公司的监督方式。

新加坡淡马锡公司是综合型国有资本投资运营公司的典型代表，并且被公众认为是全球运营国有资本最成功的国有投资公司。淡马锡公司设立主要是为了新加坡政府能够统一对国有企业的投资运营以及加强对政府关联企业的监管，因为淡马锡公司在本国控股的公司或企业基本都是关系国民生活和整个国家利益的企业。因此新加坡财政部成为淡马锡公司的唯一股东，但是政府却将监督权和管理权分开，并且将对淡马锡公司的监督摆在首要位置。其多重监督方式具体表现在：其一，通过淡马锡公司近几年公开的年报可知其一直是参照主权财富基金的圣地亚哥原则（Santiago Principles）积极向政府和社会公众进行信息披露，政府赋予公众和机构对淡马锡公司资料的调阅权；其二，财政部作为公司的唯一合法股东，可以随时审查公司的经营状况，充分行使国有资本的出资人监督权；其三，赋予国会议员对公司经营状况的质询权；其四，政府的行政部门也设立了专门的监督机构。淡马锡公司中派入的政府董事由贪污调查局进行监督，作为股东的财政部也专门设有商业犯罪调查局和金融管理局监督公司的投资运营行为。

第二，大型的投资型国有企业集团的监督方式。

法国政府持有法国电力集团超过80%的股份，国家持股局代表国家对公司行使股东权利。在对公司国有资本运营的监管方面，国家采取的也是多重监管模式。首先，议会可对公司行使审计权，执

行审计程序。[1] 其次，审计法院（政府的专门审计机构）通过对公司的财务和管理进行审计达到监督的目的。最后，财政部联合其他政府主管部门对公司的运营方向和投资控制等方面进行集中监管。另外，由于法国电力集团行业的特殊性，除国家持股局进行出资人监督之外，法国核安全管理局和法国能源监管委员会作为该行业的专门机构对公司进行行业监管和审计。[2]

第三，市场化基金投资平台机构的监督方式。

作为世界规模最大的主权财富基金——挪威政府全球养老基金，其为市场化基金投资平台机构的代表。顾名思义，挪威政府全球养老基金是由政府直接出资建立，政府的财政部为其法定管理人，而具体的投资运营则由财政部委托给挪威央行。挪威全球养老基金之所以发展迅速并成为全球最为知名的主权财富基金，关键在于其监管制度相当完善。首先，挪威全球养老基金的信息透明度极高，其运营机构——挪威央行每季度都会公开财务报告，既向政府部门汇报投资收益情况，又在官方网站发布供全体国民查询的相关信息，自觉接受社会监督。其次，财政部作为全球养老基金的出资人和法定管理人，按年度向挪威议会提交基金运营的工作报告，议会拥有对挪威全球养老基金的质询权。最后，挪威政府还设立了专门的监督机构——国家审计署定期对该基金的运作情况进行审计。

二、域外国有资本投资运营公司监督方式之启示

第一，严格按照标准进行信息披露。

---

〔1〕 张敏捷：《国有企业公司治理之研究——完善国有资产监管机制和优化国有企业公司治理结构》，载《经济体制改革》2013 年第 6 期。

〔2〕 贾涛：《法国电力集团公司治理的分析与启示》，载《经济导刊》2017 年第 3期。

从上述三类不同的国有资本投资运营机构的监督方式看，淡马锡公司和挪威全球养老基金都按照严格的标准进行公司信息的披露。信息披露越充分，越有利于各监督主体对信息的获取。尤其是淡马锡公司和挪威全球养老基金遵循主权财富基金的圣地亚哥原则充分向其出资人——政府和社会公众公布公司年报，以及向出资人按季度提供财务报告等方式，为监督主体提供及时、有效、全面的国有资本运营信息。而我国国有资本投资运营公司也应当充分考虑公司严格的信息披露标准，比如《上市公司信息披露管理办法》的规定，让信息充分曝于阳光之下，主动接受各监督主体的监督，才能使国有资本的终极所有者充分了解国有资本的整体运营情况。

第二，多重监督把关，外部监督为主。

无论是淡马锡公司、法国电力集团还是挪威全球养老基金平台，其出资人都是政府且政府是唯一的股东。但是从其监管方式来看，政府与公司之间的关系始终保持着分开，且国有资本的所有权与经营权做到了充分的分离，尤其是淡马锡公司的"无为而治"[1]，还将政府的监督权和管理权进行了明确区分。可见监督环节在各国国有资本投资运营机构的公司治理中起着关键作用，而且更加重视监督机制在公司运营中的有效实现。上述三类代表性的国有资本投资运营机构的监督方式的共性就是多重监督把关，外部监督为主。具体表现在：一是权力机关的监督。新加坡的国会、法国和挪威的议会都被赋予了对国有资本运营情况的质询权。二是行政机关的监督。政府的审计机构拥有对国有资本投资运营机构财务情况的充分审计权。三是社会公众和机构的监督。全体国民和社会机构可以随时查询国有资本投资运营机构的年报和相关信息。四是政

---

〔1〕 廖红伟：《我国国有资产监管问题与对策研究》，载《经济纵横》2009 年第 1 期。

府相关部门的行政监督。比如新加坡政府设立的贪污调查局、商业犯罪调查局和金融管理局等专业机构对淡马锡公司的高层管理人员和国有资本运营进行监督。由此可见，通常国外发达国家对企业国有资本的监督主要通过国（议）会与政府的外部监督来实现的。因此，构建"以外部监督为主的多重监督"制度值得我国在强化国有资本投资运营公司的监督时学习和借鉴。目前我国中央层面的国有资本投资运营公司的信息披露不是很充分，比如公司年报很难在官方网站上找到，即便有也存在披露不及时和不全面的问题。总之，加强我国国有资本投资运营公司的监督，完善以外部监督为主的监督制度，首先必须充分了解目前存在的问题，其次就是要针对具体的问题进行制度设计。

第五节　国有资本投资运营公司外部监督机制重构

从本质上说，权力机关、行政机关、检察机关和司法机关对国有资本投资运营公司进行监督是区别于公司治理主体进行的内部监督，是依据国家公权力机关的监督意愿进行的一种强制性制度供给。[1] 国家公权力机关的监督和社会监督共同构成了国有资本投资运营公司的外部监督，这种监督在一定程度上能够弥补公司内部监督的不足，更重要的是在防止公司出现"内部人控制"的问题上能够发挥重要作用。在公司治理中，外部监督往往比内部监督更为关键。鉴于国有资本投资运营公司的特殊定位和功能，其外部监督制度必然是国有企业外部监督制度的优化和升级，而且需要各监督主体转变角色，协同监督，形成合力，从而实现由"各自监督、分

---

〔1〕 郑石桥、李曼、郑卓如等：《国有企业监督制度"稻草人"现象——一个制度协调理论架构》，载《北京师范大学学报（社会科学版）》2013 年第 5 期。

散监督”向“无缝监督”的转变。[1]

一、人大监督——国有资本所有权的实现

鉴于国有资本的全民属性,我国宪法规定全国人民代表大会代表全民享有国有资本的所有权,并同时具有对国有资本投资运营进行监督的权利。而人大行使对国有资本监督的权利主要是通过立法权、质询权、审议权等形式进行。但从《企业国有资产法》第60条和第63条的规定内容来看,人大对国有资本的监督仅为原则性监督,且监督对象为履行国有资产监管职能的政府或政府机构,这使得国有资本的全民属性与人大行使的有限监督权形成鲜明反差。[2]而目前政府作为国有资本投资运营公司的出资人,也是国有资本运营管理的实际管控者,这种情形很容易出现权力寻租现象,并导致贪污腐败问题的发生,最终造成国有资本严重流失。[3]因此加强对国有资本投资运营公司的人大监督,一方面要充实立法监督,另一方面要完善“管资本”的监督。

(一) 充实人大的立法监督

人大的立法监督是指全国人民代表大会通过制定相关法律对国有资本的投资运营实施监督。就目前我国专门针对国有资本的立法来看,《企业国有资产法》是目前最高层级的专门性法律。该法在第七章对国有资产监督做了相关规定,从第63条至第67条笼统地涵盖了人大监督、审计监督和社会监督等内容,没有对行政监督进

---

〔1〕 薛有志、马程程:《国企监督制度的“困境”摆脱与创新》,载《改革》2018年第3期。

〔2〕 王东光:《德国联邦公共企业的监管制度》,载《法学》2014年第6期。

〔3〕 国家发展改革委体管所课题组:《学术界对国资监管体制改革的研究综述》,载《中国经贸导刊》2015年第7期。

行规定，而且各监督主体如何具体执行监督权也并没有做详细说明。同时《企业国有资产法》在整个内容中强调了国资委作为履行出资人职责机构进行的监管，淡化了其行政监管职能。这与《企业国有资产监督管理暂行条例》中强调国资委出资人职责并阐明其行政监管职能的规定存在一定的冲突。由于《企业国有资产监督管理暂行条例》先于《企业国有资产法》颁布但又未废止，而且目前这两部法律法规仍然是国有资本运营管理的行动指南，如何去协调其执行还需要人大做出进一步的解释。因此，人大可考虑适时启动修订现行《企业国有资产法》的有关内容，不仅要在法理上突出人大在国有资产所有权的委托代理关系中处于第一层委托人的地位，还要细化和明确各监督主体对国有资本的监督职能，或者单独针对国有资本的监督立法。

（二）完善人大的"管资本"监督

国有资本投资运营公司出资人的特殊性决定其必须接受全国人民代表大会的监督。因为国有资本的终极所有权人是全体人民，在委托代理链条的顶层，全体人民委托全国人民代表大会作为对国有资本运营和监督的代理人。同时根据我国《宪法》规定人大对行政机关享有监督权，即人大对作为国有资本出资人的国资委享有监督权，换句话说就是人大对国有资本投资运营公司的股东拥有监督权。该监督权主要是指质询监督和对国有资本经营预算的监督。为了落实国有资本的全民性质，在符合我国宪法的相关规定的前提下，应当将之前人大实施的审议工作制度升级为报告制度，于是2017 年底出台了《中共中央关于建立国务院向全国人大常委会报告国有资产管理情况制度的意见》。该报告制度是全国人大依法对国有资本运营管理进行监督的一个重要手段，对于国有资本投资运营公司资本流向的监督具有重要意义。在国家权力结构中，政府向全国人民代表大会报告国资管理情况如同公司治理结构中董事会向股东大会汇报的程序一样，国资委通过授权代表国家作为投资运营公司的出资人，应当向代表国有资本终极所有权人的全国人民代表大会的执行机构——全国人大常委会汇报国有资本管理情况。

根据《中共中央关于建立国务院向全国人大常委会报告国有资产管理情况制度的意见》的内容，通俗的理解就是要明确"国家的钱从哪儿来，花到哪儿去，具体应该怎么花，花的过程中有没有流失"的问题。因此，全国人民代表大会对国有资本投资运营公司进行监督实际上是一种"管资本"的监督。以法国电力集团、新加坡淡马锡公司和挪威全球养老基金为代表的域外国有资本投资运营公司都建立了议会对公司经营状况的质询以及公司向议会提交年度财务报告的监督制度。因此，建立和完善国有资本投资运营公司向各级人大常委会提交年度报告制度并配合人大质询监督，本质是通过报告制度加强对国有资本经营预算和投资运营的监督，从而有利于严管国有资本，防止国有资本流失，实现国有资产的保值增值。具体来说，第一，对投入到国有资本投资运营公司的国有资本的管理情况年度报告应当采取综合报告与财务专项报告相结合的方式。既要体现国有资本的基本情况，又要明确国有资本的投资方向和布局、投资风险及其控制、国有资本的收益和分配、公司高管薪酬以及如何对国有资本的投资运营进行监督等问题。第二，人大对国有资本运营管理情况报告的审议应当根据宪法规定的审议程序充分运用质询权和调查权并进行问责，同时与国有资本经营预决算的监督权相结合。我国《宪法》《预算法》《企业国有资产法》以及《各级人民代表大会常务委员会监督法》等法律法规对国有资本的经营预算专门作了相关规定，并赋予各级人大及其常委会对国有资本经营预算进行审查和监督的职责。党的十八大报告中也提出人大应当加强对政府全口径预算决算的审查和监督。因此，国有资本管理情况报告的撰写必须以国有资本经营预算的结果为参照，才能使人大掌握真实可靠的国有资本运营管理情况，并将此报告作为监督依据。

二、纪检监察监督——对公司高管职权行使的专门监督

较之一般的国有企业，国有资本投资运营公司作为纯粹的资本运作公司，本身所涉及的国有资本数量更庞大。而且根据《实施意见》，公司的出资人为国资委且公司的董事长由其任命。基于这两个原因，国家更应当加强对国有资本投资运营公司的监管，加强对公司高层管理人员的监督。而国家监察委员会的设立及《监察法》的颁布正好为国有资本投资运营公司的外部监督拓宽了新的渠道。监察委员会是一个与行政机关、司法机关平行且独立的国家监督机关。[1] 监察法则是行使监察权的主要法律依据，是国家监督领域的基本法律，具有统率其他一般法律、法规和规章的地位。[2] 因此，监察法的实施是国有公司和国有企业依法治企的重要依据。纪检监察机关对国有企业和国有公司的管理者实施监察监督，是具有中国特色现代企业制度中监督机制的体现。按照《实施意见》规定，纪检监察机关参与国有资本投资运营公司的治理是通过在公司派驻纪检监察机构来实现的。纪检监察机构的主要职责是对公司管理层和党员干部行使监察权。因此，这种监督方式被定义为"管人"的监督。因为国有资本投资运营公司的管理人员依据《公司

---

〔1〕 李红勃：《迈向监察委员会：权力监督中国模式的法治化转型》，载《法学评论》2017 年第 3 期。

〔2〕 姜明安：《国家监察法立法的若干问题探讨》，载《法学杂志》2017 年第 3 期。

法》《企业国有资产法》《国有资产监督管理暂行条例》等相关法律法规享有管理公司的权利，从本质上说就是以公司形式对国有资本进行运营、管理及配置，[1] 所以公司高管对国有资本的运营管理行为必然要受到国家的监督。《监察法》第 15 条就明确规定将国有企业管理人员纳入监察对象，为纪检监察机关对国有资本投资运营公司的管理层人员进行监察监督提供了法律依据。

国家监察委的监察权是一种独立的宪法性权力，[2] 可对国有资本投资运营公司的纪检监察机构授予一定的监察监督和调查处置的权力。这种监察权涵盖了事前、事中和事后监督，监督职能属于事前和事中监督，调查和处置的职能则属于事后监督。[3] 因此，派驻到公司的纪检监察机构具有监督投资运营公司管理层的日常运营管理、调查处置职务违法犯罪行为和违反公司章程的行为的职责。如发现重大违纪问题还应及时向上级监察委汇报，充分弥补国家监察委对国有资本投资运营公司高管的监察缺位。由此可见，从"管人"的层面加强对国有资本投资运营公司的监督，能使公司管理人员履行忠实义务和勤勉义务，防范道德风险的增加，从而避免公司管理层人员因权力寻租、贪污腐败等行为造成国有资本的流失。

---

〔1〕 马怀德：《〈国家监察法〉的立法思路与立法重点》，载《环球法律评论》2017 年第 2 期。

〔2〕 刘小妹：《人大制度下的国家监督体制与监察机制》，载《政法论坛》2018 年第 3 期。

〔3〕 周佑勇：《监察委员会权力配置的模式选择与边界》，载《政治与法律》2017 年第 11 期。

三、行政监督——公法层面监督权利的行使

(一) 国资委的专职行政监督

虽然《企业国有资产监督管理暂行条例》和《企业国有资产法》都明确了国资委作为履行国有资产出资人职责的机构的身份，但后者在规定中突出了国资委作为国有资产出资人而忽略了其行政监管职能，使得国有资产行政监督也在立法上出现空白。而事实是在实践中国资委的出资人和行政监管者的双重身份常被学者所诟病，两种职能的交叉反而造成了国有资产监管主体的错位、越位和缺位。国资委的全称是国有资产监督管理委员会，既然是监督管理机构就应当代表政府行使监管职责，这属于一种公共管理的行为。[1] 国资委的行政监管以国家管理需求论为理论基础，体现的是一种行政法律关系。而政府与国资委之间的行政契约成为政府这个行政主体沟通和约束国资委这个行政相对人行使监管权的执行机制。[2] 国资委在政府授权的范围内，基于维护公共利益和国有资本安全的初衷，[3] 对国有资本投资运营公司实施行政监督是其作为国资监管机构职责的具体表现。国资委对国有资本专职行政监督的职责包括：第一，对国有资产保值增值情况进行监督；第二，通过国有资本经营预算进行审核监督；第三，对公司国有资产进行基础管理。因此，虽然国资委是投资运营公司的出资人，但通过将出资人监管权的授权和下放，国资委将更多专司其行政监督的本职。

此外，国资委通过创新负面清单的监管模式来强化对投资运营

---

[1] 顾功耘：《国资监管机构的法律定位》，载《上海国资》2008 年第 6 期。

[2] 郭金良：《契约视角下企业国有资产法律监管研究》，载《法学论坛》2018 年第 2 期。

[3] 顾功耘等：《国资委履行出资人职责模式研究》，载《科学发展》2012 年第 9 期。

公司的行政监督。负面清单（Negative List）是指仅列举法律法规所禁止的事项，而对于那些法律法规没有被明确禁止的事项都认为是在法律允许的事项范围内。[1] 负面清单最初主要运用于国际通行的外商投资管理办法，其明显的特征是一个国家以否定性列表的形式标明外资禁止进入的领域或限定外资比例的行业清单。这是我国在市场准入方面采取的一种新型管理模式，通过运用法律行为的方式来调整市场主体行为。同样将这种模式的精髓运用到国有资本投资运营公司行政监管中，基于"法无禁止皆可行"的原则，[2] 国资监管机构采用"负面清单"监管的模式可以调整和规范国有资本投资运营公司的行为，给公司管理者树立了一个"行事指南"。负面清单明确了对公司的授权内容、范围和方式，通俗地说就是什么该做什么不该做，这样公司反而会获得更多的自主权，使得公司在松绑后能在更广阔的领域和方向去创造和创新。比如《中央企业投资监督管理办法》中便明确提出中央企业投资项目负面清单并且对中央企业投资项目进行分类监管（见表6-2），中央层面的国有资本投资运营公司适用此规定。其实所谓"管资本"主要就是"管投资"，政府先从中央企业的投资着手，建立投资项目负面清单作为中央层面国有资本投资运营公司的行事标准和参考指南，这样既明确了国资委对公司投资监管的底线，也对公司资本运营投资行为划定了红线，有利于防范投资风险，保护投资行为。

---

〔1〕 王利明：《负面清单管理模式与私法自治》，载《中国法学》2014年第5期。

〔2〕 胡迟：《国有资本投资、运营公司监管的新发展与强化对策》，载《经济纵横》2017年第10期。

表6-2　中央企业投资项目负面清单[1]

禁止类	不符合国家产业政策的投资项目
	未按规定履行政府审批程序的投资项目
	不符合经国资委审核的企业发展战略和规划的投资项目
	不符合企业投资决策程序和管理制度的投资项目
	未明确融资、投资、管理、退出方式和相关责任人的投资项目
	项目资本金低于国家相关规定要求的投资项目
	非主业投资超过国资委认定的非主业投资比例的投资项目
	投资预期收益低于5年期国债利率的商业性投资项目
	国资委债务风险管控企业推高企业负债率的投资项目
	非房地产主业中央企业新购土地开展的商业性房地产投资项目
特别监管类	未纳入年度投资计划的非主业投资项目
	单项投资额大于中央企业合并报表净资产50%的投资项目

（二）加强审计监督

对国有资本投资运营公司的行政监督除了国资委监督外，审计署的专职审计监督作为国家监督的重要组成部分发挥了不可或缺的作用。为了整合审计监督，国家除了将国家发展改革委等部门的相关职责划入审计署外，还将国务院国资委的国有企业领导干部经济责任审计和国有重点大型企业监事会的职责划归审计署。因为纵观世界各国先进经验，无一不是通过专门的审计机构行使审计权来加强对国有企业的监督。对国有企业和国有资本进行审计监督是我国《宪法》和《审计法》等相关法律赋予的职责，是加强公司治理、

---

〔1〕《中央企业投资监督管理办法》的规定。

严防腐败现象发生、防止国有资本流失的重要监督力量。具体来说，《企业国有资产法》第 65 条规定政府审计机关依照《审计法》对国有资本经营预算的执行情况和国家出资企业进行审计监督。《审计法》第 22 条规定审计机关对国企的资产、负债和损益进行审计监督。《审计法实施条例》则主要是对审计监督的范围作了进一步明确，其中第 19 条对国有资本占企业或金融机构资本（股本）总额的比例超过 50% 的需进行审计监督。而 2017 年施行的《关于深化国有企业和国有资本审计监督的若干意见》则明确了对国企、国有资本及国企领导履行经济责任情况进行审计监督的要求。根据相关法律法规及规范性文件的规定，作为专门运作国有资本的国有独资公司，国有资本投资运营公司必然被列入审计署的审计范围。此外，对公司管理层人员的经济责任审计也是外部审计监督的重要组成部分。简要地说，审计监督的主要对象，一是指整个国有资本投资运营公司，二是指公司高管。审计监督方式除了审计机关对财务收支情况和专项审计外，还需对公司高管的经济责任进行审计。为了加强审计监督，防止国有资本流失，对国有资本投资运营公司进行审计监督的审计内容主要包括公司是否遵守国家法律法规、是否贯彻落实党和国家的重大方针政策；公司投资运营国有资本的基本情况；对"三重一大"重要事项的决策情况；公司的财务情况以及对其高层管理者任期内的经济责任审计。由于国有资本投资运营公司是以"资本"这一纯经济要素来联系国家出资人与所出资企业的，[1] 强调的是国有资本的流动性、投资回报率和保值增值目标的实现，因此对国有资本投资运营公司进行审计监督显然要比普通国有企业更加严格。为了充分体现国有资本的全民属性和全民作为

---

〔1〕 叶陈云、杨克智：《国有资本投资运营公司内部审计规制体系构建研究》，载《审计研究》2015 年第 6 期。

终极所有权人的法律地位，对国有资本投资运营公司进行审计的结果应当及时向社会公告，并包括对国有资本审计查出问题后的整改情况和违规违法行为的追责和问责情况。[1]

四、司法监督——国有资本监督的最后一道防线

司法监督是对国有企业和国有资本进行监督的最后一道防线。司法监督的行权主体是司法机关，即审判机关和检察机关。我国司法机关将法律法规和规章作为其行事和行权的依据，其有权也有义务充分维护国家和全体人民的利益。因此，为了维护国有资本安全和防止国有资本流失，司法机关对国有资本投资运营公司进行司法监督是完善公司外部监督的必然要求。司法监督权的行使主要是通过人民法院的审判权和人民检察院的监察权来实现的，并通过诉讼程序介入公司治理。[2] 国有资本投资运营公司是国有独资公司，其终极出资人是全体人民，一旦公司在国有资本的运营管理过程中因违法违规行为损害了国家、社会和全体人民的公共利益，检察院、社会组织和个人就有权向法院提起诉讼，即通过国有资本公益诉讼的形式加强对国有资本投资运营公司的司法监督。对于公益诉讼，《行政诉讼法》第25条第4款则规定了对国有财产保护领域造成国家利益和社会公共利益损害的行为可由人民检察院提起诉讼。但是《民事诉讼法》第58条只限定了对生态环境、资源保护和食品药品安全领域的侵权行为提起诉讼，并没有针对国有资本相关领域的诉讼，同时社会组织和个人也没有被纳入公益诉讼主体的范

---

〔1〕　叶陈云、叶陈毅：《国企资本审计监督体系制度设计与实施探讨——基于〈关于深化国有企业和国有资本审计监督的若干意见〉视角》，载《商业会计》2017年第21期。

〔2〕　刘桂清：《公司治理的司法保障——司法介入公司治理的法理分析》，载《现代法学》2005年第4期。

围。因此，为了加强对国有资本投资运营公司的司法监督，国家应当充分赋予社会组织和个人与检察机关同样的在国有资本出现损失时提起公益诉讼的权利，并将其纳入公益诉讼主体的范围。检察机关与社会组织和公众一起提起公益诉讼，可以通过法院的审判权对国家利益和社会公共利益的受损情况进行司法救济。[1]那么公益诉讼的具体内容应包括：一是对国资委作为国有资本出资人对国有资本投资运营公司监管时的过度行政干预影响国有资本终极所有权人权利的情况进行诉讼；二是对国有资本投资运营公司中的领导层人员造成国有资本流失的贪污腐败等行为进行诉讼。

五、社会监督——全民股东监督权的生成

国有资本投资运营公司的社会监督是指国家公权力机关以外的社会组织和社会公众对公司运营管理国有资本的行为进行的不具有直接法律效力的监督，主要包括社会公众监督和社会舆论监督两种形式。

首先，根据我国《宪法》和《企业国有资产法》的相关规定，国有资产属于全民所有，那么国有资本也归全民所有。全民作为国有资本的终极所有权人，应当拥有对国有资本基本信息的知情权，既然国有资本监督所提供的信息是一种"社会公共产品"，[2]那么这些信息也就应当向全社会公开。信息公开是社会监督的前提条件。虽然全民无法直接行使国有资本的所有权，但这并没有剥夺全

---

〔1〕 胡良才：《国有资产出资人法律制度研究》，西南政法大学 2015 年博士学位论文。

〔2〕 丁传斌：《地方国有资本运营法制探索》，北京大学出版社 2017 年版，第 264 页。

民作为国有资本终极所有权人而派生出的监督权。[1] 然而根据目前的实际情况，由于国有资本监督信息的披露缺乏足够的公开透明，而且披露的信息还存在不完整、不真实、不及时的特点，社会公众对国有资本的监督权很难实现。在国企公司治理中，公开透明是公司良治的首要核心特征，[2] 并且《OECD 国有企业公司治理指引》（2015 年版）对成员国的国有企业还专门作了信息披露和公开标准的规定。[3] 可见信息披露的充分与否直接影响着社会公众监督权的行使。我国曾在 2009 年依据《企业国有资产法》《企业国有资产监督管理暂行条例》《政府信息公开条例》制定了《国务院国有资产监督管理委员会国有资产监督管理信息公开实施办法》，并将其作为国有资产信息披露的合法依据，虽然规定了信息公开的范围、方式及程序等，但是仍没有体现信息公开的具体内容，显然效果并不明显。直到 2015 年出台国企改革纲领性文件——《中共中央、国务院关于深化国有企业改革的指导意见》，其第 22 条明确提出，要完善国有资产和国有企业信息公开制度，设立统一的信息公开网络平台，并依法依规、及时准确披露国有资本整体运营和监管、国有企业公司治理以及管理架构、经营情况、财务状况、关联交易、企业负责人薪酬等信息，从而充分保障社会公众对企业国有资产运营的知情权和监督权的有效行使。

　　因此基于"1+N"系列文件中顶层文件的指引，既要通过建立

---

　　〔1〕　韩中节：《国有资本运营的法律治理研究》，西南政法大学 2009 年博士学位论文。

　　〔2〕　刘俊海：《全面推进国有企业公司治理体系和治理能力现代化的思考与建议》，载《法学论坛》2014 年第 2 期。

　　〔3〕　《OECD 国有企业公司治理指引》（2015 年版）对成员国国有企业信息披露和公开的标准："国有企业应当高度透明，并在会计、披露、合规和审计等方面保持与上市公司同等的高标准和严要求。"

国有资产监管信息公开制度和设立信息公开平台来强化对国有资本投资运营公司的监督，又要提高社会公众监督的权利意识。具体来说，第一，从中央层面到地方层面建立覆盖国有资本投资运营公司的重大信息公开制度，依据相关法律法规及时、准确、完整地披露和公开国有资本整体运营管理情况、公司治理情况、财务状况、关联交易情况、公司管理架构、公司高管薪酬情况等信息。并按照《企业信息公示暂行条例》，在依法保护国家机密和公司商业机密的前提下，建立投资运营公司的信息公开平台，按照公司的重大信息公开制度进行国有资本运营管理信息的公开披露，并细化信息公开的内容、范围、程序、形式、时限以及重大事件发生的过程、调查原因、整改问责追究等监督信息。[1] 第二，提高社会公众的监督意识。对于损害国家利益和社会公众利益并造成国有资本流失的行为，应当积极主动和理性地进行社会监督，并通过合法途径行使监督权。

其次，社会舆论监督是指借助新闻媒体等传播媒介表达意见、态度和建议等的监督行为，是我国宪法赋予的监督权的充分体现。社会舆论监督通常以媒体作为专业的信息收集者、处理者和传播者，能够充分弥补国家公权力机关在国有资本投资运营公司外部监督中的不足。[2] 并且社会舆论监督相较于社会公众监督，其优势是监督影响力大，监督方式公开透明而且及时高效。有外国学者认为，舆论监督通过媒体影响公司治理和加强外部监督的途径包括：一是利用媒体曝光的手段增加舆论影响并引发关注，从而使得行政

---

〔1〕 本书编写组编：《国企改革若干问题研究》，中国经济出版社 2017 年版，第265 页。

〔2〕 周开国、应千伟、钟畅：《媒体监督能够起到外部治理的作用吗？——来自中国上市公司违规的证据》，载《金融研究》2016 年第 6 期。

机构进行监督和介入；二是管理者会考虑媒体曝光对自身公众形象的影响而不敢肆无忌惮。因此，在对国有资本投资运营公司进行外部监督时，可以充分发挥社会舆论监督的作用。但值得注意的是，要防止舆论监督权利的滥用，因此必须以公民的合法言论自由为前提，并加强新闻舆论的自主性。

第六节　国有资市投资运营公司外部监督机制的制度保障

维护国有资本安全，防止国有资本流失，实现国有资本保值增值是国有资本投资运营公司外部监督制度的设计目标。虽然通过人大监督、行政监督、纪检监察监督、司法监督和社会监督的全方位协同监督机制可以强化对国有资本运营管理的监督，但是外部监督的实现仍然需要机制保障。而建立和完善违规经营投资责任追究制度既是监督目标的落实，又是国家公权力和社会力量对国有资本进行监督的延续。由于责任追究制度尤其是终身追责制度产生的警示作用过于明显，为了防止国有资本投资运营公司的管理者们求稳不敢创新行事的情况出现，建立容错机制用于辅助责任追究制度的实行存在一定的必要性。

一、违规经营投资责任追究制度的完善

违规经营投资责任追究制度实施的法理依据主要来自法律法规和规范性文件。早在《企业国有资产法》出台时，其第 8 条就规定了要建立责任追究制度来监督国有资产的保值增值。在 2013 年发布的《中共中央关于全面深化改革若干重大问题的决定》中，国家明确要求对国有企业经营投资责任进行追究。2015 年发布的《中共中央、国务院关于深化国有企业改革的指导意见》则将"严格责

任追究"作为国企改革的一项重要任务。2016 年《国务院办公厅关于建立国有企业违规经营投资责任追究制度的意见》正式对国有企业的责任追究范围，损失认定，直接责任、主管责任和领导责任的经营投资责任认定，组织处理、扣减薪酬、禁入限制、纪律处分、移送司法机关等责任追究的处理方式以及责任追究工作的组织实施等作了详细规定，并首次提出了重大决策终身责任追究制度的概念。基于该意见对违规经营投资责任制度制定的框架，2018 年 8 月施行的《中央企业违规经营投资责任追究实施办法（试行）》从责任划分范围、责任认定标准和责任追究处理形式等方面进行了具体的规定。结合法理依据和实践情况，对国有资本投资运营公司中出现的违规经营投资进行责任追究关注的重点在投资经营决策和公司业务执行上，通常是滥用职权行违法违规之事或者未按公司章程规定正确履职。因此，应当加强对公司"三重一大"重要事项的责任追究，促进公司高管提高自身决策能力和水平，规范决策行为，同时提高职业道德水平，防范违法违规行为。另外可以采用负面清单形式，对违规经营投资责任追究的范围、依据、认定、处理方式等进行规范，在追究责任时做到有章可循。

完善责任追究制度有利于保护国有资本安全，降低国有资本流失的风险，在国有资本的监督体系中有利于加强投资经营决策行为的改进，从源头控制违规经营、盲目投资、暗箱操作、转移资产等损害国有资本的行为。但是重大决策终身责任追究制度的实行无疑会因为"终身追责"的威慑力在很大程度上起到防止国有资本流失的作用。可是正因为终身责任追究的影响，对于国有资本投资运营公司的高管来说，可能会形成一种"宁可错过也别犯错"的心理，从而不利于公司的创新和发展，因此急需一种辅助制度来突破责任追究制度单方面形成的桎梏。

二、责任追究制度的补充——容错机制的建立

终身追责制度作为违规经营投资责任追究制度体系的重要部分，规定了国有企业领导层人员因重大决策违规行为所导致的后果将终生伴随其左右，相关责任人无论以后是否离开企业都必须承担相应的责任。国有资本投资运营公司的公司行为涉及的是对国家庞大体量的国有资本进行投资运营，如果公司高管们因终身追责制度的影响而小心行事，为了避免承担过失造成的责任而对公司采取消极管理，导致公司无法创新发展，那么建立容错机制则是对责任追究制度的一种变相补充。党的十九大和《关于营造企业家健康成长环境弘扬优秀企业家精神更好发挥企业家作用的意见》都明确提出要通过营造宽容失败的文化氛围来充分保护企业经营管理者干事创业的积极性体现在制度上，就是建立容错机制。那么对国有资本投资运营公司来说，容错机制的实施应当由国家法律法规和党内法规共同作为依据。国资监管机构鼓励公司高管们勇于创新而宽容失败但又问责无为，可以通过法律形式规定免予追究责任的条件、程序和范围来科学界定容错行为。

在国有资本投资运营公司中建立容错机制主要是指董事会和经理层的成员在法定授权范围内行使职权，即使出现失误，但能够及时改正，并且将因失误造成的损失缩到最小范围，让风险降到最低，从而对经营管理层的高管们施以宽容的态度，鼓励其培养企业家精神并继续对公司进行经营管理。具体免于追责的认定条件应包括以下：法律法规和党内法规没有明确禁止的；符合国资国企改革的政策性规范要求的；不是为自己、他人等牟取私利的。而对其免予追责认定的机构应由纪检监察机关来承担核实和认定的工作。

参考文献

一、中文文献

（一）著作类

[1]《马克思恩格斯全集》（第 23 卷），中共中央马克思恩格斯列宁斯大林著作编译局译，人民出版社 1972 年版。

[2][美]哈罗德·德姆塞茨：《所有权、控制与企业——论经济活动的组织》，段毅才等译，经济科学出版社 1999 年版。

[3][奥]庞巴维克：《资本实证论》，陈端译，商务印书馆 1981 年版。

[4][美]康芒斯：《制度经济学》（上册），于树生译，商务印书馆 1983 年版。

[5]王名扬：《法国行政法》，中国政法大学出版社 1988 年版。

[6]佟柔主编：《中国民法》，法律出版社 1990 年版。

[7]吴敬琏：《现代公司与企业改革》，天津人民出版社 1994 年版。

[8][日]青木昌彦、钱颖一主编：《转轨经济中的公司治理结构：内部人控制和银行的作用》，中国经济出版社 1995 年版。

[9][法]卢梭：《社会契约论》，何兆武译，商务印书馆 1997 年版。

[10]王利明：《物权法论》，中国政法大学出版社 1998 年版。

[11][美]玛格丽特·M.布莱尔：《所有权与控制——面向

21世纪的公司治理探索》，张荣刚译，中国社会科学出版社1999年版。

［12］杨开峰编著：《国有企业之路——法国》，兰州大学出版社1999年版。

［13］吴谦立：《公司治理——建立利益共存的监督机制》，中国政法大学出版社2006年版。

［14］梅慎实：《现代公司机关权力构造论》（修订本），中国政法大学出版社2000年版。

［15］［美］亨利·汉斯曼：《企业所有权论》，于静译，中国政法大学出版社2001年版。

［16］［美］保罗·萨缪尔森、威廉·诺德豪斯：《经济学》（第16版），萧琛等译，华夏出版社1999年版。

［17］缪炳垄主编：《国有资产出资人》，湖南人民出版社2002年版。

［18］李维安等：《现代公司治理研究——资本结构、公司治理和国有企业股份制改造》，中国人民大学出版社2002年版。

［19］［日］美浓部达吉：《公法与私法》，黄冯明译，中国政法大学出版社2003年版。

［20］［美］E.博登海默：《法理学：法律哲学与法律方法》，邓正来译，中国政法大学出版社2004年版。

［21］于国安主编：《国有资产运营与监管》，经济科学出版社2004年版。

［22］王克稳：《经济行政法基本论》，北京大学出版社2004年版。

［23］陈元主编：《国有资产管理体制改革研究》，中国财政经济出版社2004年版。

［24］［美］阿道夫·A. 伯利、加德纳·C. 米恩斯：《现代公司与私有财产》，商务印书馆 2005 年版。

［25］张维迎：《产权、激励与公司治理》，经济科学出版社 2005 年版。

［26］李维安主编：《公司治理学》，高等教育出版社 2005 年版。

［27］周友苏：《新公司法论》，法律出版社 2006 年版。

［28］赵旭东主编：《公司法学》（第 2 版），高等教育出版社 2006 年版。

［29］何加明：《国有资本营运新论》，西南财经大学出版社 2006 年版。

［30］费方域：《企业的产权分析》，上海人民出版社 2006 年版。

［31］朱慈蕴等：《公司内部监督机制——不同模式在变革与交融中演进》，法律出版社 2007 年版。

［32］李昌麒主编：《经济法》（第 2 版），法律出版社 2008 年版。

［33］刘俊海：《公司法学》，北京大学出版社 2008 年版。

［34］［德］罗尔夫·施托贝尔：《经济宪法与经济行政法》，谢立斌译，商务印书馆 2008 年版。

［35］郭复初领著：《完善国有资产管理体制问题研究》，西南财经大学出版社 2008 年版。

［36］蒋建湘：《公司诉讼研究》，法律出版社 2008 年版。

［37］顾功耘等：《国有资产法论》，北京大学出版社 2010 年版。

［38］［德］格茨·怀克、克里斯蒂娜·温德比西勒：《德国公

司法》（第21版），殷盛译，法律出版社2010年版。

［39］徐晓松等：《国有独资公司治理法律制度研究》，中国政法大学出版社2010年版。

［40］郑国洪：《国有资产管理体制问题研究》，中国检察出版社2010年版。

［41］吴易风、关雪凌等：《产权理论与实践》，中国人民大学出版社2010年版。

［42］［美］莱纳·克拉克曼、亨利·汉斯曼等：《公司法剖析：比较与功能的视角》（第2版），罗培新译，法律出版社2012年版。

［43］［美］罗伯塔·罗曼诺：《公司法基础》（第2版），罗培新译，北京大学出版社2013年版。

［44］［美］弗兰克·伊斯特布鲁克、丹尼尔·费希尔：《公司法的经济结构》（第2版），罗培新、张建伟译，北京大学出版社2014年版。

［45］张维迎：《理解公司：产权、激励与治理》，上海人民出版社2014年版。

［46］马正武：《公司治理与国有资产经营》，中国财富出版社2014年版。

［47］张文魁：《混合所有制的公司治理与公司业绩》，清华大学出版社2015年版。

［48］王新红等：《国有企业法律制度研究》，中央编译出版社2015年版。

［49］杨紫烜主编：《经济法》（第5版），北京大学出版社、高等教育出版社2014年版。

［50］马骏、张文魁等：《国有资本管理体制改革研究》，中国发展出版社2015年版。

［51］李维安、郝臣编著：《公司治理手册》，清华大学出版社2015年版。

［52］刘纪鹏：《凤凰涅槃——刘纪鹏论国资改革》，东方出版社2016年版。

［53］李锦：《国企改革顶层设计解析》，中国言实出版社2015年版。

［54］中国社会科学院工业经济研究所联合课题组、中国投资协会国有投资公司专业委员会：《国有资本投资与运营——国有投资公司的实践探索》，经济管理出版社2015年版。

［55］范健、王建文：《商法学》（第4版），法律出版社2015年版。

［56］国务院国资委新闻中心《国资报告》杂志社编：《国企改革12样本》，中国经济出版社2016年版。

［57］徐晓松等：《国有股权行使和监管法律制度研究》，北京大学出版社2016年版。

［58］郑志刚：《中国公司治理的理论与证据》，北京大学出版社2016年版。

［59］马骏等：《国企改革路线图探析》，中国发展出版社2016年版。

［60］姜付秀、［美］肯尼斯·A.金、王运通：《公司治理：西方理论与中国实践》，北京大学出版社2016年版。

［61］潘泽清：《国有资本投资运营公司管理——纯粹控股公司解析》，经济科学出版社2017年版。

［62］丁传斌：《地方国有资本运营法制探索》，北京大学出版社2017年版。

［63］本书编写组编：《国企改革若干问题研究》，中国经济出

版社 2017 年版。

［64］国务院国有资产监督管理委员会研究局编：《探索与研究——国有资产监管和国有企业改革研究报告（2014—2015）》（上册），中国经济出版社 2017 年版。

［65］［美］罗伯特·A.G. 蒙克斯、尼尔·米诺：《公司治理》（第 5 版），李维安等译，中国人民大学出版社 2017 年版。

［66］国务院国资委改革办编：《国企改革探索与实践——地方国有企业 100 例》（上），中国经济出版社 2018 年版。

［67］国务院国资委改革办编：《国企改革探索与实践——地方国有企业 100 例》（下），中国经济出版社 2018 年版。

［68］国务院国资委改革办编：《国企改革探索与实践——中央企业子企业 150 例》（上），中国经济出版社 2018 年版。

［69］国务院国资委改革办编：《国企改革探索与实践——中央企业子企业 150 例》（下），中国经济出版社 2018 年版。

［70］王仲兵：《深化国有企业改革与国有资本出资人制度研究》，经济科学出版社 2018 年版。

［71］毕革新、王继承、许春燕：《公司治理视角下的党组织与中国特色国有企业监督体制机制研究》，中国发展出版社 2019 年版。

［72］孙晋：《竞争性国有企业改革路径法律研究——基于竞争中立原则的视角》，人民出版社 2020 年版。

［73］李建伟：《公司法学》（第 5 版），中国人民大学出版社 2022 年版。

（二）期刊类

［1］王利明：《论国家作为民事主体》，载《法学研究》1991 年第 1 期。

[2] 钱颖一：《企业的治理结构改革和融资结构改革》，载《经济研究》1995年第1期。

[3] 刘学灵：《国有企业资本化经营的法理研究》，载《政治与法律》1995年第3期。

[4] 费方域：《什么是公司治理?》，载《上海经济研究》1996年第5期。

[5] 张维迎：《所有制、治理结构及委托—代理关系——兼评崔之元和周其仁的一些观点》，载《经济研究》1996年第9期。

[6] 杨瑞龙：《论国有经济中的多级委托代理关系》，载《管理世界》1997年第1期。

[7] 林毅夫、李周：《现代企业制度的内涵与国有企业改革方向》，载《经济研究》1997年第3期。

[8] 刘学灵：《论国家所有权人与投资主体间的法律关系》，载《政治与法律》1997年第3期。

[9] 崔勤之：《对我国公司治理结构的法理分析》，载《法制与社会发展》1999年第2期。

[10] 林毅夫：《国有投资公司与国有资本的市场化》，载《经济研究参考》2001年第1期。

[11] 朱大旗、朱永扬：《关于建立我国国有资产监管新体制的思考》，载《法学家》2002年第5期。

[12] 屈茂辉、肖海军：《建立经营性国有资产代表人制度》，载《政法论坛》2002年第6期。

[13] 杨震：《论我国公司法人治理结构制度的完善》，载《中国法学》2003年第1期。

[14] 彭真明、江华：《美国独立董事制度与德国监事会制度之比较——也论中国公司治理结构模式的选择》，载《法学评论》

2003 年第 1 期。

[15] 廖斌、徐景和：《公司多边治理研究》，载《政法论坛》
2003 年第 1 期。

[16] 魏家福：《完善国有出资人到位制度是国企建立有效公司
治理结构的关键——关于深化国企改革的战略思考》，载《经济社
会体制比较》2003 年第 1 期。

[17] 王继欣、陶翀：《国有独资公司法人治理结构问题研究》，
载《当代法学》2003 年第 4 期。

[18] 王全兴、傅蕾、徐承云：《国资委与国资运营主体法律关
系的定性探讨》，载《法商研究》2003 年第 5 期。

[19] 马俊驹、宋刚：《民事主体功能论——兼论国家作为民事
主体》，载《法学家》2003 年第 6 期。

[20] 黄建勋：《董事会内部权力构架辨析》，载《当代法学》
2003 年第 8 期。

[21] 李维安、李建标：《股权、董事会治理与中国上市公司的
企业信用》，载《管理世界》2003 年第 9 期。

[22] 张作华：《论我国国家法律人格的双重性——兼谈国家所
有权实现的私法路径》，载《私法》2004 年第 1 期。

[23] 平新乔：《"功能错位"的国资委》，载《中国企业家》
2005 年第 2 期。

[24] 耿建新、崔宏：《国有资本监管理论与实务创新》，载
《财经科学》2005 年第 2 期。

[25] 赵旭东、王莉萍、艾茜：《国有资产授权经营法律结构分
析》，载《中国法学》2005 年第 4 期。

[26] 顾功耘：《国有经济法律制度构建的理论思考》，载《毛
泽东邓小平理论研究》2005 年第 4 期。

［27］刘桂清：《公司治理的司法保障——司法介入公司治理的法理分析》，载《现代法学》2005 年第 4 期。

［28］谢增毅：《董事会委员会与公司治理》，载《法学研究》2005 年第 5 期。

［29］王新红、谈琳、周俊桦：《论国资委的性质——兼评〈企业国有资产监督管理暂行条例〉之不足》，载《当代财经》2005 年第 5 期。

［30］龙卫球、李清池：《公司内部治理机制的改进："董事会—监事会"二元结构模式的调整》，载《比较法研究》2005 年第 6 期。

［31］顾功耘、罗培新：《试论国资授权经营的法律问题》，载《甘肃政法学院学报》2005 年第 4 期。

［32］徐涤宇：《所有权的类型及其立法结构〈物权法草案〉所有权立法之批评》，载《中外法学》2006 年第 1 期。

［33］张国平：《国有企业与现代企业产权制度融合性的法律分析》，载《南京社会科学》2006 年第 3 期。

［34］冯根福：《中国公司治理基本理论研究的回顾与反思》，载《经济学家》2006 年第 3 期。

［35］周刚志：《公物概念及其在我国的适用——兼析〈物权法草案（征求意见稿）〉相关条款》，载《现代法学》2006 年第 4 期。

［36］李明辉：《论国有企业监事会制度》，载《山西财经大学学报》2005 年第 6 期。

［37］洪学军：《分权与制衡：国有资产监督管理委员会职能探析》，载《法学》2006 年第 9 期。

［38］陈闯、孙遇春：《混合所有制下的公司治理模式选择与构

建》，载《经济论坛》2006 年第 16 期。

[39] 张文魁：《国资委的定位与直接持股问题研究》，载《调查研究报告》2006 年第 236 期。

[40] 葛云松：《法人与行政主体理论的再探讨——以公法人概念为重点》，载《中国法学》2007 年第 3 期。

[41] 欧阳淞：《国有资本经营预算制度的几个基本问题》，载《法学家》2007 年第 4 期。

[42] 魏明海、柳建华：《国企分红、治理因素与过度投资》，载《管理世界》2007 年第 4 期。

[43] 虞政平：《构建中国多元化公司治理结构新模式》，载《中外法学》2008 年第 1 期。

[44] 郑海航、戚聿东、吴冬梅：《对完善国有独资公司董事会监事会及关系探讨》，载《经济与管理研究》2008 年第 1 期。

[45] 邓峰：《中国公司治理的路径依赖》，载《中外法学》2008 年第 1 期。

[46] 燕春、史安娜：《从国资委到人民代表股东会——国有资产出资人制度批判与重构》，载《经济体制改革》2008 年第 3 期。

[47] 曹兴权：《公司治理模式演化争论的法律思维根源》，载《现代法学》2008 年第 4 期。

[48] 顾功耘：《国资监管机构的法律定位》，载《上海国资》2008 年第 6 期。

[49] 胡改蓉：《构建本土化的国有资产经营公司》，载《法学》2008 年第 6 期。

[50] 张骏：《国家授权投资机构或部门应指履行出资人经营职责的机构》，载《法学》2008 年第 6 期。

[51] 郑海航：《内外主体平衡论——国有独资公司治理理论探

讨》，载《中国工业经济》2008 年第 7 期。

　[52] 汤吉军、郭砚莉:《国有独资与国有控股公司治理模式研究——来自美日公司治理结构比较的经验》，载《首都经济贸易大学学报》2008 年第 2 期。

　[53] 郑海航:《中国国有资产管理体制改革三十年的理论与实践》，载《经济与管理研究》2008 年第 11 期。

　[54] 廖红伟:《我国国有资产监管问题与对策研究》，载《经济纵横》2009 年第 1 期。

　[55] 王克稳:《论国有资产的不同性质与制度创设》，载《行政法学研究》2009 年第 1 期。

　[56] 刘子愈:《中国国有企业资本运营研究》，载《理论探讨》2009 年第 1 期。

　[57] 黄速建、金书娟:《中国国有资产管理体制改革 30 年》，载《经济管理》2009 年第 1 期。

　[58] 胡改蓉:《"国有资产授权经营"制度的剖析及其重构》，载《西部法学评论》2009 年第 2 期。

　[59] 徐晓松:《论国有资产监督管理机构在国有资本经营预算中的职责》，载《政治与法律》2009 年第 4 期。

　[60] 徐孟洲、贾剑非:《论国有资本经营预算制度的法理基础与法价值》，载《政治与法律》2009 年第 4 期。

　[61] 王克稳:《〈企业国有资产法〉的进步与不足》，载《苏州大学学报（哲学社会科学版）》2009 年第 4 期。

　[62] 李曙光:《论〈企业国有资产法〉中的"五人"定位》，载《政治与法律》2009 年第 4 期。

　[63] 赵渊:《"董事会中心说"与"股东中心说":现代美国公司治理学说之辩》，载《比较法研究》2009 年第 4 期。

[64] 程淑娟：《确信与限制——国家所有权主体的法哲学思考》，载《河北法学》2009 年第 5 期。

[65] 蒋建湘：《出资人股权诉讼与企业国有资产保护——兼评我国〈企业国有资产法〉的实施》，载《法律科学（西北政法大学学报）》2009 年第 6 期。

[66] 张富田：《我国国有资本监管新模式的探讨》，载《当代财经》2009 年第 9 期。

[67] 张素华：《论国资委法律地位的再定位》，载《求索》2009 年第 11 期。

[68] 金凤：《我国现行国有资产管理体制的缺陷及成因分析》，载《特区经济》2009 年第 12 期。

[69] 顾功耘：《国资监管难题剖解》，载《上海市经济管理干部学院学报》2010 年第 2 期。

[70] 陈仕华、郑文全：《公司治理理论的最新进展：一个新的分析框架》，载《管理世界》2010 年第 2 期。

[71] 胡伟：《反思与重构：我国国有资产出资人制度之检视》，载《行政与法》2010 年第 3 期。

[72] 陈少晖：《国有企业利润上缴：国外运行模式与中国的制度重构》，载《财贸研究》2010 年第 3 期。

[73] 张涛、曲宁：《西方国有企业分红模式及政策比较：经验与借鉴》，载《会计之友（中旬刊）》2010 年第 6 期。

[74] 李维安等：《公司治理研究的新进展：国际趋势与中国模式》，载《南开管理评论》2010 年第 6 期。

[75] 王强：《构建现代国资监管制度的依据及路径》，载《经济社会体制比较》2010 年第 6 期。

[76] 胡改蓉：《国有公司董事会独立性之保障》，载《华东政

法大学学报》2010 年第 6 期。

[77] 赵万一、华德波:《公司治理问题的法学思考——对中国公司治理法律问题研究的回顾与展望》,载《河北法学》2010 年第 9 期。

[78] 刘纪鹏:《国有资产监管体系面临问题及其战略构架》,载《改革》2010 年第 9 期。

[79] 马乃云:《国外国有企业管理及收益收缴实践对我国的启示》,载《财会研究》2010 年第 17 期。

[80] 屈茂辉、刘敏:《国家所有权行使的理论逻辑》,载《北方法学》2011 年第 1 期。

[81] 李东方、李崇军:《党委会参与公司治理的法律分析——以国有控股上市公司为研究对象》,载李昌麒、岳彩申主编:《经济法论坛》(第 8 卷),群众出版社 2011 年版。

[82] 孙宪忠:《"政府投资"企业的物权分析》,载《中国法学》2011 年第 3 期。

[83] 马俊驹:《国家所有权的基本理论和立法结构探讨》,载《中国法学》2011 年第 4 期。

[84] 王灏:《淡马锡模式主要特征及其对我国国企改革的启示》,载《中共中央党校学报》2011 年第 5 期。

[85] 陈仕华、李维安:《公司治理的社会嵌入性:理论框架及嵌入机制》,载《中国工业经济》2011 年第 6 期。

[86] 董连翔:《定位权责 构建体制 坚持原则——正确处理国企党组织与董事会、监事会关系的若干思考》,载《现代国企研究》2011 年第 Z1 期。

[87] 廖红伟:《"委托—代理"机制与国有资产出资人模式创新》,载《江汉论坛》2011 年第 11 期。

［88］周佰成、史本叶、廖红伟：《外国企业国有资产出资人机构模式的比较与借鉴》，载《社会科学战线》2012 年第 1 期。

［89］华国庆：《我国国有资本收益若干法律问题研究》，载《法学论坛》2012 年第 1 期。

［90］丁传斌：《国资委出资人监管职责与行政监管职责的厘定》，载《企业经济》2012 年第 5 期。

［91］何玉润、王茂林：《国有资本收益权的保障：现实问题和监管策略》，载《会计与经济研究》2012 年第 6 期。

［92］江必新：《中国行政合同法律制度：体系、内容及其构建》，载《中外法学》2012 年第 6 期。

［93］蒋建湘：《我国国有公司股权结构及其法律改革——以公司治理效率为主要视角》，载《法律科学（西北政法大学学报）》2012 年第 6 期。

［94］毛立言：《关于中国特色现代国有企业治理结构问题的新思考——市场型国有企业治理结构的本质内涵与基本特征》，载《毛泽东邓小平理论研究》2012 年第 7 期。

［95］马连福、王元芳、沈小秀：《中国国有企业党组织治理效应研究——基于"内部人控制"的视角》，载《中国工业经济》2012 年第 8 期。

［96］郝云宏：《公司治理内在逻辑关系冲突：董事会行为的视角》，载《中国工业经济》2012 年第 9 期。

［97］顾功耘等：《国资委履行出资人职责模式研究》，载《科学发展》2012 年第 9 期。

［98］熊志军：《国有资本经营收益论析》，载《中国党政干部论坛》2012 年第 10 期。

［99］顾功耘、胡改蓉：《国有资本经营预算的"公共性"解

读及制度完善》，载《法商研究》2013 年第 1 期。

[100] [日] 佐藤孝弘：《从三个"谁"的角度分析中国国有公司治理——鉴于日本的失败经验》，载《北方法学》2013 年第 1 期。

[101] 蒋建湘：《国企利润分配、公司治理及改进》，载《政法论坛》2013 年第 2 期。

[102] 邓峰：《中国法上董事会的角色、职能及思想渊源：实证法的考察》，载《中国法学》2013 年第 3 期。

[103] 孙宪忠：《"统一唯一国家所有权"理论的悖谬及改革切入点分析》，载《法律科学（西北政法大学学报）》2013 年第 3 期。

[104] 张炜、逄锦彩：《国外国有资产监管体制比较研究》，载《税务与经济》2013 年第 3 期。

[105] 周天舒：《中国公司治理法律规则发展模式的再探讨：一个路径依赖的视角》，载《中国法学》2013 年第 4 期。

[106] 朱慈蕴、林凯：《公司制度趋同理论检视下的中国公司治理评析》，载《法学研究》2013 年第 5 期。

[107] 郑石桥、李曼、郑卓知：《国有企业监督制度"稻草人"现象——一个制度协调理论架构》，载《北京师范大学学报（社会科学版）》2013 年第 5 期。

[108] 刘俊海：《深化国有企业公司制改革的法学思考》，载《中共中央党校学报》2013 年第 6 期。

[109] 徐晓松：《公司治理："结构"抑或"问题"》，载《政法论坛》2013 年第 6 期。

[110] 马一德：《公司治理与董事勤勉义务的联结机制》，载《法学评论》2013 年第 6 期。

［111］张敏捷：《国有企业公司治理之研究——完善国有资产监管机制和优化国有企业公司治理结构》，载《经济体制改革》2013年第6期。

［112］李燕、唐卓：《国有企业利润分配与完善国有资本经营预算——基于公共资源收益全民共享的分析》，载《中央财经大学学报》2013年第6期。

［113］齐鹏、王泽旭：《改善我国国有资产监管制度的三个角度》，载《人文杂志》2013年第6期。

［114］谢地、刘佳丽：《非经营性国有资产监管机制、体制及制度亟待改革》，载《经济学动态》2013年第10期。

［115］王彦明、吕楠楠：《我国上市公司外部监督论略——以"看门人"机制为分析进路》，载《社会科学战线》2013年第12期。

［116］赵惠萍：《国有资本收益分配、机制改革与路径分析——基于国有资本预算"新政"实施的路径探析》，载《财经问题研究》2014年第1期。

［117］李昌庚：《企业国有资本出资人：国际经验与中国选择》，载《法学论坛》2014年第2期。

［118］陈道江：《国有资本投资运营的理性分析与路径选择》，载《中共中央党校学报》2014年第2期。

［119］刘俊海：《全面推进国有企业公司治理体系和治理能力现代化的思考与建议》，载《法学论坛》2014年第2期。

［120］张淑芳：《负面清单管理模式的法治精神解读》，载《政治与法律》2014年第2期。

［121］高明华等：《国有企业分类改革与分类治理——基于七家国有企业的调研》，载《经济社会体制比较》2014年第2期。

［122］叶岩、高建设:《国有企业党组织发挥政治核心作用探究》,载《西北工业大学学报（社会科学版）》2014年第3期。

［123］张政军:《"管资本为主":国资委如何当好股东?》,载《中国经济周刊》2014年第3期。

［124］王利明:《负面清单管理模式与私法自治》,载《中国法学》2014年第5期。

［125］闵乐、马刚:《国有资本的运营公司与投资公司有何不同?》,载《现代国企研究》2014年第5期。

［126］陈仕华、卢昌崇:《国有企业党组织的治理参与能够有效抑制并购中的"国有资产流失"吗?》,载《管理世界》2014年第5期。

［127］蒋建湘:《委托代理视角下国企公司治理的改进》,载《法律科学（西北政法大学学报）》2014年第6期。

［128］姜影:《法国国有企业管理体制改革的历程及成效》,载《法学》2014年第6期。

［129］胡改蓉:《新加坡国有控股公司的制度设计及面临的挑战》,载《法学》2014年第6期。

［130］王东光:《德国联邦公共企业的监管制度》,载《法学》2014年第6期。

［131］罗华伟、干胜道:《顶层设计:"管资本"——国有资产管理体制构建之路》,载《经济体制改革》2014年第6期。

［132］冯果、杨梦:《国企二次改革与双层股权结构的运用》,载《法律科学（西北政法大学学报）》2014年第6期。

［133］周茂青、陈少晖:《〈企业国有资产法〉框架下国有资本经营预算的功能定位》,载《福建论坛（人文社会科学版）》2014年第7期。

［134］王元芳、马连福：《国有企业党组织能降低代理成本吗？——基于"内部人控制"的视角》，载《管理评论》2014 年第10 期。

［135］顾功耘：《论国资国企深化改革的政策目标与法治走向》，载《政治与法律》2014 年第 11 期。

［136］张俊：《国有资本运营公司的功能定位与治理结构》，载顾功耘主编：《公司法律评论》（2015 年卷·总第 15 卷），上海人民出版社 2015 年版。

［137］何源：《论政府在国企改革中的第三种职能及其法律制度建构——以德国法上的母体行政组织对公营公司的影响义务为借鉴》，载《政治与法律》2015 年第 2 期。

［138］柳学信：《国有资本的公司化运营及其监管体系催生》，载《改革》2015 年第 2 期。

［139］胡国梁：《国资委法律性质研究》，载《湖南科技大学学报（社会科学版）》2015 年第 3 期。

［140］国家发展改革委体管所课题组：《学术界对国资监管体制改革的研究综述》，载《中国经贸导刊》2015 年第 7 期。

［141］吴骥：《关于北京市改组改造国有资本投资运营公司的思考和建议》，载《北京市经济管理干部学院学报》2015 年第 3 期。

［142］陈兴良：《国家出资企业国家工作人员的范围及其认定》，载《法学评论》2015 年第 4 期。

［143］张路：《公司治理中的权力配置模式再认识》，载《法学论坛》2015 年第 5 期。

［144］王伟：《国有资本经营预算的法治逻辑——以政治权力和财产权利的分野为视角》，载《科学社会主义》2015 年第 5 期。

[145] 国务院发展研究中心"国有资本管理体制改革研究"课题组：《开展国有资本投资运营公司试点的建议》，载《发展研究》2015年第5期。

[146] 年志远、夏元琦、史册：《国有独资公司治理结构重构研究》，载《经济体制改革》2015年第5期。

[147] 袁东明、陶平生：《国有资本投资运营公司的运行与治理机制》，载《发展研究》2015年第6期。

[148] 叶陈云、杨克智：《国有资本投资运营公司内部审计规制体系构建研究》，载《审计研究》2015年第6期。

[149] 姜朋：《独立董事相对论》，载《中外法学》2015年第6期。

[150] 刘俊海：《全民股东权利与国企治理现代化》，载《社会科学》2015年第9期。

[151] 王新红：《论企业国有资产管理体制的完善——兼论国资委的定位调整》，载《政治与法律》2015年第10期。

[152] 楼继伟：《以"管资本"为重点改革和完善国有资产管理体制》，载《时事报告（党委中心组学习）》2016年第1期。

[153] 肖金成、李军：《设立国有资本运营公司的几个关键问题》，载《人民论坛·学术前沿》2016年第1期。

[154] 何玉长、史玉：《国有资产管理体制：改革、完善与优化》，载《人民论坛·学术前沿》2016年第1期。

[155] 王新红：《〈企业国有资产法〉若干法律问题初探》，载《福建师范大学学报（哲学社会科学版）》2016年第1期。

[156] 郭雳：《中国式监事会：安于何处、去向何方？——国际比较视野下的再审思》，载《比较法研究》2016年第2期。

[157] 荣刚、李一：《国有资本投资运营公司中的党组织参与

治理研究》，载《理论学刊》2016 年第 3 期。

［158］杨超、谢志华、敖小波：《我国国有企业法人治理体系的演进与国外经验借鉴》，载《北京工商大学学报（社会科学版）》2016 年第 3 期。

［159］潘泽清：《投资运营公司的地位》，载《中国金融》2016 年第 4 期。

［160］张力：《国家所有权遁入私法：路径与实质》，载《法学研究》2016 年第 4 期。

［161］谢志华：《国有资产授权经营体系：理论和框架》，载《北京工商大学学报（社会科学版）》2016 年第 4 期。

［162］蒋大兴：《废除国资委？——一种理想主义者的"空想"》，载《清华法学》2016 年第 6 期。

［163］周开国、应千伟、钟畅：《媒体监督能够起到外部治理的作用吗？——来自中国上市公司违规的证据》，载《金融研究》2016 年第 6 期。

［164］高明华：《国企改革的"容错"如何避免踩红线》，载《国资报告》2016 年第 6 期。

［165］白金亚：《我国国有资产监管体制的历史演进与发展研究》，载《行政与法》2016 年第 7 期。

［166］麦磊、王广亮、顾梦：《国有资本投资运营公司与国企改革》，载《现代经济探讨》2016 年第 8 期。

［167］盛丹、刘灿雷：《外部监管能够改善国企经营绩效与改制成效吗？》，载《经济研究》2016 年第 10 期。

［168］秦前红：《检察机关参与行政公益诉讼理论与实践的若干问题探讨》，载《政治与法律》2016 年第 11 期。

［169］张清：《淡马锡模式中国化与国有企业董事会建设》，载

《财会月刊》2016 年第 25 期。

[170] 肖海军：《政府董事：国有企业内部治理结构重建的切入点》，载《政法论坛》2017 年第 1 期。

[171] 杜坤：《国有资本经营预算衔接法律机制的构建——以功能定位再思考为主线》，载《武汉大学学报（哲学社会科学版）》2017 年第 1 期。

[172] 罗虎：《"国企模式"：中国特色现代国有企业的制度路径》，载《现代国企研究》2017 年第 Z1 期。

[173] 周友苏：《中国特色国有公司治理的特征、要点和实现路径》，载《经济法论丛》2017 年第 2 期。

[174] 朱慈蕴：《公司法视角下国有出资人的股东职责与党的领导》，载《经济法论丛》2017 年第 2 期。

[175] 马怀德：《〈国家监察法〉的立法思路与立法重点》，载《环球法律评论》2017 年第 2 期。

[176] 刘艺：《检察公益诉讼的司法实践与理论探索》，载《国家检察官学院学报》2017 年第 2 期。

[177] 程承坪：《当前国企改革的方向：建立中国特色现代国有企业制度》，载《学习与实践》2017 年第 2 期。

[178] 罗新宇、田志友、朱丽娜：《地方国有资本投资运营公司发展现状与趋势展望——基于 12 省市国有资本投资运营公司的调查分析》，载《国资报告》2017 年第 2 期。

[179] 李红勃：《迈向监察委员会：权力监督中国模式的法治化转型》，载《法学评论》2017 年第 3 期。

[180] 姜明安：《国家监察法立法的若干问题探讨》，载《法学杂志》2017 年第 3 期。

[181] 蒋建湘、李依伦：《论公司章程在党组织参与国企治理

中的作用》，载《中南大学学报（社会科学版）》2017 年第 3 期。

[182] 李建伟：《国有企业特殊法制在现代公司法制中的生成与安放》，载《中南大学学报（社会科学版）》2017 年第 3 期。

[183] 蒋大兴：《走向"政治性公司法"——党组织如何参与公司治理》，载《中南大学学报（社会科学版）》2017 年第 3 期。

[184] 王曙光、王天雨：《国有资本投资运营公司：人格化积极股东塑造及其运行机制》，载《经济体制改革》2017 年第 3 期。

[185] 贾涛：《法国电力集团公司治理的分析与启示》，载《经济导刊》2017 年第 3 期。

[186] 王广辉、杨光：《论国有资本收益全民共享的宪法定位》，载《江汉论坛》2017 年第 3 期。

[187] 周游：《公司法上的两权分离之反思》，载《中国法学》2017 年第 4 期。

[188] 王新红、武欣玲：《论党组织参与国有公司治理的法律原则》，载《中南大学学报（社会科学版）》2017 年第 5 期。

[189] 刘大洪、许丹琳：《党组织参与国企公司治理的路径与法律保障研究——以国企分类改革为视角》，载《中南大学学报（社会科学版）》2017 年第 5 期。

[190] 马忠、张冰石、夏子航：《以管资本为导向的国有资本授权经营体系优化研究》，载《经济纵横》2017 年第 5 期。

[191] 胡锋、黄速建：《对国有资本投资公司和运营公司的再认识》，载《经济体制改革》2017 年第 6 期。

[192] 管金平：《中国市场准入法律制度的演进趋势与改革走向——基于自贸区负面清单制度的研究》，载《法商研究》2017 年第 6 期。

[193] 楚序平、俞立峰、张佳慧：《中国国有资本投资运营公

司改革模式探析》，载《清华金融评论》2017年第7期。

　　[194] 杨鹏程：《国有企业功能与国有资本演化的政治逻辑》，载《江汉论坛》2017年第7期。

　　[195] 戚聿东、肖旭：《国有企业利润分配的制度变迁：1979—2015年》，载《经济与管理研究》2017年第7期。

　　[196] 齐震、宋立刚、何帆：《渐进式转型经济中的国有企业监管：理论框架和中国实践》，载《世界经济》2017年第8期。

　　[197] 周佑勇：《监察委员会权力配置的模式选择与边界》，载《政治与法律》2017年第11期。

　　[198] 胡迟：《国有资本投资、运营公司监管的新发展与强化对策》，载《经济纵横》2017年第10期。

　　[199] 刘青山：《国有资本投资、运营公司探索新体制、新机制、新模式》，载《国资报告》2017年第10期。

　　[200] 何小钢：《国有资本投资、运营公司改革试点成效与启示》，载《经济纵横》2017年第11期。

　　[201] 叶陈云、叶陈毅：《国企资本审计监督体系制度设计与实施探讨——基于〈关于深化国有企业和国有资本审计监督的若干意见〉视角》，载《商业会计》2017年第21期。

　　[202] 潘泽清：《组建国有资本投资运营公司的模式和实施方式研究》，载《经济研究参考》2017年第25期。

　　[203] 徐晓松：《国家股权及其制度价值——兼论国有资产管理体制改革的走向》，载《政法论坛》2018年第1期。

　　[204] 刘霄鹏：《国资监管与国企监督机制的新维度思考——以中国现行企业立法为分析视角》，载《大连海事大学学报（社会科学版）》2018年第1期。

　　[205] 王贵：《党组织内嵌国有企业治理的法治逻辑：理据与

进路》，载《天府新论》2018 年第 1 期。

［206］郭金良：《契约视角下企业国有资产法律监管研究》，载《法学论坛》2018 年第 2 期。

［207］何小钢：《国有资本投资运营公司改革与国企监管转型——山东、重庆和广东的案例与经验》，载《经济体制改革》2018 年第 2 期。

［208］郑寰、祝军：《也论党的领导与国有企业公司治理的完善——中国国有企业公司治理的政治维度》，载《经济社会体制比较》2018 年第 2 期。

［209］王建文：《论淡马锡董事会制度在我国商业类国有公司改革中的运用》，载《当代法学》2018 年第 3 期。

［210］刘小妹：《人大制度下的国家监督体制与监察机制》，载《政法论坛》2018 年第 3 期。

［211］杨秋波：《我国央企监督机制之反思与重构》，载《苏州大学学报（哲学社会科学版）》2018 年第 3 期。

［212］薛有志、马程程：《国企监督制度的"困境"摆脱与创新》，载《改革》2018 年第 3 期。

［213］李晓慧、敖小波：《国有资产监管：演变历程、理论逻辑与改革方向》，载《扬州大学学报（人文社会科学版）》2018 年第 4 期。

［214］郭志伟、庞庆明：《国有资本监管的三个维度》，载《管理学刊》2018 年第 4 期。

［215］李有华、马忠、张冰石：《构建以管资本为导向的新型国有资本监督考核体系》，载《财会月刊》2018 年第 5 期。

［216］任广乾、田野：《党组织参与国有企业公司治理的作用机理剖析》，载《财会月刊》2018 年第 7 期。

［217］孙晋、徐则林：《国有企业党委会和董事会的冲突与协调》，载《法学》2019年第1期。

［218］蒋凯、杨超、凌思远：《我国国有资本授权经营演进历程及其阶段性特征》，载《财政科学》2019年第1期。

［219］吴凌畅：《党组织参与国有企业公司治理进章程——基于央企旗下287家上市公司章程的实证研究》，载《理论与改革》2019年第3期。

［220］王志强：《基于"保持距离型"理论的以"管资本"为主的国资监管新框架》，载《江西社会科学》2019年第5期。

［221］高明华：《澄清对国有资本授权经营的模糊认识》，载《中国党政干部论坛》2019年第5期。

［222］陈晓华：《国有企业法律规制与政治规制：从竞争到融合》，载《法学评论》2019年第6期。

［223］胡俊：《授权视角下国有资本投资运营公司特殊治理的法律改进》，载《法学杂志》2019年第7期。

［224］强舸：《"国有企业党委（党组）发挥领导作用"如何改变国有企业公司治理结构？——从"个人嵌入"到"组织嵌入"》，载《经济社会体制比较》2019年第6期。

［225］楼秋然：《党组织嵌入国有企业公司治理：基础理论与实施机制研究》，载《华中科技大学学报（社会科学版）》2020年第1期。

［226］杨大可：《论党组织与国企监督机制的融合》，载《当代法学》2020年第2期。

［227］徐强胜：《我国公司人格的基本制度再造——以公司资本制度与董事会地位为核心》，载《环球法律评论》2020年第3期。

［228］施天涛:《让监事会的腰杆硬起来——关于强化我国监事会制度功能的随想》,载《中国法律评论》2020年第3期。

［229］柳学信、孔晓旭、王凯:《国有企业党组织治理与董事会异议——基于上市公司董事会决议投票的证据》,载《管理世界》2020年第5期。

［230］蒋大兴:《公司董事会的职权再造——基于"夹层代理"及现实主义的逻辑》,载《现代法学》2020年第4期。

［231］漆思剑、漆丹:《企业党组织内嵌国有企业法人治理结构的法理基础及其实现路径》,载《经济法论丛》2021年第2期。

［232］楼秋然:《国有企业公司治理改革:政治逻辑与经济逻辑的协调融合之道》,载《华中科技大学学报(社会科学版)》2021年第2期。

［233］王怀勇、王鹤翔:《描述与重构:国有资本投资运营公司外部董事独立性研究》,载《商业研究》2021年第3期。

［234］马更新:《〈公司法〉修订语境下的监事会制度架构变革探析》,载《上海政法学院学报(法治论丛)》2021年第3期。

［235］李明辉、程海艳:《党组织参与治理与企业创新——来自国有上市公司的经验证据》,载《系统管理学报》2021年第3期。

［236］汪显东:《国有企业党建工作融入公司治理体系研究》,载《社会科学家》2021年第4期。

［237］肖红军:《深化对国有资本运营公司的认识:概念界定与功能定位的视角》,载《经济体制改革》2021年第5期。

［238］甘培忠、马丽艳:《董事会中心主义治理模式在我国公司法中的重塑》,载《财经法学》2021年第5期。

［239］姜付秀、王莹、李欣哲:《论国有企业的企业家精神》,

载《中国人民大学学报》2021 年第 5 期。

[240] 赵旭东：《股东会中心主义抑或董事会中心主义？——公司治理模式的界定、评判与选择》，载《法学评论》2021 年第 3 期。

[241] 胡改蓉：《〈公司法〉修订中国有公司制度的剥离与重塑》，载《法学评论》2021 年第 4 期。

[242] 余汉、宋增基、宋慈笈：《国有企业党委参与公司治理综合评价及有效性检验》，载《中国软科学》2021 年第 10 期。

[243] 廖红伟、刘永飞：《构建国资监管体制和混合所有制改革协同推进大格局》，载《理论学刊》2021 年第 6 期。

[244] 王谨：《公司治理下的董事会职权体系完善研究》，载《法学杂志》2022 年第 2 期。

[245] 杨大可：《中国监事会真的可有可无吗？——以德国克服监事会履职障碍的制度经验为镜鉴》，载《财经法学》2022 年第 2 期。

[246] 刘斌：《公司治理中监督力量的再造与展开》，载《国家检察官学院学报》2022 年第 2 期。

[247] 胡际权：《国有资本运营公司改革探索：逻辑框架与现实例证》，载《西南大学学报（社会科学版）》2022 年第 4 期。

[248] 赵旭东：《公司组织机构职权规范的制度安排与立法设计》，载《政法论坛》2022 年第 4 期。

[249] 傅穹、陈洪磊：《董事会权力中心的生长与回归》，载《北京理工大学学报（社会科学版）》2022 年第 5 期。

[250] 杨大可：《审计委员会能替代监事会吗？——兼论公司内部监督机构的应然职责》，载《中国政法大学学报》2022 年第 5 期。

［251］武鹏：《国有企业任期制契约化管理改革的推进历程与完善建议》，载《理论学刊》2022年第6期。

［252］王鹤翔：《国有企业走出公司法的新路径：以〈国有资本投资运营公司法〉建构为核心》，载《财经法学》2022年第6期。

［253］王治、黄文敏：《国有资本投资运营公司试点的价值》，载《北京社会科学》2022年第8期。

［254］胡国梁：《国资监管体制改革视阈下国资委的性质定位》，载《河北科技大学学报（社会科学版）》2022年第3期。

［255］潘泽清：《完善国有资本投资运营公司治理结构的建议——基于对淡马锡模式的分析》，载《财政科学》2022年第12期。

［256］胡国梁：《国家出资公司进入〈公司法〉的逻辑理路》，载《政治与法律》2022年第12期。

［257］姚焕：《完善党的领导和国有公司治理有机融合》，载《红旗文稿》2022年第18期。

［258］秦前红、李世豪：《监察合规：企业合规的反腐败之维》，载《华东政法大学学报》2023年第1期。

［259］高明华、郭传孜、薛佳安：《党组织提高国有企业内部治理效能的理论逻辑、现实约束及突破路径》，载《山东大学学报（哲学社会科学版）》2023年第1期。

［260］刘斌：《董事会权力的失焦与矫正》，载《法律科学（西北政法大学学报）》2023年第1期。

［261］郭富青：《我国公司治理权配置的争点辨析与立法选择——以〈公司法〉修改为视角》，载《学术论坛》2023年第1期。

［262］蒋大兴：《作为"人民的"企业形式：超越国企改革的"私法道路"?》，载《政法论坛》2023 年第 1 期。

［263］刘俊海：《论基于理性自治的公司监督模式创新——兼评〈公司法（修订草案）〉中监事会与董事会审计委员会"二选一"模式》，载《中国社会科学院大学学报》2023 年第 4 期。

［264］强舸：《如何提升"讨论前置"的运转效率——国有企业党组织内嵌公司治理结构的操作逻辑》，载《理论视野》2023 年第 4 期。

（三）报告类

［1］上海国有资本运营研究院：《把脉国资运营 透视改革大潮——〈国资内参〉2016 年合订本》。

［2］德勤：《国企改革系列白皮书之五——改组/组建国有资本投资公司和运营公司的思考重点》，载《德勤咨询报告》2016 年。

［3］张志新：《清晰界定运营公司和投资公司》，载上海国有资本运营研究院：《洞悉国改时局 创新资本运营——〈国资内参〉2017 年合订本》。

［4］麦肯锡：《筚路蓝缕、攻坚克难——聚焦国有资本投资公司试点改革》，载《麦肯锡咨询报告》2017 年。

（四）学位论文类

［1］倪建林：《利益制衡机制的构架：公司治理结构的法理研究》，对外经济贸易大学 2001 年博士学位论文。

［2］宋增基：《公司治理与企业绩效：理论与实证研究》，重庆大学 2003 年博士学位论文。

［3］徐念沙：《国有独资公司治理结构的法律分析》，中国政法大学 2003 年博士学位论文。

［4］吴茂见：《国有控股公司治理法律问题研究》，重庆大学

2007 年博士学位论文。

［5］唐成：《国有资本运营模式比较研究》，中共中央党校 2008 年博士学位论文。

［6］陈雄根：《国有资产监管法律制度研究》，中南大学 2008 年博士学位论文。

［7］魏文培：《独资型国有控股公司治理结构研究》，首都经济贸易大学 2009 年博士学位论文。

［8］胡改蓉：《国有公司董事会法律制度研究》，华东政法大学 2009 年博士学位论文。

［9］韩中节：《国有资本运营的法律治理研究》，西南政法大学 2009 年博士学位论文。

［10］丁宇飞：《企业国有资产管理体制的法律探索》，华东政法大学 2010 年博士学位论文。

［11］吕晓华：《中国特色社会主义国有资产监管理论的形成与发展》，武汉大学 2012 年博士学位论文。

［12］王元芳：《中国国有企业党组织参与公司治理有效性研究——基于政治干预行为的视角》，南开大学 2013 年博士学位论文。

［13］赵惠萍：《国有资本收益分配机制研究》，天津财经大学 2013 年博士学位论文。

［14］刘明越：《国企产权制度改革的逻辑与问题研究》，复旦大学 2013 年博士学位论文。

［15］吴晓红：《我国国有企业利润分配法律制度研究》，安徽大学 2014 年博士学位论文。

［16］蒋科：《国家出资人代表制度研究》，湖南大学 2014 年博士学位论文。

[17] 胡良才：《国有资产出资人法律制度研究》，西南政法大学 2015 年博士学位论文。

[18] 肖旭：《国有资本增值、利润分配与代理成本的关系研究》，首都经济贸易大学 2017 年博士学位论文。

[19] 刘小春：《中央企业公司治理法治化研究》，湖南大学 2017 年博士学位论文。

（五）报纸类

[1] 刘纪鹏、孙航：《找准国资改革切入点 确保改革顺利落地》，载《经济参考报》2014 年 1 月 2 日，第 A08 版。

[2] 文宗瑜：《国有资本运营公司与国有资本投资公司组建及作用发挥》，载《中国财经报》2014 年 9 月 11 日，第 7 版。

[3] 罗新宇：《国有资本投资、运营公司是一项重大制度创新》，载《东方早报》2016 年 5 月 24 日，第 A16、A17 版。

[4] 马立：《国有资本投资运营公司治理模式初探》，载《上海证券报》2017 年 7 月 26 日，第 9 版。

[5] 郑东华：《遵循规律 推动国资做强做优做大》，载《经济参考报》2018 年 2 月 27 日，第 4 版。

[6] 刘现伟：《加快完善国资监管权力分配与制衡机制》，载《经济参考报》2018 年 7 月 16 日，第 7 版。

[7] 王雪青：《国资委正抓紧完善相关方案 第二批国有资本投资运营公司试点力度将加大》，载《上海证券报》2018 年 8 月 30 日，第 2 版。

[8] 杨烨：《改革国有资本授权经营体制方案出台在即 国有资本投资运营公司试点改革提速》，载《经济参考报》2019 年 3 月 13 日，第 A07 版。

（六）论文集类

[1] 石军：《完善党组织与公司治理结构有机融合的体制机

制——以国有企业为例》，载中共中央组织部、全国党的建设研究
会编：《纪念中国共产党成立 90 周年党建研讨会论文选编》（下
册），党建读物出版社 2011 年版。

［2］高明华：《国有资产监督目标模式与外派监事会监督机制
创新》，载中国企业改革与发展研究会编：《中国企业改革发展优秀
成果 2018（第二届）》（上卷），中国经济出版社 2018 年版。

（七）网站类

［1］《什么是国有资本经营预算制度》，载 http：//gzw. hunan.
gov. cn/xxgk _ 71571/ztzl/24837/52331/52336/201404/t20140409 _ 23
41407. html.

［2］《关于 2018 年中央和地方预算执行情况与 2019 年中央和
地方预算草案的报告》，载 http：//www. mof. gov. cn/zhengwuxinxi/
caizhengxinwen/201903/t20190318_31946.

二、外文文献

（一）著作类

［1］Irving L. Janis, *Victims of Group Think*：*A Psychological Study
of Foreign Policy Decisions and Fiascos*, Boston：Houghton Mifflin,
1972.

［2］Michael C. Jensen, William H. Meckling, *Theory of the
Firm*：*Managerial Behavior*, *Agency Costs*, *and Ownership Structure*,
Springer Netherlands, 1979.

［3］Sanford J. Grossman, Oliver D. Hart, *Corporate Financial
Structure and Managerial Incentives*, in John J. McCall, *The Economics
of Information and Uncertainty*, University of Chicago Press, 1982.

［4］Tricker, R. I., *Corporate Governance*：*Practices*, *Proce-*

dures, *and Powers in British Companies and Their Boards of Directors*, Gower Pub. Co. , 1984.

［5］Freeman, R. Edward, *Strategic Management: A Stakeholder Approach*, Pitman Publishing Inc. , 1984.

［6］Mallin, C. A. , *Corporate Governance*, Oxford University Press, 2004.

［7］Grandori, A. , *Reframing Corporate Governance: Behavioral Assumptions, Governance Mechanisms, and Institutional Dynamics*, Oxford University Press, 2004.

［8］OECD, *G20/OECD Principles of Corporate Governance*, OECD Publishing, Paris, 2015.

［9］OECD, *OECD Guidelines on Corporate Governance of Stated- Owned Enterprises*, 2015 Edition, OECD Publishing, Paris, 2015.

［10］Ljubljana, *Corporate Governance Code for SOEs*, Slovenian Sovereign Holding, 2017.

（二）期刊类

［1］Coase R. H. , "The Nature of the Firm", *Economic*, 1937 (4).

［2］Coase R. H. , "The Problem of Social Cost", *J. L. & Econ.* , 1960 (3).

［3］Jensen, M. , W. Meckling, "Theory of the Firm: Managerial Behavior, Agency Costs and Ownership Structure", *Journal of Financial Economics*, 1976.

［4］Coffee J. C. , "Liquidity Versus Control: The Institutional Investor as Corporate Monitor", *Columbia Law Review*, 1991.

［5］Healy P. M. , Palepu K. G. , Ruback R. S. , "Does Corporate Performance Improve after Mergers?", *Journal of Financial Economics*, 1992 (31).

[6] Hart O. , "Corporate Governance: Theory and Implication", *Economics of Journal*, 1995.

[7] Davis, J. H. , "Toward a Stewardship Theory of Management", *Academy of Management Review*, 1997 (22).

[8] Dalton, D. R. , "Meta-analytic Reviews of Board Composition, Leadership Structure, and Financial Performance", *Strategic Management Journal*, 1998 (19).

[9] Hoskisson, R. , Hitt, M. , Wan, W. , "Theory and Research in Strategic Management: Swings of a Pendulum", *Strategic Management Journal*, 1999 (25).

[10] Anup Agrawal, Charles R. Knoeber, "Do Some Outside Directors Play a Political Role?", *Journal of Law and Economics*, 2001 (4).

[11] Finkelstein, S. and Mooney, A. , "Not the Usual Suspects: How to use Board Process to Make Boards Better", *Academy Management Executive*, 2003 (17).

[12] Eric C. Chang, Sonia W. L. Wong, "Political Control and Performance in China's Listed Firms", *Journal of Comparative Economics*, 2004 (8).

[13] Coleman, P. T. , Hacking, A. , Stover, M. , "Fisher-Yoshida, B. , Nowak, A. , Reconstructing Ripeness I: A Study of Constructive Engagement in Protracted Social Conflicts", *Conflict Resolution Quarterly*, 2008.

[14] Shinong Wu, Nianhang Xu, Qingbo Yuan, "State Control,

Legal Investor Protection, and Ownership Concentration: Evidence from China", *Corporate Governance: An International Review*, 2009 (17).

[15] Wan Fauziah Wan Yusoff, "Idris Adamu Alhaji, Insight of Corporate Governance Theories", *Journal of Business & Management*, 2012.

[16] Jiangyu Wang, "The Political Logic of Corporate Governance in China's State-owned Enterprises", *Cornell International Law Journal*, 2014 (47).

[17] Marisi, Bismar Nasution, "Hikmahanto Juwana, Faisal Akbar Nasution, Role of Authorities in Supervision of Management of Privatized State-owned Enterprises through Capital Market", *Journal of Humanities and Social Science*, 2015 (12).

[18] Christopher Chen, "Solving the Puzzle of Corporate Governance of State-Owned Enterprises—The Path of the Temasek Model in Singapore and Lessons for China", *Journal of International Law & Business*, 2016, 36 (2).

[19] Razeen Sappideen, Corporate Governance With Chinese Characteristics: The Case of State Owned Enterprises, *Frontiers of Law in China*, 2017 (12).

（三）报告类

[1] Hart O, Moore J., *Default and Renegotiation: A Dynamic Model of Debt*, National Bureau of Economic Research, 1997.

[2] Andrew Szamosszegi, Cole Kyle, *An Analysis of State owned Enterprises and State Capitalism in China*, Capital Trade, Incorporated, 2011.

[3] OECD, *State-Owned Enterprise Governance Reform—An Inven-*

tory of Recent Change, OECD, 2011.

［4］ Brodsgaard, Kjeld Erik, *Politics and Business Group Formation in China: The Party in Control?*, The China Quarterly, 2012.

［5］ OECD, *Corporate Governance Boards of Directors of State-Owned Enterprises: An Overview of National Practices*, OECD, 2013.

［6］ Isabel Sim, Steen Thomson, Gerard Yeong, *The State as Shareholder: The Case of Singapore*, Chartered Institute of Management Accountants (CIMA) & Centre of Governance, Institutions and Organizations (CGIO) Report, 2014.

［7］ The World Bank Group, *Corporate Governance of State-Owned Enterprises A Toolkit*, The World Bank, 2014.

［8］ Asian Corporate Governance Association, *Awakening Governance: The Evolution of Corporate Governance in China*, Asian Corporate Governance Association China CG Report, 2018.

［9］ OECD, *Ownership and Governance of State-Owned Enterprises: A Compendium of National Practices*, OECD, 2018.

（四）论文集和学位论文类

［1］ Mayer C. , "Corporate Governance in Market and Transition Economics", For Presentation at the International Conference on Chinese Corporate Governance, Shanghai, 1995.

［2］ Laura Oetterli, "A Comparative Analysis of the Corporate Governance of Public Enterprises in Singapore and Switzerland—The Case of Sing Tel and Swisscom", University of Bern, 2014.

［3］ Maria M. Correia, "Political connections and SEC enforcement", London Business School, 2014.

［4］ Tan Cheng-Han, Dan W. Puchniak, Umakanth Varottil,

"State-Owned Enterprises in Singapore Historical Insights into a Potential Model for Reform", National University of Singapore, 2015.

[5] XiXu, Rongtian Liu, "Evaluation of Corporate Governance in Chinese Mainland and Taiwan: A Comparative Study of Educational Foundations", University of Johns Hopkins, 2016.

（五）网站类

[1] Dyck, I. J. Alexander and Zingales, Luigi, *The Corporate Governance Role of the Media* (November 2002), https://ssrn.com/abstract=347081.

[2] Faccio, Mara, "The Characteristics of Politically Connected Firms" (2007), *Purdue CIBER Working Papers*, *Paper* 51, http://docs.lib.purdue.edu/ciberwp/51.